丁一凡 著

跌宕起伏的中欧关系

——从文明对话到战略伙伴

『中国战略家』丛书

中国社会科学出版社

图书在版编目（CIP）数据

跌宕起伏的中欧关系：从文明对话到战略伙伴/丁一凡著 .
—北京：中国社会科学出版社，2020.1
ISBN 978 - 7 - 5203 - 5678 - 7

Ⅰ.①跌…　Ⅱ.①丁…　Ⅲ.①中外关系—研究—欧洲
Ⅳ.①D822.35

中国版本图书馆 CIP 数据核字（2019）第 252086 号

出 版 人	赵剑英
责任编辑	张　林
特约编辑	宗彦辉
责任校对	夏慧萍
责任印制	戴　宽

出　　版　中国社会科学出版社
社　　址　北京鼓楼西大街甲 158 号
邮　　编　100720
网　　址　http://www.csspw.cn
发 行 部　010 - 84083685
门 市 部　010 - 84029450
经　　销　新华书店及其他书店

印刷装订　北京君升印刷有限公司
版　　次　2020 年 1 月第 1 版
印　　次　2020 年 1 月第 1 次印刷

开　　本　710×1000　1/16
印　　张　19.5
插　　页　2
字　　数　279 千字
定　　价　108.00 元

序

　　中国与欧洲的关系源远流长，很难用一个维度讲清楚。但中国与欧洲的关系无疑又是人类世界最长久而又非常重要的关系，因为它不仅无法限定在互相带来利益的贸易，也无法限定在互相交流带来的好奇，还有互相结盟的冲动，也有互相羡慕及攀比的内在动力。

　　中国与欧洲的交往与互动，很大程度上推动了人类在科学技术、文化认知、经济与社会发展领域的进步，尽管这些互动关系并非总是平等与对等的。总体来讲，古代中国无论在文化还是科技及生产领域都领先世界，因此中国成为欧洲向往的"圣地"，欧洲启蒙思想家想象出来的中国模式成为推动欧洲思想及社会运动的重要背景。然而，当欧洲率先实现了工业化后，却忘记了自己"师傅"的恩德，反过来想把中国与印度这些东方文明的代表踩在脚下，用坚船利炮轰开了东方的大门，把印度变成了殖民地，也差点把中国弄成它们的殖民地。欧洲列强从这种不平等的关系中获得了巨大的好处，并包装出了一种"欧洲中心论"，不仅抹杀了过去东西方文明的交流对欧洲文明崛起的贡献，而且要让这种"西方天生优越"的思维定式固化为一种永远统治世界、包括永久统治遥远的中国思想界的一种工具。好在历史是发展的。"三十年河东，三十年河西"，中国这句民间谚语可能最好地总结了历史变迁的逻辑。

　　在历史的很长一段时间里，中国人对外来的文化与技术都不屑一顾，认为中国自己生产的文化与科学技术才是世界最好的。孔子云，"故远人不服，则修文德以来之。"这充分表明，中国的文人觉得，中华文化可以教化外面世界的落后民族。奇怪的是，当中国被欧洲列强痛打了之后，却一下子失去了自信心，认为自己什么都不如人。中国的知识分子把中国挨打的原因归纳为"落后"，而"落后就要挨打"成为近代中国的一句至理名言。也正是在这种背景下，"崇洋媚外"成为一些中国知识分子的习惯。他们习惯把海外的奇闻怪事、奇谈怪论当作自己与没见过海外世界的中国人吹牛的资本，不断地放大海外的"文明程度"，贬低自己同胞的"素质"与"水准"。这些习惯持续了很长一段时间，以至于"改革开放"后，一批跑到欧美国家学习先进经验又回来的中国知识分子，仍然不时地会陶醉于这种操练。

其实，在中国最悲惨的那些年月，欧洲知识分子中仍有一些人坚定地认为，中国人的文明程度是欧洲人所望尘莫及的。比如，20世纪20年代中国还在各路枭雄的一片内战中挣扎时，英国哲学家罗素到中国巡回讲演。在对比中西文化后，他讲道："如果在这个世界上有哪个国家'骄傲得不屑一顾'，那这个国家肯定是中国。中国人天生就具有宽容友爱、以礼待人、礼尚往来的态度。如果中国人愿意的话，他们会成为世界上最强大的国家。但是中国人只是追求自由，而无意于'支配'。如果其他国家逼迫中国为自由而战，那么他们可能会尝到帝国的滋味而失去自己的美德。"[1]

而且，罗素还把中国知识分子到欧洲去寻找"强国之路"的努力大大讥讽了一把。他说："中国人到西方寻找知识，满怀希望能打开通往智慧的大门（我想这是枉费心机）。西方人到中国去有三个目的：打仗、赚钱和传教。虽然传教的目的具有理想主义的美德，并激励了很多人去过英雄般的生活，但是军人、商人和传教士都在把我们的文明强加给世界其他国家，在某种意义上说，这三种人都是好战之徒。中国人却并没有强迫我们学习儒家学说。他们认为，宗教虽多，但其理一以贯之。所以不会干涉我们。中国人很有经商头脑，但是他们的经商之道不同于在中国的欧洲商人。欧洲商人总是不断寻求特权，垄断权，以及在中国修筑铁路和开采矿产的权利，并以坚船利炮作

---

① ［英］罗素：《罗素论中西文化》，杨发庭等译，北京出版社2010年版，第90页。

为要挟。中国人照例不是好的战士，因为他们自知师出无名。不过这仅仅是他们通情达理的一个证据。"①

无论如何，中国是从欧洲那里学会了现代的科学技术原理，才懵懵懂懂觉得中国也需要向欧洲那样进入现代社会，学会工业化，学会现代化。应该说，中国在挨了欧洲的打后，才痛定思痛，认真地当了一回学生。但中国是个好学生。在经过了半个世纪的社会动荡——革命、内战、被侵略、抗战、再内战之后，中国终于稳定了下来，开始重新从制度到现代工业化上再建国家。然后，在发展的道路上，中国自己又犯了一些"冒进"和激进的错误，走了一些弯路，浪费了一些时间。但自从1978年中国走上改革开放的道路后，用了40年时间，很快地实现了工业化，很快地进入了现代化。可以说，我们把西方工业化的过程浓缩了5—6倍。

中国近些年的发展有目共睹，让许多过去一贯俯视中国的西方知识分子也不得不重新寻找定义中国的逻辑框架。而中国人最终也可以平视欧洲，可以正常梳理中国与欧洲的交往历史，也可以更好地理解我们自己发展的历史了。如此，我们便可以尝试着打破一些"迷信"，比如"落后就要挨打"。其实，中国在历史上并不总是被更先进的力量打败的。当中国科技、文化都先进的时候，也会被落后的民族打败。宋朝被打败就是如此。

根据安格斯·麦迪森《世界经济千年史》，汉朝经济占世界的26.2%，宋朝的GDP占世界的22.7%。

按照宋朝的生产能力与技术能力，中国的水平远超世界各国，更不要说周边邻国了。宋朝已经发明了火药，在战争中武器也占有一定优势，因此在守卫开封时，还用火器打败了金国的骑兵。

宋朝的城市人口比重超过了20%，非农业税比例超过80%。非农业税的比例越高，意味着制造业和服务业越繁荣。宋朝时期藏富于民的现象真实存在。宋真宗时期的宰相王旦曾说过："京城资产，百万贯者至多，十万以上，比比皆是"。一户宋代中产的财产大约是汉代时中产家产的10—30倍。后代

① ［英］罗素：《罗素论中西文化》，杨发庭等译，北京出版社2010年版，第91—92页。

的明朝人也承认"宋之富盛，过今远已"。此外，宋朝百姓可以很好地享受生活，他们也有"黄金周"休假日。据宋人笔记《文昌杂录》记载，宋朝官员可以享受公共休假77天，可以结社出远门，可以上茶坊品茶，可以到瓦舍勾栏看表演，可以批评官家不必担心被问罪。

然而，宋朝也运气欠佳。宋朝赶上了全球气候变冷的"小冰河期"，北方民族在气候变冷的情况下不断南侵。宋朝不得不先后同北方来的各种少数民族交战，先是与契丹的辽国交战，后又与从更远的北方下来的女真人金国交战，最后亡于蒙古人多年的进攻。宋朝与蒙古打了40多年，从抵抗蒙古人的入侵来说，是抵抗的时间最长的了。蒙古军队三次西征。第一次用6年灭了花剌子模，占领了中亚及南亚的一部分地区；第二次用7年，攻占了钦察、斡罗斯、匈牙利、波兰等国家与地区；第三次用8年占领了木剌夷（今伊朗）、阿巴斯王国（今伊拉克）、叙利亚与部分埃及地区。相比之下，宋朝的抵抗还是很强悍的。

世界历史上也是一样，先进的文明被落后的部族打败的历史也不少。罗马帝国就是毁灭于蛮族入侵。而且，蒙古骑兵曾经横扫西部，打到阿拉伯与欧洲世界，屠城、灭国的事没少发生。若不是蒙古大汗蒙哥在四川的钓鱼城身亡，西征的蒙古各部争先恐后地撤军回来以争夺汗位，世界历史恐怕就要改写了。

如此看来，19世纪，欧洲列强是利用了中国当时的分裂，利用了当时最大的满汉民族矛盾，看准了清朝统治者的软肋下手。从这一角度看，马戛尔尼率领的英国代表团就是一次火力侦察之旅。欧洲列强打探清了中国的各种矛盾，利用这些弱点去打击中国，才取得了成功。因此，当我们分析当今中国与世界的关系时，也不必总是"言必称西方制度优越"，而是要更客观地看待世界历史的发展，承认虽然社会结构性的原因是引起社会变化的主要原因，但各种偶然因素对世界历史变迁的影响也绝不应该被低估。

分析中国与欧洲的关系，我用了四种维度：文明对话、战略结盟、科技交往、经济贸易交往，最后又用了一章分析了中国与欧洲关系中一系列奇特又难解的问题。这些问题使中国与欧洲的关系在结构上处于一种难解难分之势,双方必须合作才对大家都有好处,但各自却又无法彻底清除合作中存在的许多障碍,因为双方的发展都受制于各自的历史发展轨迹,都受各自内部政治、经济、社会因素的影响。因此,即使有时欧洲与中国的政治精英、国家领导人都达成一致时,在推进具体合作中仍会遇到意想不到的困难,欧盟想解除对华武器禁运而未果的事就是前车之鉴。我们必须客观、公正地来看待这些中国与欧洲关系中存在的问题,努力使中国与欧洲的关系朝着对我们双方都有利的方向去发展,才能使这种关系长久维持下去,使中国与欧洲的交往成为人类不同文明之间有益交往的典范,成为建设人类命运共同体的重要参照。

丁一凡

2019 年 3 月于北京海淀

目　　录

CONTENTS

第一章　东西方两大文明的碰撞与相互影响

　　中国与欧洲的关系源远流长，它们虽然远隔千山万水，却始终保持着某种联系。根据西方的传说，古罗马时代欧洲就有一个兵团到过中国并遗失在这里。后来，又有传言说，在中国的西北部发现有些人是蓝眼睛、黄头发，似乎是某种返祖现象，也许就是那些古罗马人的后裔。但因为没有文献支撑，传说总归还是传说。

　　总的来说，中国文化代表着东方人的智慧，欧洲的文化代表着西方人的智慧，这两种文化是人类文明中大部分时间里占据主导的文化。在古代，无论从知识储备、技术装备、生活与生产水平及文化生活上讲，中国都领先世界。当欧洲商人发现中国后，这个富裕国家的传说引发了欧洲人对中国的各种遐想。欧洲的启蒙运动在很大程度上是幻想中国的思想运动。欧洲启蒙运动的思想家们都是拿那些到中国来传播天主教的传教士们的书信作依据来评论中国，但他们的结论却大相径庭。欧洲的工业化触发了欧洲人的扩张主义心态，他们开始到全世界搞殖民主义，并把原来他们的崇拜偶像——东方也当作了占领的目标。英国占领了印度并把印度当作了它的殖民地，在鸦片战争打败了清朝后，也想把中国当成殖民地。在殖民世界的同时，欧洲列强也瓜分了中国。

清朝时期的中国人认识到自己的落后，反过来要学习欧洲制度，但为时已晚。西方思想进入中国后，加剧了汉人对满清统治的不满，马克思主义进入中国后，掀起了革命的洪流，最终奠定了新中国——中华人民共和国的基础。经过了几次政治运动的反复，中国进入了改革开放的进程，而欧洲这回又成为中国开放中最重要的因素。中国的企业改革、宏观经济治理，无一没有欧洲经验的影子。应该说，欧洲与中国的文化在历史中碰撞，互相影响。有的交流是通过和平的商路来进行的；也有的交流是通过暴力的不平等条约来进行的。

一 马可·波罗游记打开了欧洲人窥视中国的窗口

中国对西方的兴趣，似乎比西方对中国产生兴趣要更早一些。汉朝时，张骞出使西域，虽然是为了寻找战略同盟，共同对付匈奴，但也发现了并带回了许多西亚地区特有、而中原没有的特产，还发现了与中原不同的文化。

在张骞西行后不久，一条通商之路便被开辟了出来，从汉朝以后中国的丝绸已经开始通过这条商道运往西方，直至罗马帝国。

但是，西方人对中国的理解，恐怕也只限于那是个产"丝"的地方，因此把那地方称作"赛丽斯"。中国有史料说，罗马人曾在6、7世纪派使团来过中国。但欧洲却找不到这样的证据。

直到蒙古崛起，蒙古大军向西一路披荆斩棘，横扫欧洲大陆时，欧洲人才开始重视从东方来的力量，才开始试图与蒙古人接触，从而发现了中国的存在。

1219 年，成吉思汗西征花剌子模，1237 年拔都和 1253 年旭烈兀这两位蒙古人的领袖又组织了两次西征。通过这些远征，蒙古人征服了东自中国、西抵多瑙河畔的大片土地，东西交通也因此畅行无阻。在蒙古人统治欧亚大陆这段时期，后来被人们称为"丝绸之路"的商路成为沟通东西方文明的主要通道。从 13 世纪初到 14 世纪中叶的 100 多年间，欧洲的商人、传教士前往东方的，真是"道路相望，不绝于途"。马可·波罗便是一位既肩负着宗教结盟使命又怀有商业抱负的威尼斯商人，而他留下的《东方游记》无疑给欧洲打开了一个窥视中国的窗口。此后，到遥远东方的中国去"淘金"成为欧洲探险家们乐此不疲的活动。

对于中世纪的欧洲来说，远东和东南亚在经济上十分重要。那里盛产的香料不但可以在无制冷设备的时代用来保存食物，还可以给腌制不佳的食品增添浓烈的香味。这些香料，包括胡椒、桂皮、丁香、姜、肉豆蔻，加上檀香木和染料等其他物产，都是气候比较温和的欧洲所不生产的，主要由阿拉伯的中间商经海路输往西方。如果贸易因故中断，香料的价格就会暴涨，有时甚至可以代替白银或黄金充当支付手段。

除了香料这些必需品外，远东的一些奢侈品也颇受欧洲人的青睐，比如丝织品和瓷器。远东的丝织品主要通过波斯中间商经由陆路销往欧洲。商业的巨大利润，驱使着欧洲人去远东探险，蒙古人建立的疆域广大的统一国家又扫清了交通途中穿越各国国境的障碍，结果便可想而知了。不过当时人们在去远东的长途跋涉中，无论经由陆路或海路，通常都进行"滚动式贸易"。这种贸易的方法是先把货物运到第一个集散地，在那里脱手后就地购买新货去下一个集散地。之所以如此，是因为当时多数市场的规模很有限，商人们除了经营前面所说的那些货物外，都喜欢经营产地不远而又享有盛誉的产品。

这个方法的好处是可以确保原始投资有所盈利。如果把一批新货运到一个名不见经传的地方，在那里又不受欢迎，那就有可能连经商的老本都要赔掉。将买和卖不间断地交替进行可以避免遭受这样重大的损失。毫无疑问，波罗一家也是这样做的，不过他们经营的是全世界都感兴趣的奢侈品——宝石，他们对成交很有把握。

在马可·波罗之前，应该有很多欧洲人已经抵达过遥远的东方国度，也偶尔有此方面的游记问世。但他们的声音都十分微弱，并没有产生多大的影响。马可·波罗则不同，他的书一出版后就迅速地传播开来，被译成多种语言。欧洲人阅读了他的游记，了解了如同神明般的忽必烈和他统治下的中国；了解了日本，那个当时被叫作日出之国的国度。

欧洲人将视野扩展到了亚洲这片神秘的大地上。马可·波罗在书中记载了他与叔叔和父亲在中国居住了将近 25 年的生活经历。不仅如此，在字里行间，他也提到了欧洲的生活，因为每当他谈起这些遥远国度中让他震惊的事物时，都会感慨自己的国家在这些方面的匮乏。正是这些描述驱动了欧洲人对东方的想象和关注——先是震撼，而后是渴求。

1271—1295 年，马可·波罗同父亲和叔叔取道亚洲，来到中国。他的父亲和叔叔是威尼斯商人，之前就到访过中国，并受到元朝皇帝忽必烈的热情款待，还受其之托给罗马的教皇带去了信件。对这个主动到来的异国问候，教皇感到十分高兴，并再次派遣他们给忽必烈送去了回信。这次，年轻的马可·波罗与他们同行。正如马可在书中所说的，他们一路拜访了许多"让我们惊奇的，闻所未闻的"的国度。沿途考察了这些国家的物产并记录了下来，作为以后进行商业贸易的准备。到了中国之后，这三个威尼斯人发现，这个国家安宁祥和，百姓彬彬有礼，他们的住所四周绿树成荫，道路宽阔。马可·波罗说,他们"原以为会遇到一群野蛮人,最后却发现那里的人民拥有高度的文明,他们的品德和收入都比我们的国民高很多"。值得一提的是,忽必烈将他们留任身边 20 年。而在了解他们返回故乡的强烈愿望后,(还特意)将护送蒙古公主远嫁波斯的任务交给了他们,以示自己的信任。

回到意大利后,马可·波罗参加了威尼斯与热那亚之间的海战,不幸战败被俘,被囚禁在这座城市里,并在监狱中遇到作家鲁斯蒂谦(Rustichello da Pisa)。于是后来才有了这本由马可·波罗口述,鲁斯蒂谦记叙的游记。

《马可·波罗游记》的主要内容是关于马可·波罗在中国的旅游纪实,兼及途经西亚、中亚和东南亚等一些国家和地区的情况。全书以纪实的手法,记述了他在中国各地包括西域、南海等地的见闻,记载了元初的政事、战争、宫廷秘闻、节日、游猎等等,尤其详细记述了元大都的经济文化民情风俗,以及西安、开封、南京、镇江、扬州、苏州、杭州、福州、泉州等各大城市和商埠的繁荣景况。第一次较全面地向欧洲人介绍了发达的中国物质文明和精神文明,将地大物博、文教昌明的中国形象展示在世人面前。

在《马可·波罗游记》中,还有专门的篇章谈元代通行的纸钞和中国使用已久的煤。马可记述,忽必烈在京城设有造币局,先以桑树皮制造纸张,然后以它制造纸币,这种纸币不但通行国内,就是在和外商贸易中也有流通。他还说到,在中国北方亲自见到"有一种黑石,采自山中,如同脉络,燃烧与薪无异,其火候且较薪为优"。毫无疑问,这说的就是中国境内蕴藏丰富的煤炭。其实,以煤作为燃料,自汉代便已经开始盛行。马可·波罗当时还当作"奇异事物"来记述,说明欧洲直至 13 世纪用煤还并不普遍。

《马可·波罗游记》是欧洲人撰写的第一部详尽描绘中国历史、文化和艺术的游记。16 世纪,意大利收藏家、地理学家赖麦锡(Ramusio)说,1299

年《马可·波罗游记》完成，"几个月后，这部书已在意大利境内随处可见"。1324年马可·波罗逝世前，《马可·波罗游记》已被翻译成多种欧洲文字，广为流传。现存的《马可·波罗游记》有119种各种文字的版本。在把中国文化艺术传播到欧洲这一方面，《马可·波罗游记》具有重要意义。西方研究马可·波罗的学者莫里斯·科利思（Maurice Collis）认为，马可·波罗的游记"不是一部单纯的游记，而是启蒙式作品，对于闭塞的欧洲人来说，无异于振聋发聩，为欧洲人展示了全新的知识领域和视野。这本书的意义，在于它导致了欧洲人文的广泛复兴。可以说，马可·波罗和他的《马可·波罗游记》给欧洲开辟了一个新时代。"

《马可·波罗游记》打开了欧洲的地理和心灵视野，掀起了一股东方热，激发了欧洲人此后几个世纪的东方情结，对15世纪欧洲的航海事业起到了巨大的推动作用。许多人开始涌向东方，学习东方，致使欧洲经历了翻天覆地的变革。许多中世纪很有价值的地图，是参考游记制作的。许多伟大的航海家扬帆远航，探索世界，是受到马可·波罗的鼓舞和启发。意大利的哥伦布，葡萄牙的伽马、鄂本笃，英国的卡勃特、安东尼·詹金森、约翰逊、马丁·罗比歇等众多的航海家、旅行家、探险家读了《马可波·罗游记》以后，纷纷东来，寻访中国。

事实上，美洲大陆的发现纯属意外，因为游记的忠实读者哥伦布原本的目的地是富庶的中国。为了寻找"遍地是黄金"的中国，而陆上丝绸之路又被奥斯曼帝国和阿拉伯人所控制，而古代希腊人就开始怀疑地球是圆的，欧洲人便开始了海上探险，企图绕过伊斯兰教控制的地区，从另一边绕道前往中国。他们本不知横在欧洲与中国之间的还有一个美洲，只是在航行中才无意间发现了这个新大陆。

欧洲人煞费苦心地要寻找一条能达到中国的海上通道，有三种动力：

1. 从 11 世纪起，欧洲人跟中东的穆斯林打了近 200 年的战争，打得很吃力，他们希望在东方找到一个能与他们一起夹击穆斯林的集团。欧洲人盛传，《圣经》中曾记录：以撒的一个儿子向外行走，到达了一个新的地方，改邪归正，传播上帝的道德。因此，欧洲人始终相信东方有一个基督教的国家，是以撒的儿子建立的，是可以结盟的。欧洲的国王和教皇千方百计地要去找到那个东方的基督教国家。当他们发现蒙古人不信基督教时，就向蒙古大汗宣扬基督教的好处，希望让蒙古大汗皈依基督教以建立反伊斯兰的联盟。所以，当陆上交通被阻断后，航海成了唯一手段，这也是航海得到欧洲国家国王支持的原因。

2. 在欧洲，基督教会占有大量土地，农业发展很慢。欧洲人向外扩张的欲望很强，因为只有增加新的土地供给，才能打破僵局。欧洲的骑士阶层把希望寄托在向中东扩张的基础上。第一次十字军东征非常顺利，欧洲人在耶路撒冷周围占领了一些土地，甚至建立了一些独立王国。但后来几次东征非常不顺利，原来占领的土地也不断丢失。最后，欧洲人把希望寄托到向东扩展，到中国去"淘金"。

3. 发展贸易的需要。欧洲需要的香料来自亚洲，而通往亚洲的陆上交通被封锁，迫使欧洲人想从海上找到通往亚洲的另一条途径。《马可·波罗游记》里面描写的黄金遍地的中国，是让欧洲人对东方财富锲而不舍追求的动力。

人类历史上充满了"歪打正着"的故事。欧洲人企图寻找另一条通往中国的道路，却阴差阳错地发现了美洲。同样，欧洲传教士锲而不舍地要到中国这个东方文明之地来传播基督教的福音书，却让中国人无意中发现了欧洲的现代科技。

二 鸡同鸭讲碰撞出的火花

应该说，马可·波罗的历险引起了欧洲人对中国的兴趣。但是，除了一些商人要跑东方外，欧洲人并不太了解中国这个神秘的国度。

16 世纪后期，随着欧洲人发现了美洲大陆，开始向美洲大陆殖民并传播基督教后，欧洲人开始走向全球，包括向印度和中国派出了大量的传教士，以"上帝"的名义传播"福音"，要在精神上说服其他民族。

明朝受到"倭寇"的侵扰，明初庞大的郑和船队已经解散，于是实行"海禁"，想断了倭寇的财源。从海上过来的欧洲传教士一上岸就遇到了明朝官员的排斥。

教皇把到东方传教的任务交给了耶稣会。耶稣会 16 世纪中叶由西班牙人依纳爵·罗耀拉（Ignacio de Loyola）成立，它反对基督新教改革，要恢复天主教的荣耀。耶稣会的一大特色是注重选拔人才，重视对神职人员和传教士的教育。英国哲学家罗素认为，耶稣会学校的教育是当时欧洲最好的教育。

1525 年，沙勿略（Francis Xavier）在巴黎认识了耶稣会的创始人罗耀拉，并于 1540 年成为该组织首批成员，同时被派往印度传教。1541 年他从里斯本出发来到印度果阿，然后又到达日本。在那里，他的传教活动获得了极大成功。他常常与日本有学问的人辩论，并常常获胜。他发现，中国文化对日本的影响很大。那些日本人经常对他说："你的这番大道理既然是真的，为什么中国人却不知道呢？"于是，1552 年他到达中国南部广州附近的一个小岛上，计划从这里进入中国，但是他一直没有获得成功。

1552 年 12 月，沙勿略不幸传染上疟疾，高烧不退。由于缺乏医药在这一年年底去世，年仅 46 岁。后来他的尸体被送到印度果阿安葬。他的墓地也成为朝拜的圣地。

沙勿略临死前，向欧洲发回一系列报道，告诉欧洲人，要想用基督福音归化日本、交趾，必须首先归化东亚文化的中心大明帝国。他的报道极大地影响了耶稣会，耶稣会随后便把重点瞄准了中国。

沙勿略死前两个月，意大利中部一座小城马切拉塔的望族里奇（Ricci）家中迎来了一名新生儿，取名为马特奥（Matteo）。这就是后来给自己起中文名字叫利玛窦的人。

利玛窦（Matteo Ricci）天资聪慧，练就了过目不忘的本领。9 岁时，他进入耶稣会在马切拉塔建立的学校。16 岁，父亲送他到罗马上大学，学习法律。在罗马，利玛窦听说了沙勿略的事迹，引发了他对传教士探险生活的向往。他放弃了枯燥无味的法律条文，叩响了罗马耶稣会总院的大门，并顺利地进入了耶稣会罗马学院。在罗马学院，他一边学习神学，一边又师从当时著名的数学家克拉维奥（Cristoforo Clavio），学习几何和数学。

1577 年，受"保教者"葡萄牙国王之邀，罗马耶稣会总长决定派一批传教士前往远东。25 岁的利玛窦随同罗明坚（R. Michael Ruggieri）等人于次年从里斯本出发，经过半年的旅行到达葡萄牙在印度的殖民地果阿。利玛窦因为资历尚浅，被留在果阿修道院进修神学。1582 年，他又奉命来到了澳门，主要攻读中文，为的是抓住机会，完成沙勿略未竟的事业。

利玛窦采取了一种极聪明的策略，首先融入中国的社会和生活。经过 19 年的苦心经营，他在中国结交了许多中国的士大夫朋友（包括当时最大的学者徐光启），认识了一些京都的要员，终于在 1601 年见到了中国皇帝（万历皇帝朱翊钧)。最后他死在中国,生前留下了《利玛窦札记》。他的墓直到现在仍在北京。

利玛窦是个很有眼光的传教士,他的工夫并没有完全用在公关上,而用在对中国国情首先是对中国古代儒家经典的研究和翻译上。1593 年他已经将"四书"(《大学》《中庸》《论语》和《孟子》)的主要部分用拉丁语翻译了出来,呈送给梵蒂冈教皇。

利玛窦在中国多地迂回,用各种方法传教,吸引中国人对天主教感兴趣。1596 年,利玛窦被任命为耶稣会中国教区的负责人,全权负责传教活动,并被指示想办法去北京觐见中国皇帝,以获得在中国传教的有力保证。为此,耶稣会还从澳门给他送去了许多准备送给中国皇帝的礼物。1600 年,利玛窦开始策划北京之行。没过多久,他就联系了在南京任礼部尚书的王忠铭。王忠铭是他在韶州传教时结识的老朋友,当时正要赴北京述职。王忠铭告诉利玛窦,万历皇帝即将举办寿诞活动,可以带他一起进京为皇帝贺寿。

1601 年 1 月 24 日,利玛窦带着献给皇帝的礼物抵达北京,有自鸣钟、圣经、《万国图志》、大西洋琴等贡品共 16 件。万历皇帝对这些贡品兴趣十足,把十字架上的耶稣称为"活神仙",并把圣母像送与母亲慈圣太后。万历皇帝最为喜爱两架大小自鸣钟,小的那架被他带在身边时常把玩;大的那架,被置于精美的阁楼之中,在宫内专司报时。由于自鸣钟构造复杂,需要时常维护,传教士们便被允许定期进宫对其进行检修。万历皇帝对利玛窦进奉的西洋琴也备感好奇,命利玛窦教太监演奏。利玛窦让其助手庞迪我(Diego de Pantoja)教授太监,他自己则仿照宗教赞歌的形式创作了 8 首乐曲,并填上简短的中文歌词,起名《西琴八曲》。每当悠扬的琴声在宫中回荡时,万历皇帝就会想起这位来自西洋的神甫。正是这些"欧洲方物"打开了利玛窦进入宫廷的大门，万历皇帝也因此对他赏识有加，允许其留居北京，深得信任。①
在万历皇帝期间，利玛窦很难见到皇帝，主要通过那些太监与皇帝联系。

1601 年，明神宗下诏允许利玛窦等人长居北京，作为欧洲使节被诏命带
进北京紫禁城。此后他一直拥有朝廷的俸禄，直到去世。但中国的朝廷根本
没有注意到，利玛窦长住北京的目的是传播基督教。

在京期间，利玛窦开始了他的传教工作，并结识了不少士大夫。其实早
在南京居留期间，利玛窦已认识了当时的举人徐光启。徐光启、李之藻和杨
廷筠，被誉为"中国教会的三大柱石"。徐光启于 1603 年在南京由罗如望
（Jean de Rocha）学道受洗，后官至礼部尚书，并拜宰相。徐光启曾协助利玛
窦翻译"几何原本"，并著作论说天主教义可"补儒抑佛"。李之藻为杭州
人，官至太仆寺卿，他曾协助利玛窦翻译不少科学书籍，他于 1610 年由利玛
窦亲自付洗入教。杨廷筠也是杭州人，官至御史和京兆尹，1611 年由郭居静
（Lazaro Cattaneo）神父付洗入教。

利玛窦死后不久，徐光启推荐传教士邓玉函（Johann Schreck）从事"修
历"的工作，耶稣会士开始正式进入钦天监内任职。邓玉函死后，由汤若望
（Adam Schall von Bell）接任。汤若望精通天文学，曾三度准确预测月食，受
到朝野的重视。除了从事修历的工作外，汤若望亦曾为明朝铸炮，保卫京师。
当时在皇宫内已有不少人进教，其中较出名的是太监庞天寿。明朝末年，天
主教已在各省公开宣传，教徒人数亦增至大约 15 万人。除了耶稣会外，道明
会、方济会和其他修会也相继派遣传教士来华。

这么多欧洲传教士进入中国传播基督教，起初并未受到中国朝廷的抵触，

_____

① 孙尚扬：《利玛窦与徐光启》，新华出版社 1993 年版，第 10—13 页。

但中国皇帝是把他们当作其他民族的信仰来看待的。汉人把这些不同信仰的人都称为"回回",里面不仅有信奉伊斯兰的族群,也有信奉基督教的景教徒和信仰犹太教的犹太教徒。犹太教徒被称为"挑筋回回"(据说因雅各与天使角力时扭伤脚筋,犹太人杀牛羊时要挑去腿部的筋)或"蓝帽回回"。而景教徒则因佩戴十字架而被称为"十字回回"。犹太教、基督教和伊斯兰教之间有一个重要共识,即它们都接受只有一个支配万物的上帝,尽管这个上帝的称呼在三教中不同。

中华文明是个建筑在多民族的统一大帝国基础上的文明,因此中华帝国对除汉族外的其他民族的信仰持一种包容的态度。而汉族本身也因外来引进的佛教,本身的道教及官场信仰的入世哲学儒家思想并存,而把这三种信仰称为儒、释、道一体。因此,当明朝后期来华传教的利玛窦在中国待了一段时间后,明白了中国既然可以融化儒释道,也就可以把西方来的这三个宗教统称为三教一体了。

然而,明朝末年事情起了变化。明朝的官员发现,传教士是在汉人中传播基督教。他们担心,越来越多的汉人信基督教会与传统的文化产生冲突,会引起汉人对朝廷的不忠。在朝廷中,经过了几次辩论后,明朝终于开始禁止基督教传教了。万历四十四年(1616年),利玛窦死后6年,礼部侍郎署南京礼部尚书沈榷给万历皇帝写了三封奏疏,引发了"南京教案"。他在奏疏中说,天主教有三大风险:一是会"暗伤王化",会破坏儒家学说的权威;二是"诓惑愚民",可能成为动员民众对抗朝廷的政治力量;三是传教士有可能里应外合、引狼入室,颠覆政权,东南亚吕宋国就是个前例。沈榷的前两封奏疏没什么效果,第三次他联合了皇帝的一位亲信和其他几位高官共同参办天主教。朝廷面临政府官员及民间舆论的巨大压力,只好下令"禁教"。一些传教士如王丰肃（Alphonse Vagnoni）、曾德昭（Alvaro Semedo）等在南京被捕，庞迪我（Diego de Pantoja）、熊三拔（Sabatino de Ursis）等人被从北京押解到澳门，他们所建的天主教堂被拆。这次教案持续了 3 年，直到明朝最后一任皇帝崇祯上台。他因推算日食、月食的官员屡屡出错而不满，于是又请欧洲传教士入宫，天主教在中国再度活跃起来。

清朝建立后，除了在战乱中死于非命的欧洲传教士外，其余大部分都留在了中国，而且被清朝接纳了。当时在明朝宫廷里任职的汤若望等人，在清朝继续为官，而且继续执掌钦天监。

康熙帝亲政后（1666 年），对耶稣会传教士颇有好感，因为他们能向康熙讲解欧洲的各种最新的科学知识。他亲拜南怀仁（Ferdinand Verbiest）为师，并任命他为钦天监监正，参与各项经济建设工作，如铸炮和改良运河。康熙对传教士颇为信任。1689 年，中俄签订《尼布楚条约》，中国的代表团中便有两名耶稣会的传教士：张诚（Jean - François Gerbillon）和徐日升（Thomas Pereira），充当翻译和顾问。当时，欧洲国家之间通用拉丁语，而这些耶稣会传教士都精通拉丁语。

1692 年，康熙颁布"宽容天主教敕令"（正教奉传），宣布天主教不作乱，不害人，不犯罪，与帝国内其他邪教不同，因此天主教堂允许保留，信教者可以自由进出教堂，根据天主教规矩进行宗教仪式。这等于把天主教抬高到儒家的地位。次年，康熙患疟疾。传教士送上了他们从欧洲带来的药物"金鸡纳霜"（奎宁），治愈了康熙的疟疾，更让他对这些传教士青睐有加。17 世纪末叶，中国天主教会的人数已接近 30 万。然而，随后掀起的礼仪之争又使中国天主教会受到了严重的冲击。

其实，利玛窦进入中国不久，就发现中国人有敬祖的传统，是儒家社会中最重要的传统价值之一。因此，利玛窦的观点就是不要去碰中国人的传统。后来，耶稣会士多遵守利玛窦的立场，把中国人的敬孔祭祖礼仪视为民间的习俗，不涉及宗教因素，因此也不抵触天主教教义。但以道明会和方济会为主的后来的天主教传教士们却认为，中国的这些祭礼与天主教教义相冲突。罗马的天主教教廷对中国礼仪之争的立场，起初十分暧昧。1700 年，在京的耶稣会士曾上书康熙，请求皇帝声明敬孔祭祖的意义。康熙乃批示敬祖敬孔纯为敬爱先人和先师的表示，远比宗教更文明、更具有社会性。1704 年，教皇格来孟十一世（Clement XI）针对康熙皇帝的诏书再次斥责中国礼仪，下令中国教友不得参与敬孔和祠堂中的礼节，不得在牌位或坟前上供，牌位上不得有灵位字样，不得使用"天"或"上帝"二词称呼天主教的神，只可用"天主"一词。1705 年，罗马教皇格来孟派他的亲信、都灵人多罗枢机主教（Charles – Thomas Maillard de Tournon）为特使来华，宣布教廷的决定。多罗起初获得康熙的接见，但当康熙知道了他的来意后，便把他遣至南京，并颁令所有传教士若愿意逗留在中国，则必须遵守利玛窦的成规，并须领取"居留票"。否则，不允许继续传教。另外，康熙也派遣耶稣会士到罗马，希望能解释皇帝的立场，可惜这些使者中途死于海难，并未能完成使命。

多罗到达南京后，便宣布了教廷禁行中国礼仪的决定。康熙得知后大怒，将多罗驱至澳门。多罗在澳门被葡萄牙人软禁，最后在 1710 年郁闷离世。

雍正时代，满洲贵族已确立儒学为主的价值观，什么宗教也不能与儒学相比，儒学的权威不容置疑。雍正元年（1723 年），雍正刚刚当政，蒙古贵族罗卜藏丹津在青海叛乱，而之前罗卜藏丹津的地位曾被五世达赖认可，与藏传喇嘛教有些瓜葛。雍正认定，宗教之间会发生纠纷，不利于统治稳定；宗教还容易被坏人利用。因此，雍正二年（1724 年），清朝便下令大规模禁教。传教士巴多明（Donomique Parrenin）、白晋（Joachim Bouvet）和戴进贤（Ignatius Kögler）通过种种努力向雍正辩解求情。雍正还是坚信传教士是为了自己的"国王"来与中国皇帝争夺人民的，甚至批评康熙当年是受了传教士的欺骗。

朝廷决定：（1）除了精通历数和有技能的西洋人可居留北京外，其他西洋人一概送到澳门安插。（2）废除康熙朝发印票给守"利玛窦规矩"的传教士允许传教的制度，康熙朝所发印票尽行作废销毁。（3）所有天主堂改为公所。（4）严令信教民人改易信仰，如再聚众诵经从重治罪。（5）地方官如不实力禁教将被严加议处。[①]

雍正二年（1724 年），全国约三百所教堂纷纷被改为学校、祠堂、庙宇、粮仓或被完全拆毁。经像文书被焚，信教的中国人不敢公开奉教。约有 50 名教士先后被驱逐至广州。其间亲王苏奴及其信教子孙受到严惩。葡籍耶稣会士穆经远（Johanns Mouras）与苏奴家族过从甚密而瘐死狱中。同年，朝廷还发表了《圣谕广训》，里面包含了康熙帝及雍正帝勘定的儒家经典训谕。

乾隆二年（1738 年），乾隆皇帝也进行了一次大规模禁教。耶稣会士传教士郎世宁（Giuseppe Castiglione）是朝廷画家，因可以接近乾隆，便呈递奏疏，请求皇帝不要禁教。乾隆回答说："就你们而言，朕丝毫没有禁止你们的宗教。你们可以自由地修习它，但我们的人不应该信仰它。"他希望"我们的人"的宗教权威与政治权威应该保持一致。乾隆因而答应不禁天主教，只禁满族人信教。此后，40 余名传教士陆续自澳门潜入内地再行传教。乾隆不喜

---

① 陶飞亚：《怀疑远人：清中前期的禁教缘由及影响》，《复旦学报》（社会科学版）2010 年第 1 期。

欢欧洲的科学，但喜欢欧洲的技术与艺术，有建筑和绘画专长的传教士继续在宫廷服务。乾隆三年在京有耶稣会士22人，其中6人供职宫中。清廷对宫中和京城的传教士较雍正时宽松，对北京地区宗教活动没有限制。

嘉庆即位后，严惩禁教不力的官员。嘉庆十七年（1812年），贵州巡抚颜检因失察地方民人传习天主教并拐卖妇女，"着实降二级以京员用"。满人魁敏世习天主教而不肯悔教，被流放伊犁后表示改悔，伊犁将军松筠试图给其减罪，被嘉庆严厉批评。嘉庆二十年（1815年），通州牧俞颖达在任学政考试时发现考生中有教徒，未能及时上报被马上革职。同年九月上谕表彰拿获潜入川境传教之西洋人徐鉴牧的四川总督常明及四川新津县知县王衡。嘉庆朝的禁教措施之严密超过前朝。

道光初年在京的欧洲传教士仅存4人。清廷派差官严密监视其行动，不准其外出传教。此后，有的传教士去世，有的回归欧洲。道光十八年（1838年），北京南堂主教和钦天监监副毕学源（Cajetanus Pires）去世，道光皇帝下令南堂附属建筑入官，只余空堂一座。自此，钦天监无欧洲人服务，天主教公开活动不复见于京城。

嘉庆执政后，亲自上马批驳天主教教义。他颁布上谕批驳《教要序论》《圣年广益》。他认为书中所提天主和耶稣是万邦之"大君"，只有"圣教大行"，才能长治久安，并把不信教者看成"魔鬼奴才"等说法是"支离狂妄怪诞不经"。书中所举神迹"皆系凭空捏撰"。他告诫"旗民人等，务当恪守本朝清语骑射，读圣贤书，遵守经常"，"勿再听信邪言，执迷不悟，背本从邪，自不齿于人类"，从根本上否定了天主教的道德价值。

咸丰元年（1851年），咸丰皇帝接受两江总督陆建瀛建议，下令将《圣谕广训》颁行天下，从思想上抵制西方宗教"邪说"。

其实，无论中国的皇帝如何担心外来宗教的渗透会影响中国政权的稳定，也无论欧洲来的传教士如何努力，基督教在中国的传播范围的确有限。不仅天主教传教士对中国皇家的传教没有取得什么成果，就是在中国民间，传教的成果也寥寥无几。当马戛尔尼率领的英国使团访华时，法国籍的传教士罗广祥（Nicolas – Joseph Raux）神父曾向马戛尔尼介绍中国基督徒的情况。北京有 5000 名基督徒，全中国有 15 万基督徒。罗广祥承认，吸收新教徒的唯一来源就是弃婴。"每天一大早，政府派一辆马车到城郊转，见到哪儿有弃婴捡起来送到义冢。传教士常常把弃婴中看样子还能活下来的婴儿接回来扶养。其他的婴儿，不管已死的或还是活着的，都扔进坑里。"①

晚清时，西方传教士与民间的冲突成为人们关注的重点。围绕着天主教教堂的各种谣言不断，称欧洲神父用中国小孩的心脏做药引子，称天主教教堂里专门骗小孩去挖眼睛，等等。这些谣言有时会造成民众围攻天主教堂，有些欧洲的传教士也成为民众发泄不满的牺牲品。当然，也有一些中国有识之士对朝廷的紧张和民众的疑惑不以为然。比如，张之洞在光绪二十四年（1898 年）的《劝学篇》里就特辟了一章谈"非攻教"。他认为，基督教在中国传教引起的"民教冲突"只是国人在"攻教"而已。他承认中国有"异教相攻"的传统，以往的教案"徒诟厉以求胜，……学士倡之，愚民和之，莠民乘之，会匪、游兵借端攘夺，无故肇衅，上贻君父之忧，下召凭陵之祸"。中国的有志之士应该是"砥砺学问，激发忠义，明我中国尊亲之大义，讲我中国富强之要术，国势日强，儒效日章，则彼教不过如佛寺道观，听其自然

① ［法］佩雷菲特：《停滞的帝国》，王国卿等译，生活·读书·新知三联书店 1995 年版，第 185 页。

可也，何能为害？"①张之洞的经验使他相信，国家治理好了，基督教就是和佛教、道教一样的宗教而已，是民间老百姓聊以自慰的精神依托，并不可能"为害"国家。

欧洲的一些哲人们也对欧洲传教士到其他地方传教持怀疑态度。比如，法国思想家孟德斯鸠就表示，耶稣会士的传教士们到中国去传播一个从地中海的麦子和葡萄酒文明中诞生出的宗教，这对一个有着悠久稻米、茶和季风的文明来说，也许并不合适。

欧洲传教士到北极地区向爱斯基摩人传教的历史更为有趣。传教士们一直设法让爱斯基摩人相信，麦子和葡萄酒是象征着上帝的肉和血的东西，因此基督徒每天要祈祷上帝赐予他们面包。然而，爱斯基摩人生活的土地上根本不生产这两种东西，爱斯基摩人根本不理解麦子与葡萄酒意味着什么，所以传教士们的努力收效甚微。直到20世纪，罗马教廷意识到了这么传教没有意义，才修改了祷言，改让爱斯基摩人祈祷上帝"每天给他们鱼吃"。爱斯基摩人才逐渐接受了传教士的语言。

基督教虽然诞生在中东的以色列，但却是在欧洲文化土壤上发展起来的，所以当基督教到中国来传播时，难免会遇到诸多的文化障碍。这就像鸡与鸭在讲话，互相说不通，但还都在那里呱呱叫。欧洲的天主教想说服中国的文人们信教，因此派出了许多知识精英来与中国文人交流。中国文人对欧洲人带来的科技知识很感兴趣，也的确利用这些欧洲传教士学习了大量欧洲的科学知识，但被传教士们说服而信奉天主教的中国文人仍是寥寥无几。中国清朝的皇帝可以跟欧洲传教士交朋友，当学生，学习欧洲的科学知识，但仍然

---

① 张之洞：《劝学篇》第15章。详见：https：//www. douban. com/group/topic/3636335/。

无法成为天主教的信徒，因为皇帝是"天子"，是凌驾于各种宗教派别之上的最大的"人主"。因此，欧洲传教士到中国来传教的首要任务根本没有完成。

然而，欧洲传教士却阴差阳错地当了中国与欧洲两种文明之间的桥梁，把中国的文化传到了欧洲，也把欧洲的科学知识传到了中国。

第一个进入中国的传教士利玛窦接触了中国文化后，为中国的科学、政治、思想、文化所震撼。他在给友人的信中由衷地赞扬中国文化。他说，"中国人的智慧，由他们的聪明发明可以得知。"他列举了中国人在文字、医药、一般物理学、数学、天文学、艺术和机械各方面的成就，指出中国人全由自己的经验得出如此的成就，和欧洲人与全世界交往才得出的成就不相上下。他认为，中国政府治国的能力超过其他所有国家，他甚至认为，希腊哲学家柏拉图在政治理论方面的想象都不如中国的实践。利玛窦盛赞中国的文化，认为儒学是以自然律为基础的，许多西方哲学家都无法与孔子相提并论。[①]

利玛窦便开始把中国的一些经典作品翻译成拉丁文出版，向欧洲传播。明末、清初，随着利玛窦的脚步到中国来传教的欧洲人都成了自觉学习中国文化的好学生，把中国文化中的精华翻译介绍给了欧洲。比如，比利时传教士金尼阁（Nicolas Trigault）就把"五经"（《诗经》《尚书》《礼记》《周易》《春秋》）翻译成了拉丁文，并在杭州刊印出来。这是中国古籍最早的西文译本。

到了清代的早期和中期，"四书五经"才有了比较完善的西文版本。经过几代传教士的努力，大部分中国儒家的经典著作都被翻译成了拉丁语。其中，"四书"的完整拉丁文全译者是比利时传教士卫方济（François Noël，1651 – 1729 年）。他在前人的基础上经过 20 余年的努力，于 1711 年在布拉格大学刊

---

① 孙尚扬：《利玛窦与徐光启》，新华出版社 1993 年版，第 37—38 页。

印了他的"四书"全译本和介绍中国其他古代思想家的《中国哲学》一书。"五经"的拉丁文全译本则是由好几位传教士如法国的白晋(Joachim Bouvet)、刘应(Claude de Visdelou)和雷孝思(Jean Baptiste Regis)等人完成的。到了乾隆时期,这些古籍又有了法文译本,它们是由法国传教士孙璋(Alexandre de la Charme)、宋君荣(Antoine Gaubil)和钱德明(Joseph - Marie Amiot)等人完成的。此外他们还用法文写了《孔子传》和《孔子弟子传略》等这样一些著作在北京出版。

清初汤若望为清廷修订历法,换来顺治允许传教。康熙朝传教士在为清廷制历造械和与俄罗斯交涉方面做出卓越贡献,康熙三十一年(1692年)解除禁教是给传教士报效清廷的一种回报。随着皇帝个人对外国新事物的冷淡,朝廷对传教士制造军器、协助办理外交的需求不断降低,再加上钦天监的中国人学会了以西洋方式来推演历法,传教士的服务对清朝变得无足轻重了。

应该说,在欧洲传教士到达中国前,中国已经有过辉煌的科技文明,但无论是科学还是技术都是非常小众的事。以至于中国古代的许多发明创造,在社会动乱中被中断了,然后过了若干朝代又被重新发明了出来。但从欧洲传教士来华开始,现代科技的传播在中国越来越广泛。随着清朝的国门被鸦片战争打开后,欧洲现代的科学技术成为中国人首先学习的目标。无论是"习夷之长以治夷"的一派,还是"全盘西化"的一派,大家都知道必须学习欧洲的科学技术知识,才能够强国、富国,才能够让中国"现代化"。

直到近代,西方传教士在中国的经历让他们改变了对中国的看法,从而同情中国的事情还在不断发生。红军长征期间,就发生了这样一起离奇的事件。其中的主人翁——一位瑞士裔的基督新教传教士在与红军一起度过了18个月,一起长途跋涉了1万多公里后,完全被红军的平等及奋斗精神所感染,后来把自己的经历写了出来，使西方读者从一个角度去认识了中国工农红军，认识了中国共产党。

这位传教士的中文名字叫薄复礼，原名叫鲁道夫·阿尔弗雷德·勃沙特·比亚吉特，瑞士人，1897 年生于英国。1922 年来到中国，基督新教牧师，在贵州遵义、黄平、镇远一带传教。

1934 年秋天，他与几个人一同被红军俘获。红军扣留他们是想用来当人质跟教会换药品的，因为红军的药品短缺，而西方的基督教会有办法弄到医药。然而，一次偶然的机会让红军改变了主意，也让薄复礼认识了红军。红军进入贵州后，因不熟悉道路，全靠找向导问路，困难重重。红军指挥员、后来成为开国上将的萧克找到一张贵州地图，却看不懂上面的文字，便把薄复礼找来问。薄复礼认出这是一张法文的贵州地图，萧克便与蒲复礼一边翻译，一边把图上所有的道路和村镇的名字记了下来。萧克在翻译的过程中，不断与薄复礼谈话，改变了他对西方传教士的看法。萧克原以为，传教士是到中国来搞文化侵略的，是中国封建统治阶级的帮凶。但薄复礼帮助红军翻译地图，成为红军转战贵州的好向导，成了红军的同路人。薄复礼也在与萧克红军领导的接触中，改变了他对红军的看法。他发现，萧克等年轻而充满热情的红军干部与他脑海里的"土匪"形象毫不相干，他开始对红军感兴趣，细心观察红军的行为。后来，当行进到云南时，红军把薄复礼释放了。18 个月中，薄复礼与红军一起转战了贵州、四川、湖北、湖南和云南 5 个省，行程近万里。后来，他回到了英国，把他的经历写了出来。他的《神灵之手》（Restrained Hand）出版后，成为向西方读者介绍红军及长征的第一本书，比美国记者斯诺的《红星照耀下的中国》还早了一年。薄复礼在书中用一种赞赏的口气描述了红军的日常生活，讲述了红军如何重视纪律，即使路过果实累累的果树时也没有人伸手去摘。他总结道，红军的确是一支有崇高理想，与旧式军队截然不同的人民军队。[1]

1984 年，英国著名作家索尔兹伯里到中国来采访红军长征的素材，与萧克将军谈起了薄复礼的事情。萧克请索尔兹伯里转达对薄复礼及家人的问候。后来，索尔兹伯里与中国驻英使馆都与薄复礼建立了联系，使萧克将军与薄复礼在 50 年后又重新建立了联系。瑞士传教士与中国将军这种长达半个世纪的友情，也是东西方文明在特殊时期的另一种对话。

三 中国模式对欧洲的影响

自从欧洲传教士把中国的文明传播给了欧洲后，欧洲就掀起了一场文化上的"中国热"。这场文化上的中国热又直接影响到了现代欧洲的思想大潮——启蒙运动，因为正是中国这个不同于欧洲的文明给了欧洲启蒙思想家无限的想象空间，促发了他们设想不同的文化与社会组成。

最先到中国传教的利玛窦初到中国，便被中国文化所吸引，所征服。他在信中说："向自西来，涉海八万里，修途所经，无虑数百国，若行枳棘中。比至中华，获瞻仁义礼乐声明文物之盛，如复拨云雾见青天焉。"[2]

中国文化与制度，对于经历了文艺复兴、又搞了基督教改革的欧洲人来说，是个非常吸引人的模式。

中国制度中最吸引欧洲人注意的是，中国可以有一个仁慈的君主，不是

---

① 何立波：《向西方报道中国红军长征第一人薄复礼》，原载《世纪风采》2016 年第 10 期。转载于：http://dangshi.people.com.cn/n1/2016/1102/c85037-28826951.html。

② 孙尚扬：《利玛窦与徐光启》，新华出版社 1993 年版，第 38 页。

那么专制，按照律法和习俗行事，并由大臣们来执掌日常公务。

利玛窦已经发现，皇帝只有在与大臣磋商后，才对国家大事做出决定。当皇帝在赏赐家族成员或自己的亲信时，只有从他个人的财产中提取，不能随意处置各种税收和贡物。皇室的开支由国库提取，每项开支都有法律规定并依此管理。

皇帝虽然名义上有巨大的权力，对死刑有最终裁决权；可以任意决定税率，也有权决定哪些受灾的省份可以减免赋税；皇帝有权决定发动战争或停火；可以从子嗣中自由选定接班人；他有权更改省市名称，甚至更改他人姓名，等等。但是，中国的法律也有防止皇帝滥用权力的机制，要求他从公共利益和维持个人名誉出发而慎用权力。比如，中国法律要求皇帝待臣民如慈父而非奴隶主，这种观点深入人心且有首先约束力。再比如，官员可以指出皇帝的过失并加以劝阻。而且，皇帝的行为都要被写入史书，即使为了顾及自己的名誉，皇帝也要约束自己的行为。

这些有关中国皇帝的故事传回欧洲后，引起了极大的反响。要知道，18世纪的欧洲启蒙思想家一开始也不是要推翻欧洲的封建制度，而要想找到"开明君主"的模式，并号召欧洲的君主们都学习"开明君主"的榜样。

法国思想家伏尔泰生活的年代正是欧洲"中国热"的时代，而伏尔泰又是这场"中国热"的主角。伏尔泰不是政治学家，没有留下什么专门的政治专著，但在他的戏剧、小说和通信中，都留下了他对中国制度的大量评论。他对中国的论述相对集中的有《风俗论》中的第195章（17世纪和18世纪初的中国）；在《哲学辞典》中有以中国为专题的，如《中国教理回答》《论中国》；在《路易14时代》中第39章是《关于中国礼仪的争论和这些争论怎样促使中国取缔基督教》。这些论述都是专门针对中国制度的。

伏尔泰在赞赏中国制度时，是拿法国制度作参照的。他认为，在法国的历史中，教会与贵族不止一次把法国推向了混乱，因此他担心法国搞英国式的改革只会让事情变得更糟。他希望君主能够改良，像中国君主那样理性，希望君主能和资产阶级站在一起，反对贵族和教会。伏尔泰在他的文学作品《查第格》中塑造过一个幻想的开明君主形象。主人公查第格在当上宰相后，用哲学家的方式治理国家，允许言论自由，提倡信仰自由，反对宗教狂热，享尽天下太平。

当时的欧洲有些君主也想走"开明君主专制"的道路，或起码把自己打扮成"开明君主"。比如，普鲁士国王腓德烈二世就以哲学家王子和开明君主自居，在自己的周围网罗了一批颇有才华的各国文人。腓特烈当然不会放过声名显赫的伏尔泰，屡次设计勾引伏尔泰去普鲁士给自己充门面。伏尔泰虽然颇得法国国王路易十五的青睐，但路易十五也为伏尔泰的放荡不羁而恼怒。最后，腓特烈成功地离间了伏尔泰与路易十五的关系，让伏尔泰"束手就擒"，被普鲁士国王请去做客，为腓德烈二世设计"开明君主"似的改革。那时候，欧洲的贵族都以讲法语为荣，普鲁士国王也讲得一口漂亮的法语，伏尔泰刚到普鲁士时有如鱼得水之感。过了一段时间后，伏尔泰发现这位国王并不像标榜得那样开明，而是开明不足而专制有余。他十分失望，最后从普鲁士逃回了法国。

但是，伏尔泰并没有对寻找开明君主失去信心。他后来又曾写信给俄国女皇叶卡捷琳娜二世，也赞颂过彼得大帝，称他是把一生献给祖国和人民的开明君主。他还写了《彼得大帝在位时期的俄罗斯历史》献给彼得大帝。

法国思想家托克维尔生活在 19 世纪，那时候欧洲进入了"欧洲中心论"时代，中国早已不是欧洲人崇拜的对象。但是，作为思想家，托克维尔肯定阅读过许多法国的前辈思想家的论著，所以他在《旧体制与大革命》一书中也总结了法国人对中国体制的欣赏。他说："他们心目中的中国政府好比是后来全体法国人心目中的英国和美国。在中国，专制君主不持偏见，一年一度举行亲耕礼，以奖掖有用之术；一切官职均经科举获得；只把哲学作为宗教，把文人奉为贵族。看到这样的国家，他们叹为观止，心驰神往。"①

正是在这种背景下，伏尔泰如获至宝地在欧洲传教士从中国传回的书信中找到了他心目中理想的"开明君主"。他认为，中国的君主们从小就学习儒家思想，学习以理性来治理国家，他们上任后有很高的哲学修养，能以国家的大局来思考问题。他还高度赞赏中国的文官制度，认为各个机构之间互相牵制，形不成专权的现象。他盛赞中国的法律制度，认为它是以儒家思想为基础的，社会等级可以流动，大家以礼相待，和平相处。他盛赞中国的农业，因为不仅皇帝重视农业生产，政府还有各种奖励农民的做法，使中国的土地耕作水平远远超过欧洲水平。"中国的城市经济繁荣，乡村人民生活富庶。"

伏尔泰还盛赞中国的宗教宽容，并拿中国与当时的欧洲、特别是法国相比较。比如，法国国王路易十四是个狂热的天主教徒，1685 年他下令取消了"南特敕令"，派兵镇压属于基督新教的胡格诺派教徒。本来，法王亨利四世1598 年签署的南特敕令结束了法国国内天主教徒与新教徒之间长达 30 多年的战争，给予新教徒与天主教徒相同的权利，是世界上第一份宗教宽容的敕令，自罗马帝国后欧洲历史上第一次一个王国允许宗教并存。然而，亨利四世的孙子路易十四却废除了南特敕令，宣布基督新教非法，并颁布了"枫丹白露敕令"，大肆迫害新教徒。伏尔泰对这种宗教引起的不宽容行为疾恶如仇，便

---

①　［法］托克维尔：《旧制度与大革命》，冯棠译，商务印书馆 1997 年版，第 198 页。

引用中国的例子来抨击法国的做法。他说，"北京的耶稣会教士，由于精通历算而深得康熙皇帝的欢心。这位以善良仁慈、行高德美而闻名遐迩的君主，准许他们在中国传教，公开讲授基督教教义。"

中国模式对欧洲的另一个吸引力是理性。启蒙运动时代是"理性"大放光彩的时代。欧洲的许多思想家企图摆脱宗教的思想控制，要让理性成为世俗思想的主导。在这一背景下，他们难免要到其他文明中去寻找灵感。中华文明几千年来占统治地位的"儒家"思想很快就受到了他们的注意，成为他们推崇的典范。

比如，法国思想家伏尔泰就很喜欢中国的"世俗"政治文明，认为中国这种文化是世界上独一无二的，可以教化人相信理性，并因此来约束人的欲望和行为。这与那些必须引用外来超验的力量来说服（恫吓）人民，并因此来规范人民行为的文明不同。

伏尔泰在名著《风俗论》中说，"中国的法律不谈死后惩罚与褒赏；中国人不愿肯定他们所不知道的事情。他们与一切开化的伟大民族之间的这一差别是惊人的。地狱之说虽然有用，但中国人的政府却从不采纳。他们只满足于鼓励人们虔诚敬天和为人正直。他们相信，一种一贯实行的正确的政治制度，会比一些有可能受到攻击的舆论起更大的作用；人们更害怕的是现行的法典，而不是未来的律令。"①

德国的科学家与思想家莱布尼茨是柏林科学院院长，也是英国皇家学会、法国科学院、罗马科学与数学科学院的院士。其实，当时欧洲最主要的四大科学院（伦敦、巴黎、柏林、罗马）都把他当作核心成员。他倾心中国文化，

---

① ［法］伏尔泰：《风俗论》（上），梁守锵译，商务印书馆 2008 年版，第 90 页。

他的理性思想受到宋儒思想的影响很大。他认为，宋儒哲学家"尊崇理，即最高的理性"。莱布尼茨根据宋儒的"理"建立了他的哲学中心，就是所谓的"理由律"。他称为"我的大原理""最高秩序之法则"或"一般秩序的法则"等，都与宋儒理学有明显的联系。

1687年，《中国之哲人孔子》一书在欧洲出版后，莱布尼茨读到了朱熹注的《大学》《中庸》及《论语》的译文，并开始构建他的"理由律"。这很难说不是受了宋儒程朱所说的"理"的影响。而"理由律"后来则成为莱布尼茨哲学体系的核心。

欧洲启蒙思想家除了赞赏中国的理性外，还对中国的伦理佩服得五体投地，因为他们认为，那是在理智的启发下产生的。道德在中国的社会治理中起着举足轻重的作用。《孔夫子的伦理》一书的作者傅歇认为，"赞扬孔夫子伦理的原因是这种伦理并非出自抽象的原则，而是在固有的标准——理智的启发下产生的。这是追求实际者的一种，而不是玄学家的伦理。此外，由于源于这种伦理的批判思想，它不向人要求可望而不可即的道德，而是要求任何普通人都可以了解和由此也可以完成的义务，因而理智是具有普遍性的。""他们使一切都从属于社会的安宁和众人的秩序，不让它给人造成妨碍。在这一点上，它高于其他民族的法律，确实妙不可言。"

在欧洲，基督教会在整个中世纪（5—15世纪）的1000年里有着无比的权威，但其统治也被称为"黑暗统治"，因为任何不符合基督教规矩的社会个体都会被教会严格体罚，甚至剥夺生命。走出中世纪后，经历了"文艺复兴"，欧洲进入了"启蒙运动"时代，教会的权威不再。但社会靠什么来维持道德？欧洲人曾经迷惑过很长时间，直到启蒙思想家发现了中国模式。

欧洲过去的道德体系是以神学训导和神权统治为基础的。当神权受到质疑，甚至被颠覆时，如何建立一套独立于宗教而又能有效维系社会秩序的道德体系，成为萦绕在欧洲启蒙思想家头脑中的一个重要问题。18 世纪的欧洲社会动荡、战争频繁、人心凋敝、风俗败坏，启蒙思想家忽然想到耶稣会传教士们曾经大量描写过中国人的心性纯洁，儒家道德与基督教道德有许多相似之处，使中国人可以接受基督教道德。启蒙思想家突然意识到，中国人原来是在非宗教的道德约束下过着一种幸福并安宁的日子，而这正是当时的欧洲所需要的。

于是，启蒙思想家开始长篇大论地讲评中国的道德观及道德在中国文明中的重要地位。

17 世纪后期的英国政治家、散文家坦普尔（William Temple）常读孔子的《中庸》，他读了法国出版的《中国哲学家孔子》后说，"孔子的著作，似乎是一部伦理学，讲的是私人道德，公众道德，经济上的道德，政治上的道德，都是自治、治家、治国之道，尤其是治国之道。他的思想与推论，不外乎说：没有好的政府，百姓不得安居乐业；而没有好的百姓，政府也不会使人满意。所以为了人类的幸福，从王公贵族到最微贱的农民，凡属国民，都应当端正自己的思想，听取人家的劝告，或遵从国家的法令，努力为善，并发展其智慧与德性。"他把孔子的思想与古代希腊哲学家的思想相比，认为孔子的思想更胜一筹，他说："希腊人只注意个人或家庭的幸福，而中国人则更注重国家的康泰。"

法国百科全书派代表之一霍尔巴赫（P. H. D. Baron Holbach）是个旅居巴黎的德国人，无神论者。他批判了基督教神学下的制度和道德体系，并把中国的道德原理和政治体系推崇为新社会新秩序的理想范本。他说："中国可算世界上所知唯一将政治的根本法与道德相结合的国家。而此历史悠久的帝国，无疑告诉支配者的人们，使知国家的繁荣须依靠道德。在此广大的土地上，道德成为一切合理人们唯一的宗教，因为道德科学之进一步的研究，遂成为获得职位或立身致仕的唯一法门。我们社会则这种学问，除少数不知名的特殊者研究以外，反而足为与支配国家事务的人疏远的原因吧！……在中国，法律充满圣智，甚至曾经征服中国的野蛮满洲人亦为所屈服。这就是说，理性对于君主的权力发生了不可思议的效果，使中国的征服者亦为所征服。……我们至少可以说，在那里，某种道德，尤其孝道，如同宗教一般。又无论何国，也没有像中国产业那样发达。"

中国的政府治理模式更是让欧洲启蒙思想家们觉得找到了打开智慧之门的金钥匙。

他们发现，唐朝时，中国政府在制度创新上已经有了三大发明。首先，有一个理想的官僚结构，秉持世俗的世界观，通过复杂的意识形态自我引导。这一意识形态在社会、伦理、和政治层面都具有自我连贯性。唐朝的治理框架已经与现代治理框架差不多，既有垂直层面的等级划分，也有水平层面的专业机构。其次，它的招募和晋升模式基于考试和绩效竞争，使公共管理有章可循。最后，唐朝还设置了御史台和谏官，政府把自我批评和自我纠错的实践制度化，以保长治久安。当18世纪，法国的启蒙运动思想家伏尔泰及百科全书学派发现中国这一模式时，不由得拍案称奇。

欧洲传教士们对中国的职业文官制度有诸多描写。首先是选拔文官的科举制。许多传教士都描绘了中国的科举制度并大加赞扬。科举考试被描绘成对考生治国理政理念的考验：考生在戒备森严的考场中根据考官指定的关于公共事务、国家大事和人性问题的题目即席作文。考官对文章筛选三轮后，录取最优秀的90名为进士，金榜提名者受到皇帝接见并授予官职。欧洲来华的传教士们最为吃惊的是，中国官员的官衔、官职都不是世袭的，不能合法地从上一代传到下一代。这与欧洲盛行的贵族爵位世袭制形成了鲜明的反差。传教士们盛赞中国的文官选拔制度，称在这种制度里，每个人都是自己命运的"奠基者"。

然后，是对文官的监督。很早以来，监察制度在中国体制中就起作用，对官员的贪污腐败、滥用职权起着重要的威慑作用。而这么一项重要的政府机制，在欧洲国家却没有对应物，这使欧洲来的传教士非常感兴趣。利玛窦就曾介绍说，监察官分为科吏（给事中）和道吏（监察御史），各由60位以上经过挑选的谨慎可靠、忠君爱国的"哲学家"组成。他们是公众良知的捍卫者，负责监察并向皇帝报告各地的违法事件。都察院每三年一"大察"，每年一"中察"，每三个月一"小察"。"科吏"虽然只是七品芝麻官，但权力很大，可以调查并向皇帝禀报渎职官员的情况。在这方面，中国历史上不乏直言无畏的谏臣。

中国政府对文官权力约束的其他机制也被传教士们广为传播。比如回避法：文官不能在自己的家乡任官职，以免为亲友谋利；当法官主持法庭时，亲属不得离家，以免通过他们受贿。为防止官员势力坐大和结党营私，官员在一地任职不能超过三年。这三年的业绩会被严格考评，作为官员升黜的依据。

中国制度的发现给欧洲那些梦想使自己的国家摆脱暴政和僧侣统治的人提供了论据。世界上确实存在着一种最为丰富多彩、繁荣且雅致的文明。在这种文明社会之中，一个通过一系列考试、竞争而被接纳的哲人阶层构成了政界的主要官员，通过他们所担任的检察官的角色，控制专断行为，因为专断行为带来的乐趣往往有可能令君主受到诱惑。这个当时被人称为文人"帮"

或文人派的阶层从来就对灵魂是否真的不灭或天使到底是什么性别这类问题不感兴趣。对他们来说，理智之人往往会限制自己的野心，而只是着力制定道德规范，确立中庸之道。

启蒙思想家中也有对中国制度不屑一顾的，比如卢梭，某种程度上也可以算上孟德斯鸠。卢梭对中国的非议，其实没有更多的基础，因为他与其他启蒙思想家一样，只是从那些欧洲传教士传回欧洲的书信中了解到了中国，他并没有更多的信息来源。但是，在启蒙思想家中，卢梭与伏尔泰是一对死冤家。凡是伏尔泰说好的，卢梭一定说坏。既然伏尔泰为中国唱赞歌，那卢梭就一定要说中国是个僵死的文明。

1755 年卢梭把他参加第戎科学院竞赛的论文《论人类不平等的起源和基础》寄给了伏尔泰。这篇文章表达了这样一种观点：人类的不平等是人类自身在社会化进程中造成的。这本来是启蒙时代思想丰收的硕果之一，与伏尔泰的理性精神也有异曲同工之妙。但是，伏尔泰收到书后却于 8 月 30 日给卢梭回了很怪的一封信。信中第一句话便是："先生，我收到了您的反人类的新著，谨表感谢。"一下子就把问题定了性：反人类。伏尔泰接着写道："从来没有人用这么多的才智来让我们变得愚蠢；读您的大作让人想趴在地上四足行走。不过，由于我丢掉这个习惯已有六十多年，我遗憾地意识到要重操旧习在我是不可能的了……"伏尔泰向同时代人描绘了卢梭的一幅阴暗的肖像：把他描绘成恬不知耻的、厌恶人类的孤僻者。

伏尔泰的批评表现为一种半开玩笑半当真的讥刺，与两人的实际思想并无太大关系。卢梭小时候在瑞士长大，敏感而缺少幽默，不像法国人那样开朗。伏尔泰的信，本不是什么了不起的事，但对卢梭的心灵却是个不小的打击。他在 9 月 7 日给伏尔泰的回信里说："现在轮到我来对你表示万分的感谢。我把我那本糟糕的书寄给你，不是为了得到你如此的'恭维'，而仅仅是把你当作自己阵营的首领而尽的义务和表达的尊敬……"语句充满讥刺，也满含委屈和痛苦。这之后很长时期里，两人并没有寻找修复关系的愿望，反而在怨恨的道路上越走越远。

既然伏尔泰那么热情赞赏中国制度与道德，卢梭就一定要反其道而行之，就要说中国制度一定是个行将就木的制度，就是说中国人是一群没有道德、狡诈、圆滑、说话不算话的人。卢梭预言，清王朝很快即将垮台，理由有二：第一，中国竟然按照一个人是否能写得一手好文章来选拔官吏；第二，中国普通百姓缺乏读写能力。在中国，文化是一种特权并与劳动和劳动者相对立。因此，这个发明了造纸术和印刷术的国家，文化的传播和普及程度都落后于欧洲。

孟德斯鸠对中国的看法比较复杂，其中有许多变化。仅从《论法的精神》一书的各个章节中就可以看出，他对中国的看法经历了一个转变。

在开始时，孟德斯鸠对中国政治体制的看法受大部分欧洲传教士说法的影响，认为中国有一个比较奇特的制度，兼有他描写的欧洲的几种政治制度的特点。比如，他说道："中国的政体是一种混杂政体，其中专制的成分较多，因为中国君王的权力强大无比；也有少许共和制的成分，因为中国存在弹劾制度和某种建立在情爱和孝道基础上的道德；当然还有君主制的成分，因为中国拥有固定的法律以及以威严、清明著称、由荣誉支配的法庭机构。这三种温情的因素加之相适宜的自然条件使得中国的政体延续至今；因而，如果说帝国的强盛使其成为一个专制主义的政体，那么这也许是所有专制制度中最好的了。"

然而，后来孟德斯鸠又改变了态度。

这种态度的转变来自两个方面：一是他的信息来源有问题，遇到对中国友好的人士，讲的故事对中国有利，他就理解为中国的制度挺适合那个地方。但当他遇到对中国不那么友好的人士，特别是当他遇到一些传教士，在中国经历了比较痛苦的遭遇后，给他讲的故事当然不会那么美好。这也影响到了他对中国制度的判断。二是他想创造一种根据政权性质而分类的科学方法，因此他阅读了许多历史著作，把各种不同的政治体制分了类，并描述不同的特征。但中国制度很难进入他的分类当中，因为既有某种特征，又有另外的特征，怎么分类都不那么合适。于是，他只能舍弃一些，根据他得到的消息，把中国硬塞到专制体制那一类当中。

伏尔泰始终如一地认为，中国的政治体制是很完善的，不是什么"专制"。他认为，中国有众多的政府机构，有详细的法律规章。皇帝虽然负责颁布法律，但如果他不向官僚们征求意见，是不可能执政的。他对欧洲流传的中国皇帝专制的说法自己有一套解释。他承认，中国人见了皇帝必须像见了神明那样下跪，对皇帝稍有不敬就有可能以冒犯天颜之罪受到惩处。但他仍然认为，这不能证明中国是个独裁专制的政府。他认为，独裁政府的特点是，君主不遵循任何形式，只凭个人意义行事，毫无理由地剥夺臣民的财产和生命而不触犯法律。但在中国，人们的生命、名誉和财产都受到法律的保护，执行这些法律的机构越多，行政系统就越不能专断。因此，尽管中国的君主有可能滥用职权加害于他所熟悉的少数人，但他无法滥用职权，加害于他不认识的、在法律保护下的大多数百姓。①

伏尔泰似乎对中国的家国情怀有一定的了解，因此他认为，"儿女孝敬父亲是国家的基础。在中国，父权从来没有削弱。儿子要取得所有亲属、朋友

———————————————

① ［法］伏尔泰：《风俗论》（下），谢戊申等译，商务印书馆 2008 年版，第 509—510 页。

和官府的同意才能控告父亲。一省一县的文官被称为父母官，而帝王则是一国的君父。这种思想在人们心中根深蒂固，把这个幅员广大的国家组成一个大家庭。"①他认为："正因为全国一家是根本大法，所以在中国比在其他地方更把维护公共利益视为首要责任，因之皇帝和官府始终极其关心修桥铺路，开凿运河，便利农耕和手工制作。"②

伏尔泰对中国的好感还来自中国编年史。欧洲来华的传教士们在中国发现了一套完全不同于欧洲叙述故事的编年史，而且中国编年史的历史非常悠久，远远长于当时在欧洲流行的上帝创世说。伏尔泰立即迷上了中国的编年史，因为他一直怀疑基督教描述的人类文明起源的说法。他在《风俗论》中表达的正是这样一种努力，他要证明，人类不是由一个牧羊人部落的神创造的。《风俗论》试图描述一部新的世界发展史，从中国开端，然后依次是印度、阿拉伯、古代罗马、然后才到基督教的欧洲。伏尔泰意在打破以犹太人为开端的世界历史，企图找出世界历史的真正开端。他认为，世界历史开始于亚洲古代民族，他编织了一部脉络相连的世界史，而中国在他的视野中是一个连续的部分，而并非像其他编年史那样被生硬地套进去。

启蒙时代的欧洲人对中国充满了好奇，并把自己的观察与想象力发挥到了极致，演绎出了许多故事。比如，佩雷特对中国的司法制度做了许多描述。他说："在公开场合质询证人，除了可以让一个人的生命和荣誉无须仅仅因为另一个人的发誓保证就做了决断，还有另外一个优点。由于听证大堂里总是挤满了人，想要聆听证人的说辞，因此只有实话才能过得了关。这么一来，审判过程就不像我们这里，有时候会出现造假，因为证人只需面对检察官和

---

① ［法］伏尔泰：《风俗论》（上），商务印书馆 2008 年版，第 249 页。

② 同上。

公证人，而金钱的影响又极大。但是在这个国家里，除了公开听证的过程，他们也非常敬畏他们的皇帝，而且慑于他的威严，绝不敢有不实之言。总之，这些人有独特的司法审判，较之罗马人或任何其他人都要更杰出。"①佩雷特以自己的经验总结了中国的司法公正，"在基督教世界里，无论在哪一个角落，像我们这种无名小卒，在遭受指控后，即使无辜，也很难全身而退。但是在这个异教徒国家，我们虽然得罪了两个城里的要员，同时语言不通，缺乏翻译，最后却见到他们因为我们而锒铛入狱，更因为不公不义的关系，官位及荣誉均不保，甚至连死刑都不能免，因为谣传他们还要上断头台：由此即可知他们司法的公正。"②

许多西方来华的传教徒在中国生活了一段时间后，都得出结论："虽然中国是异教徒，但较之同时代的西方人，他们在道德实践上却进步很多。"③

启蒙运动是欧洲走出黑暗世纪后的思想解放运动，因此从外来世界中寻找灵感是一种很自然的事情。许多欧洲启蒙时代的思想家都曾或多或少地被中国思想所影响，甚至因为他们之间的纠葛，也不得不把中国当作辩论的对象。可以毫不夸张地说，若没有中国的影响，欧洲要跨进现代化可能又是另一番风景。

四　欧洲中心论与东方专制主义的诞生

从 18 世纪起，欧洲进入了启蒙运动时期，理性成为启蒙运动的代表。然

---

①　[美]史景迁：《大汗之国——西方眼中的中国》，阮叔梅译，广西师范大学出版社 2013 年版，第 40—41 页。

②　同上。

③　同上书，第 47 页。

而，从 18 世纪后期开始，欧洲也兴起了一阵"隐性的种族主义"。这种隐性的种族主义有意无意地为欧洲向外扩张的殖民主义做解释、做辩护，是一种意识形态的行为。但这些隐性种族主义的影响却不可小觑，它的缔造者是一批"学者、知识分子、教师、科学家、银行家、小说家、新闻记者、基督教传教士、政治家和官员"。这种意识形态就是要让人相信，"西方是，而且一直都是人类在经济、文化和政治领域内文明进步的唯一载体。"这种理论无视西方在发展过程中向东方学习了许多东西，声称"西方的崛起过程纯属自创，它完全是欧洲人的成就。欧洲人将他们自己描绘成世界历史中过去和现在都是进步的主体，而东方人则被视为被动消极的客体"。这种理论宣扬"亚洲人是没有历史的人"，把东方民族说成是没有能力获得发展的人，宣扬只有西方人才能够通过殖民主义向东方传输文明。①

在 18 世纪末 19 世纪初的一段不长时间里，希腊被描绘成欧洲文明鼻祖，理由就是希腊代表着科学与民主。由于希腊在文艺复兴中的神话地位，把希腊进一步描绘成欧洲文明的来源也是顺理成章的。

其实，这是欧洲人的一种"发明"，因为被称为希腊早期的民主时代，希腊实行奴隶制和性别歧视。希腊的文化更多地来源于小亚细亚、波斯、中亚以及亚洲其他地区。而且，欧洲的"根源"绝不局限于希腊和罗马，也不局限于它们之前的埃及和美索不达米亚，欧洲的根源可以追溯到远古时代的整个非洲——欧亚。在 19 世纪发明和传播"欧洲中心论"之前，欧洲主要依赖亚洲。②

———————————

　　① ［英］霍布森（J. A. Hobson）:《帝国主义》，纪明译，上海人民出版社 1960 年版，第 199—201 页。

　　② 弗兰克:《白银资本》，刘北成译，中央编译出版社 2000 年版，第 31—32 页。

19 世纪起流行的欧洲中心论的一个重要命题就是，欧洲之所以能发展起来，能实现工业化，是因为欧洲从 16 世纪初起便进入了科学大发展时期。科学、特别是数学的发展，为未来的技术转化和工业化生产奠定了坚实的基础。欧洲科学史专家喜欢宣扬，1400—1800 年，至少从 1500 年以后，欧洲在技术上一直领先于亚洲。

这种欧洲能领先世界是因为科技领先世界的说法非常流行，一直到 20 世纪，还有许多西方学者在论述世界发展史时，不断地引用某些西方技术史专家的断言，不断重复这种论断。比如，林恩·小怀特就曾论断："欧洲之所以在 1500 年前后能够跃居全球支配地位，是因为向亚洲挑战的欧洲拥有任何亚洲文明都望尘莫及的工业能力和技术。"

事情果真如此吗？英国科学院院士、科技史专家李约瑟（Joseph Needham）的研究证明，从公元 500 年到 1500 年的一千年中，欧洲没给东方任何东西，而技术是从东方流向西方的。李约瑟列出了中国的几十项技术发明，它们深刻地影响了欧洲后来的发展。有些技术，从东方到西方的过渡经历了长达 10—15 个世纪，还有一些技术经历了 3 ~ 6 个世纪。火炮和金属活字印刷术从东方过渡到西方的时间最短，那也经历了一个世纪。

在公元 1500 年之前，技术主要在东亚、东南亚、南亚和西亚国家之间流传，尤其在中国和波斯之间交流。许多技术是经过伊斯兰世界后才传到欧洲的。有一段时间，穆斯林统治着西班牙并创造出了辉煌的文明。1085 年，基督教力量重新夺回了托莱多，缴获了大量的伊斯兰学者的重要图书，后来夺回了科尔多瓦，大大推进了东方技术知识在欧洲的传播。拜占庭帝国及后来的蒙古帝国也促使更多的技术知识从东向西传播。

欧洲中心论显然大大夸大了科学对技术进步的作用。其实，如果说科学革命对技术发展有巨大影响的话，它们是如何影响的？这些事情却鲜有人问津。直到 20 世纪末，才有一些西方学者开始揭露这个"神话"。比如，史蒂文·沙平就公开说："根本没有什么 17 世纪科学革命，本书（的一节）对此作了阐述"。从弗朗西斯·培根到托马斯·库恩的一系列权威学者的结论是，这些科学进展不论是否具有"革命性"，似乎对任何技术都没有直接影响，对一个世纪以后才开始的工业革命肯定没有影响。培根指出，"说科学的发现者们对机械技术及其发明者做出了贡献，这对他们是过分的夸奖"。三个世纪后，《科学革命的结构》的作者库恩指出，"我认为，不是别的，而是神话蒙蔽着我们，使我们不能清楚地认识到，除了最近这个阶段，在人类历史的其他所有阶段上，智力需求的发展几乎无须与技术发生关系。"

事实是，在科学革命过了两个世纪后，在工业革命发生了一个世纪后，科学才与技术发生了关联。在 19 世纪后半期之前，科学对技术创新没有直接的影响，技术的发展主要以手工业为主。18 世纪英国创造新技术的那些人中 70% 以上的人没有受过大学教育。英国学者亚当斯把这种技术进步归因于手工业技术、创业精神乃至宗教。他甚至认为，那时期技术对科学进展起的推动作用要大于科学对技术的推动。①

无论如何，从 18 世纪后期开始的欧洲中心论需要一些理论支持。而给欧洲中心论最大理论支持的，还要属英国自然科学家 C. R. 达尔文的《物种起源》。1859 年，该著作一问世立即在西方国家引起了轩然大波。"物竞天择，适者生存"这句话马上变得深入人心。虽然它本是达尔文用来分析物种进化的框架，却第一次把人类请下了神坛，也归为动物界进化的产物。此后，西

---

① ［德］弗兰克《白银资本》，刘北成译，中央编译出版社 2000 年版，第 262—264 页。

方人普遍认为，竞争不一定是坏事，它是变化的动力，是人类为适应形势所必须接受的工具。

受到英国生物学家达尔文的生物进化论的影响，欧洲中心论在19世纪里持续发展、发酵，认为人类社会也是一个不断进化的过程。有些先进的社会进化得快些，有能力并有责任去"帮助"落后的社会进化，让他们也进入现代社会。这种赤裸裸地为殖民主义辩护的理论从达尔文的生物进化论中找到了佐证。

随后，一些西方思想家进一步把生物进化理论引入社会历史和文化研究领域，导致了社会进化论的产生。社会进化论的早期代表人物主要有：法国的社会学家孔德（August Comte）、英国的社会学家斯宾塞（Herbert Spencer）、美国的民族学家摩尔根（Lewis H. Morgan）、英国的人类学家泰勒（Edward Burnett Tylor）和英国政治思想家霍布豪斯（Leonard T. Hobhouse）等。早期社会进化论者认为，社会的进化和生物进化一样，是一个缓慢的、渐进的过程，是从低级到高级，由简单到复杂的直线式的发展。当阐明社会历史发展的动因时，他们往往诉诸自然界的规律性，大多具有决定论的色彩。早期社会进化论可分为生物进化论和自然主义进化论两种。生物进化论认为，同生物有机体一样，社会制度的发展也存在着某种有机规律，它决定着这些制度变化的渐进性和持续性。如孔德提出社会的发展经历了原始阶段（或神学阶段）、过渡阶段（或形而上学阶段）和实证阶段（或科学阶段）的观点。自然主义进化论从自然哲学那里继承了关于"第一推动力"的思想，认为社会是自然界的一部分，也受普遍规律的支配。如有机体论强调社会整体的结构具有决定作用，人类学认为人的本性、人种特征和遗传因素对社会生活具有决定性影响；社会达尔文主义认为社会发展的决定因素是生存竞争和自然淘汰，等等。

社会达尔文主义的一个简化观点是，人、特别是男性必须为了在未来能够生存而竞争，不能给予穷人任何援助，他们必须要养活自己，虽然多数 20 世纪早期的社会达尔文主义者支持改善劳动条件和提高工资，让穷人有机会养活自己，让那些能自足者胜过那些因懒惰、软弱而陷入贫穷的人。达尔文也相信雄性较雌性优越，这与社会达尔文主义理论一脉相承。

19 世纪末 20 世纪初，社会达尔文主义强调竞争的思想，并导致种族优越论。社会达尔文主义者认为，白色人种天然优越，必然以文明教化全球的有色人种。但在人种的发展上，他们的观念更为复杂。达尔文进化论基于基因分岔和自然选择理论进行种族划分。基因分岔是指一组物种彼此之间互相分离，从而各自发展出自己独特的基因特征，这一理论适用于包括人类的所有生物。正是由于基因分岔，我们今天才有不同的人种和族群。19 世纪末 20 世纪初流行的看法是，北欧的日耳曼人是优等人种，因为他们在寒冷的气候中进化，迫使他们发展出高等生存技巧，在现今时代表现为热衷于扩张和冒险。另外，相对于非洲的温暖气候，自然选择在寒冷的北部以更快的速度、更彻底地淘汰体格软弱和低智力的个体。大日耳曼主义者还论证，如果动物在体能和智力上适应其所在地气候，那么人类也是如此。这些思想得到当时的人类学家和心理学家的全力支持，其中包括著名生物学家托马斯·赫胥黎，此人是达尔文理论的早期捍卫者，并得到"达尔文的看门犬"的绰号。

基于社会达尔文主义的一种幼稚的种族观念是：一个种族为了生存必须具备侵略性。达尔文进化论清楚地说明，各物种为了生存而不停地斗争，弱小物种及种族的消亡和灭绝贯穿了历史。白种人被看作是最伟大的人种，因为他们具有优越感和征服欲。白人在有些地方征服了野蛮人，在另一些地方则干脆将他们灭绝，正如美国人在北美洲及英国人在新西兰和澳大利亚的所作所为。从"适者生存"的观点来看，创造了辉煌的西方文明的白人才配生存。与此同时，欧洲的理论家们还利用白种人优越论来创造一种外部恐惧感，以加强欧洲社会的内部凝聚力。比如，他们宣扬在现代社会，白人为内部的政治而争斗，亚洲的黄色和棕色人种却在不断地积蓄力量以推翻白人对全球的控制权。他们散布的恐慌信息是，如果白种人和西方文明不努力去征服世界，那它们最终将被"劣等"种族和文化排挤掉。

欧洲在 19 世纪出现的那些"社会科学"，很大程度上是在"欧洲中心论"的背景下诞生的，其宗旨之一就是"解释"欧洲为何与众不同，欧洲为何能进入资本主义。奥古斯特·孔德（Auguste Comte）和亨利·梅因（Henry Sumner Maine）爵士分别区分出所谓建立在"科学"基础上的新思维和建立在"契约"基础上的新社会组织，还认为这些新方式取代了古老的"传统方式"。另一个法国社会学家埃米尔·涂尔干（Emile Durkheim）则提出了"有机的"社会组织与"机械的"社会组织之间的对立。费迪南·滕尼斯（Ferdinand Tnnies）强调，他发现了人类从传统的"共同体"向现代"社会"的转变过程。塔尔科特·帕森斯则提出了"普世主义"社会形式与"特殊主义"社会形式之间的对立。而罗伯特·雷德菲尔德（Robert Redfield）则宣称发现了传统的"民间"社会与现代"城市"社会之间的对立和转变，至少是二者之间的一种"连续性"，而且发现了"低级文明"与"高级文明"共生的现象，等等。

除了这些社会科学理念外，从亚当·斯密开始，欧洲一些理论家们开始制造"国际理论"，经历了康德（Immanuel Kant）、李嘉图（David Ricardo）、科布登（Richard Cobden）、布莱特（John Bright）、白芝浩（Walter Bagehot），最后到诺曼·安吉尔（Norman Angell）到达顶峰。安吉尔在 1913 年出版了一本惊世骇俗的书,题为《伟大的幻觉》(*The Great Illusion*),其中他声称,世界各国都进入互相依赖的时代,各国通过和平合作,经济利益可以最大化,不再需要战争和军事占领来瓜分利益。①

然而,同一个安吉尔又认为,这种合作应该是在欧洲各文明国家之间进行的,那些达到了运用理性来解决问题的民族。因此,英国统治印度就是一项有益并有用的工作,因为英国达到了理性的顶峰,英国有更加优秀的制度。从这些论证中可以看出,安吉尔认为的各国不应该打仗,而应该团结起来,只是讲西方文明国家。他认为,各国不应该沉迷于兼并主义的幻觉只适用于欧洲国家之间。因为他认为,殖民主义的兼并即当欧洲国家与东方国家打交道时,殖民主义兼并是一种合适的形式。②

19 世纪的欧洲一直有两种"欧洲中心论",一派人主张"家长式"的干预主义,替殖民主义的扩张政策找借口;另一派则反对背上这些包袱,反对"家长式"的干预主义。反对家长式干预主义的也称反帝国主义派。比如,亚当·斯密与康德就是"反帝国主义"的,但他们也没有逃离欧洲中心论。他们俩都认为,非西方国家应该采用西方文明的实践,特别是采用自由民主资本主义的模式。他们甚至认为,如果没有西方的武装干预,非西方国家会自愿地发展成为西方式的资本主义民主。

欧洲一些自由派的"家长式"思想家认为,只有西方(欧洲)的文明才能让那些低级的人民和社会脱离原来的蒙昧状态,才能走上现代文明的道路。虽然在这条路上,西方文明甚至要付出一些代价,但那只是"白种人的负

---

① John M. Hobson, "The Eurocentric Conception of World Politics", *Cambridge University Press*, 2012, p. 41.

② Ibid. , pp. 44 – 45.

担"。在 1989 年苏联解体、东欧剧变之后，在西方国家为"第三波民主"推
波助澜时，欧洲及美国的一些思想家在他们的著作中再次表现出来这种逻辑。
罗尔斯、铁森及纳斯堡姆在著作中都表现支持一种家长式的干预主义倾向。
英国政治学家霍布森认为，美国的新帝国主义或自由帝国主义的霸权理论反
映出来的也正是这种"家长式"的干预主义，因为美国人说他们之所以要干
预其他的国家，并不是因为他们想强化自己的私利而让其他国家的利益受损，
而是因为他们要让那些非西方国家接受西方国家的文化、道德标准。①

随着欧洲中心论在各个学科的发展，欧洲思想家对中国的态度也产生了
巨大的变化，对中华文明赞叹不已的思想家让位于对中华文明嗤之以鼻的思
想家了。

当然，贬低中国也需要有一个借口。不然，从马可·波罗开始那些去过
中国的欧洲旅行家们给欧洲人讲述的中国盛况如何才能抹去？于是，欧洲思
想家开始把中国形容成为一个停滞不前了的帝国，一个陷入僵化了的文明。

法国思想家孔多塞（Condorcet）认为，在中国，"人类的能力……陷入停
滞不前的可耻状态。"

德国思想家赫尔德（Johann Gottfried von Herder）说，"只有在欧洲，人
类生活才真正具有历史。中国、印度和美洲的土著都没有真正的历史进步，
有的只是停滞不变的文化"。

德国思想家黑格尔说，"这个国家今天的情况和我们所知道的古代情况是
一样的，从这个意义上说，中国没有历史。"

英国思想家穆勒也提到"中国固定不变的状态"。

---

① John M. Hobson，"The Eurocentric Conception of World Politics"，*Cambridge University Press*，
2012，p. 27.

欧洲中心论得出的结论是，"停滞不前、沉睡不醒的中国"，需要"充满活力、满载历史变化的西方，把它从无历史变化的不幸状态中拯救出来"。①

　　法国的历史学家、世界史专家和社会理论家布罗代尔还宣称："（在历史上）中国的经济发展是有限的，坦率地说，与西方相比是落后的。……它的弱点在于，其经济结构不如伊斯兰世界和西方发育得好。……他们的企业家没有唯利是图的精神。……他们没有达到西方资本家的那种精神状态。……中国的经济还不成熟。……在18世纪以前，某些地方在19世纪以前，根本没有信贷体系。……德川幕府的革命使日本与世界其他地区隔绝开来，加强了封建习俗和制度的控制力量。"

　　真不晓得，如果布罗代尔得知，中国在10世纪的宋朝已经发明了纸币，在宋朝已经有金融期货，在宋朝已经有百万人口的大城市，他将如何解释中国经济的不成熟呢？

　　奇怪的是，欧洲人还是绕了一个小圈子才找到了批判中国"东方专制主义"的理由。

　　起初，欧洲学者发明了东方专制主义这一概念，是为了构建欧洲认同的需要。

　　从16世纪起，欧洲的思想家开始对奥斯曼土耳其使用这一称谓。第一个可能是意大利的马基雅维利，他在《君主论》中把土耳其的君主官僚制作为与所有欧洲国家都不同的制度。他说："整个土耳其帝国是由一个主子统治的，其余的人都是他的臣仆；他把自己的王国分为若干'州'，派遣各种行政官员去治理它们，他可以随心所欲地调动或撤换他们。……他们都是臣服于

---

　　① ［美］柯文：《在中国发现历史：中国中心观在美国的兴起》，林同奇译，中华书局1989年版，第44—47页。

他的奴隶或奴才。"①

18 世纪，西方一些思想家开始构建他们的政体分类。法国思想家孟德斯鸠就是最著名的一位。开始时，孟德斯鸠对中国的政治体制还有许多肯定的赞扬之声，但自从他在罗马见到了一位从中国回来、在中国传教很不得志的被耶稣会开除的教士富凯后，对中国的态度开始转变。当雍正继位，并开始清理那些企图阻碍他上位的对手时，欧洲人开始对中国政体产生了怀疑，因为雍正把一些有皇家血脉的亲王送上了法场，审判他们的理由中竟包括信奉"外国蛊惑人心的邪教"。这当然是指基督教。

孟德斯鸠开始时认为，"中国的政体是一种混杂政体，其中专制的成分较多，因为中国君王的权力强大无比；也有少许共和制的成分，因为中国存在弹劾制度和某种建立在情爱和孝道基础之上的道德；当然还有君主制的成分，因中国拥有固定的法律以及以威严、清明著称、由荣誉支配的法庭机构。这三种温情的因素加之相适宜的自然条件使得中国的政体延续至今；因而，如果说帝国的强盛使其成为一个专制主义的政体，那么这也许是所有专制制度中最好的了。"

然而，他在《论法的精神》第八章第二十一节"中华帝国"中，所叙述的则基本上是他关于中国的负面的现象。他的一个基本结论是：中国的政体是以棍棒来维持的政体，是一个以恐惧为原则的专制国家。可以说，孟德斯鸠在这里是"逐字逐句地推翻了他自己在《论法的精神》的资料中所阐述的观点"。

法国汉学家艾田蒲研究了孟德斯鸠态度的转变，他认为，孟德斯鸠对中

①　［意］马基雅维利：《君主论》，徐继业译，光明日报出版社 1996 年版，第 23 页。

国政治体制的偏见主要有两个原因：第一，孟德斯鸠受到了被驱逐出耶稣会的教士富凯的偏见和误导，而孟德斯鸠本身又是反对耶稣会的；第二，他的政治和法律的知识框架仅限于欧洲，当他认为无法把中国制度放进自己的框架之中时，就武断地根据零散的信息来为中国政体下定义了。①

如果说孟德斯鸠把中国视为专制国家，但中国的情况显然与他在书中其他各处所论定的专制国家的特点不符。比如，艾田蒲指出，孟德斯鸠认为专制不需要监察制度。然而，监察制度在中国不仅存在，而且作为一种正式制度，历史悠久、行之有效。按照孟德斯鸠的理论体系，只有民主政体才能建立弹劾制度。但中国这个被孟德斯鸠称为专制的国家显然破坏了这条规律。

无论如何，孟德斯鸠在西方政治学中的地位奠定了欧洲人对中国这个"专制"国家的看法。随后，1758 年，爱尔维修在他的《精神论》中正式提出了"东方专制主义"这一概念。1761 年，布朗热干脆写了一本《东方专制主义起源之研究》的书。

于是，一个开始从西欧封建制与土耳其君主官僚制的对比中提出的概念，就逐步扩大到整个非西方世界，最后扩展到了中国，变成了中国文明乃至整个非西方文明的特征。这一进程实际上是与欧洲的殖民扩张同步的。安德森描述说："到了 18 世纪，随着殖民开发和扩张，最初同土耳其接触而形成的观念，在地理的含义上越来越向东扩展，先是扩大到波斯、然后是印度，最后是中国。随着这种地理含义的扩大，最初在土耳其发现和局限于土耳其的一组特征就逐渐成为一种普遍的概念。政治专制主义的概念就由此而诞生了……"

包括社会进化论者等"欧洲中心论"者将欧洲视为世界历史的高级阶段

---

① ［法］艾田蒲：《中国之欧洲》，许钧、钱林森译，广西师范大学出版社 2008 年版，第30—32 页。

和目的，而将亚洲视为世界历史的低级阶段。在这一语境中，亚洲不仅是一个地理范畴，而且是一种文明形式，一种与欧洲相对立的政治形式、社会形态，是一种从无历史状况向历史状态的过渡形式。因此，以专制主义为特征的亚洲农业帝国是在欧洲人形成新的欧洲认同的过程中产生出来的。

为了论证"欧洲民族比亚洲或非洲民族更高傲，也更英勇善战"，欧洲中心论者有意忽略了欧洲历史上马其顿帝国与罗马帝国的存在，直接将西欧封建制与古希腊城邦制连接了起来，文艺复兴似乎是直接承接了古希腊的文明。因此，他们得出，西欧自古以来就是优秀的、民主的，而东方自古以来就是专制的、落后的、野蛮的、暴虐的、奴隶般的。用安德森的话说就是："'专制主义'概念的明确出现从一开始就是一种站在外面对'东方'的评价。"

德国哲学家黑格尔是另一个站在"欧洲中心论"的立场上去评判中国的人。他的考虑远比法国思想家们的复杂，与现实政治的联系也更为隐晦。

黑格尔说，"中华帝国是一个神权政治专制国家。家长制政体是其基础；为首的是父亲，他也控制着个人的思想。这个暴君通过许多等级领导着一个组织成系统的政府。……个人在精神上没有个性。中国的历史从本质上看是没有历史的；它只是君主覆灭的一再重复而已。任何进步都不可能从中产生。"①

首先，黑格尔认为世界历史是绝对精神展开的必然过程。"世界历史是理性各环节从精神的自由的概念中引出的必然发展，从而也是精神的自我意识和自由的必然发展。"历史的本质是绝对精神的展开，而且是必然的。

其次，黑格尔将历史展开的必然过程视为从东方到西方的发展。"世界历史从'东方'到'西方'，因为欧洲绝对地是历史的终点，亚洲是起点。"绝

---

　　① 转引自［法］佩雷菲特《停滞的帝国》，王国卿等译，生活·读书·新知三联书店 1995 年版，序言部分。

对精神的历史展开从地理意义上看就是从东方到西方。在黑格尔的历史哲学体系中，地理意义上的从东方到西方的实质是哲学上的从低级到高级。世界历史的发展不只是表面的地理位置的转移，更是绝对精神的实现形式由低级到高级的发展。

最后，黑格尔将地理意义上的历史发展与政体形式的发展捆绑在一起，起点是专制政体，而后是民主政体和贵族政体，最后是君主政体。同理，政体形式的变更不仅仅是一个经验意义上的政治学问题，其本质是绝对精神实现形式由低级到高级的发展。

在黑格尔的历史哲学中，以绝对精神展开的形式为标准，地理意义上的从东方到西方和政体意义上的从专制到君主制重合在一起，就产生了黑格尔式的东方专制主义。开端是东方与专制政体相对应，是原始的、低级的发展阶段；终点是西方（当然是德国而不是英美）与君主政体相对应，是完备的、最高级的发展阶段，是人类历史的终点。在这一理论中，不仅亚里士多德传统被强化了，穿上了德国古典哲学的外衣，而且，孟德斯鸠所忧虑的绝对主义君主制的问题被消化吸收了。西方不仅不是专制的，而且在历史的必然性链条上处于优越地位，无论从外在政治形式还是内在精神实质上看，西方都与专制无关。只有落后的东方（不一定在时间意义上，更重要的是在绝对精神的必然性链条上）才必然实行专制，东方的专制是由其内在的低级精神实质决定的。持类似观点的理论家并不在少数，虽然他们并不是将世界历史发展的本质视为绝对精神的展开，但只要相信"单线发展论"（人类历史只有一条由低级向高级发展的道路），或多或少都会得出类似黑格尔的结论。傅立叶如此，孔德如此，斯宾赛也如此。在欧洲封建社会时期以后的大多数国家中，专制政权与其说受到了正式宪法的约束，毋宁说是受到地主贵族、教会和城市的实际力量的制约。所谓"反叛权"，并不是一种"权利"。当非政府的力量不能有效地约束一个政府的统治时，它就变成专制政府了。当专制政权的统治者的决定不受政府内部力量的有效约束时，他就是独裁者。况且自然法则和文化模式对专制本身不能构成有效制约。

黑格尔对中国的看法也是随着他对"欧洲中心论"的看法而变化的。他开始对中国的认识也是基于启蒙时代那些欧洲传教士从中国传回去的信息，所以也是从一片赞誉声中开始的。他说："这种人口数量和那个国家规定的无所不包的严密组织，实在使欧洲人为之咋舌；而尤其使人惊叹的，便是他们历史著作的精细正确。"①论到中国皇帝时，他也是赞不绝口。他说："天子应该享有最高度的崇敬。他因为地位的关系，不得不亲自处理政事。虽然有司法衙门的帮助，他必须亲自知道并指导全国的立法事务。他的职权虽然大，但是他没有行使他个人意志的余地，因为他的随时督察固定必要，全部行政却以国中许多古训为准则。……因此，中国能够得到最伟大、最优秀的执政者，'所罗门的智慧'这句话可以用在他们身上。现在的清朝特别以它的精神和身体的灵活著称。自芬乃龙（也译费奈隆）（Francois Fenelon）所著的《泰雷马克历险记》行世以来，关于君主和君主教育的理想不知有多少，这一切理想都在中国实现了。欧洲是不能产生什么所罗门的。"②黑格尔对中国的文官制度也盛赞有加。他说："除去皇帝的尊严外，中国臣民中可以说没有特殊阶级，没有贵族。……只有才能胜任的人才做行政官吏，因此国家公职都由最有才智和学问的人充当。所以他国每每把中国当作一种理想的标准，就是我

---

① ［德］黑格尔：《历史哲学》，王造时译，上海书店出版社 1999 年版，第 122—123 页。
② 同上书，第 129—130 页。

们也可以拿它来做模范。"①

然而，当他为了说明欧洲文明注定要统治世界时，他对中国及亚洲文明的看法就来了一个一百八十度的大转弯。他说："英国人，也可以说东印度公司，现在是这个地方的主宰，因为受制于欧洲人，乃是亚细亚各帝国必然的命运，不久以后，中国也必然会屈服于这种命运。"②

其实，把中国描绘成一个东方专政国家，也是欧洲人想为自己入侵亚洲，统治亚洲而寻找的一个道德基础。但是，这套说法很难站住脚。通过研究中国历史的文献，我们知道，早在1200多年前，中国就已经发展起来了一套国家治理的框架，远不是用"专制"一词可以描绘的。

唐朝杜佑写的《通典》就描绘了中国历代制度的演变。它的第二篇讲的就是"选举典"和"职官典"，阐述了自秦汉以后中国历代政府是如何通过"选贤任能"，把社会各阶层的精英吸收到政府中来，组成专业的职业官僚队伍来治理国家。

《通典》的近一半篇幅都在讲中国的"礼治"。中国常说自己是礼仪之邦，礼治是其中重要的一环，而礼治就是社会的自我治理。《通典》中的礼治讲的是社会各种群体如何自我治理，讲的是每个人对家庭、国家、社会、对天下如何负起责任。反过来，天下、国家、社会对每个人和每个家庭又是如何负起责任的。③

按照韩东屏教授的分析，国家的起源应该从专职公管人员与常设公管机构的诞生算起，因为部族社会的兼职公管制度已经无法对付社会发展带来的

---

① ［德］黑格尔：《历史哲学》，王造时译，上海书店出版社1999年版，第130页。
② 同上书，第147—148页。
③ 姜义华：《到了清除西方植入中国国家治理理论研究之三大病毒的时候了》，详见：http：//www.360doc.com/content/16/1025/12/16436572_601209939.shtml。

新问题，而人们又普遍不愿做兼职的公管人员，所以才想出了国家这种形式。① 若如此，那中国的国家起源要比欧洲长远得多，而且国家的治理制度也比欧洲完善得多。只不过当欧洲人把清朝打败后，欧洲中心主义膨胀，才编排出那么多有关中国东方专制主义的理论。

还需要指出的是，欧洲人从对中国社会的美好憧憬到批判中国的东方专制主义的转变，还来自于他们观察到的 16 世纪后期至 18 世纪中国的变化。

16 世纪末 17 世纪初，天主教传教士们到达中国时还是明朝末年。他们看到的是一个比欧洲发达得多，组织得井井有条的社会。这些信息对 18 世纪启蒙运动的思想家起了很大的影响。然而，当 18 世纪后期，受这些明朝时期来华的传教士书信影响的欧洲人再来到中国时，已经是清朝了。

看到明朝盛世繁荣的欧洲人为欧洲描绘了一幅理想之中的"黄金国度"，而清朝来华的欧洲人却看到了一个充满种族仇恨、停滞不前的"蛮族"统治的社会。因此，这种鲜明的对照更加强了他们对"欧洲中心论"的认同，也更加相信东方（中国）只是向野蛮社会的倒退。

16 世纪末，西班牙人门多萨（Parde de Mendoza）写的《中华大帝国史》对欧洲人的影响巨大，欧洲人对中国的印象很多是来自该著。其实，门多萨本人并未来过亚洲，也未来过中国，但他把当时来过中国的许多传教士书信中的记录综合了起来，描绘出一幅灿烂的图画。

门多萨笔下，中国是个地域辽阔的文明古国，"每省都要比我们所熟知的欧洲国家为大"；中国境内有完好的道路网，使城镇相连。路面平整、宽阔，"官道"可容 15 人骑马并行。路旁商店林立，两侧绿树成荫，如同罗马时代

---

① 韩东屏：《国家的起源与异化》，爱思想网。详见：http://www.360doc.com/content/17/0717/19/37063_ 672149011. shtml。

的大道一样。有些城市有水道相连，好似威尼斯。北京是世界上最大的城市。中国人富有建筑才能。建筑用材举世无双，一种用"白土"做成的方块（即砖）坚硬无比，只有用锄才能将其砸碎。一座座邸宅有如庄园。中国最雄伟的建筑就是长城，长达500里格（每里格约合5572米），是为防御北方鞑靼人而修建的。

门多萨说，中国物产丰富。中国农田管理得很好，没有荒弃的土地，一块块耕田错落有致，有如花园。矿产也很丰富。"这是世界上最富饶、而物价又十分低廉的国家。"中国人普遍穿着丝绸服装，蚕丝色泽艳亮，质量超过西班牙格拉纳达的产品。"天鹅绒、丝绸和布匹价格如此之低，提及此点会使那些熟知西班牙和意大利纺织品价格的人大吃一惊。"

门多萨对中国的手工艺品大为赞赏。他说，1582年西班牙国王喜获中国床单，织法之巧妙令菲利浦二世惊叹不止。很多西班牙能工巧匠都来观赏、借鉴。瓷器很便宜，欧洲人原来以为瓷器是用粉碎的贝壳做的。最精致的瓷器是贡品，薄如玻璃。

中国商业发达，买卖兴盛。中国匠人的手艺都是祖辈相传。中国军队有步兵，也有骑兵。中国也有战舰，4天内可征集600艘。门多萨观察到，中国士兵在数量上多于欧洲，在器械上处于均势地位。①

门多萨对中国的社会福利体系感受颇多。他写道："他们的一切城市中都有医院，老是客满，我们从来没见过有人行乞。中国每个城市里都有一片地区是给穷人、瞎子、瘸子、老人、上年纪不能行走和无力谋生的人留出来的，这些人就住在上述的房屋里，他们活着时有充足的大米供应。当有人生病、

---

① ［西］门多萨：《中华大帝国史》，何高济译，中华书局1998年版，第135页。

瞎了或瘸了，向布政司申请，得到批准后，就可以住到上述的大馆舍中去，无须靠行乞过活。"①

　　门多萨也介绍了中国独特的教育体系，各类图书十分丰富。中国人富于文明和教养。门多萨也介绍了中国人在科学技术方面成就。欧洲人一向以印刷术的应用而自豪，然而，门多萨说明，"中国人早在德国人谷登堡（Joan Gutenbergo）发明印刷术 500 年前已经用印刷术印制图书了。"门多萨认为印刷术是经俄罗斯莫斯科大公国传入德国的。但他也不否认另一种可能性，即中国图书经海路（红海）传到欧洲，从而启发了谷登堡。门多萨特别提出，在中国人所有的发明中，最令葡萄牙人和其他西方人震惊的是中国人也有火炮，而且在欧洲人之前已经使用火炮了。但对中国火炮的效能，欧洲人的看法极不相同。拉达认为中国火炮陈旧，制造粗糙。而另一位船长阿尔蒂埃达（Artieda）在致西班牙国王书中却写道："……中国人使用着与我们同样的武器。他们的大炮十分精良，炮筒比我们铸造的更精致，更坚固。"因为门多萨未到过中国，所以他没有对上述歧义做出自己的判断，但他还引用了后者如下一段文字："中国城墙坚固，外面围以深壕（情况紧急时可放满河水），城门上架着大炮，中国人认为这是最好的防御工事。城墙上，长官率士兵日夜守卫。如不得到城市最高当局的批准，任何外国人是无法靠近该城的。"门多萨摘引这一大段有关中国城市设防的论述，绝不是无目的的。这实际上表明，他认为中国火炮是很有威力的。此外，门多萨对于中国造船、造纸以及其他工艺都有所介绍，并一一指出优于欧洲的方面。

　　然而，当英国特使马戛尔尼来拜访大清帝国时，却反映出一种心态。马

---

　　①　［西］门多萨：《中华大帝国史》，何高济译，中华书局 1998 年版，第 66—67 页。

戛尔尼在回英国的路上写道:"我们的许多书里都把汉族和鞑靼族混淆了,好像他们是一个民族。可是清朝君主却在时刻关注着这权力的诞生地。"他认为,"在欧洲,不论是波旁王朝还是哈布斯堡王朝的人,登上那不勒斯或西班牙的王位都无关紧要;君王完全与西班牙人或那不勒斯人同化。汉诺威人一旦掌握英国王权,他们就不再是德国人了。相反,亚洲的君王念念不忘自己的祖根"。"两个世纪过去了,换了 8 个或 10 个君主,但蒙古人还是没有变成印度人;过去的一个半世纪也没有把乾隆变成一个中国人。"①

马戛尔尼观察到,满族人说笑话总以汉人为靶子。"我不可能不注意到:只要有人拿汉人说笑话,那些年轻的鞑靼王子就会兴高采烈。在取笑女人裹脚时,他们拍手叫好;但听到把鞑靼妇女的木底鞋比作汉人的帆船时,他们就恼火。"他发现,"地位最低的鞑靼人,在服从汉族官员时也会表现得十分勉强。"

在许多方面,英国人渐渐发现那些"启蒙时代"给中央帝国罩上的恭维帷幕消失了。②

在马戛尔尼们眼中,什么盛世,清朝"不过是一个泥足巨人,只要轻轻一抵就可以把他打倒在地"。马戛尔尼在出使日记中说:中国"自从北方或满洲鞑靼征服以来,至少在过去 150 年里,没有改善,没有前进,或者更确切地说反而倒退了;当我们每天都在艺术和科学领域前进时,他们实际上正在变成半野蛮人"。

马戛尔尼在日记中甚至记下了一些与满族官员交往的细节,来说明满族人建立清朝后,文明是退化的。比如,当马戛尔尼与两广总督长麟谈话时,

———————————

    ① [法]佩雷菲特:《停滞的帝国》,王国卿等译,生活·读书·新知三联书店 1995 年版,第 277—279 页。

    ② 同上书,第 459 页。

长麟想抽烟却发现为他点火的侍从不在跟前，马戛尔尼就拿出火柴给他点燃了。长麟非常惊奇，想不通如何能把火藏在衣服中。其实，欧洲人知道，中国人早在 6 世纪就掌握了火柴的技术，并起名"火奴儿"。清朝鼎盛时期却忘记了它的存在。火柴作为一种大众所用的新事物，表明了西方技术的优势。中国有许多东西原先处于领先地位，而后又落后于别国，这只是许多例子之一。中国技术领先西方几个世纪，甚至上千年，但在清朝时却又丢失了许多它曾经掌握的生产秘密。中国不但没有进步，反而倒退了。①

马戛尔尼在回国的报告中，预见了下一个世纪英国在中国的所作所为。"只需几艘三桅战舰就能摧毁其海岸舰队，并制止他们从海南岛至北直隶湾的航运。"更严重的是，"朝鲜马上就会获得独立"；"把中国和台湾维系在一起的联系是如此脆弱，只需外国介入，它立即就会被切断。"还有，"从孟加拉只需稍稍鼓动，在西藏就会引起动乱。"②

马戛尔尼的结论是，"中华帝国只是一艘破败不堪的旧船，只是幸运地有了几位谨慎的船长才使它在近 150 年期间没有沉没。它在巨大的躯壳使周围的邻国见了害怕。假如来了个无能之辈掌舵，那船上的纪律与安全就都完了。船将不会立即沉没，它将像一个残骸那样到处漂流，然后在海岸上撞得粉碎。但它将永远不能修复。"③

把东方说成是专制主义，是欧洲中心论诞生以后的事。但自从出了"欧洲中心论"后，就不停地有西方人拿东方专制主义说事，并把中国的水利工程联系了起来，称中国史上很早就有治水的需要，需要有大型组织，因此才

① ［法］佩雷菲特：《停滞的帝国》，王国卿等译，生活·读书·新知三联书店 1995 年版，第 476—477 页。
② 同上书，第 531 页。
③ 同上书，第 532 页。

诞生了东方专制主义。

比如，德裔美国学者魏特夫写了《东方专制主义》一书，把中国描绘成一个"水利社会"。他认为，中国的农业从一开始就需要大规模的水利工程，因此皇帝便以水利需要的名义动用大量劳动力，专制主义就是在这种背景下诞生的。

魏特夫断言："原始时代中国人开始在华北平原进行耕作时，他们很快就认识到：最有丰饶潜力的中心地区同时也是破坏的可能性最大的中心地区。……中国人建筑的巨大河堤，虽然不能完全排除这种情况下所固有的危险，但是其规模却比得上、甚至超过这个地区的准备性（即供应用水）的工程。"①

其实，这是魏特夫的臆想。何炳棣的研究证明，中国农业起源于台地丘岗之旱作，不是以灌溉为基础的农业。黄河三角洲，所谓古代"九河"所在的地方，完全是沮洳泽地，再因为中国正处季风带，夏秋之间大雨，黄河泛滥的时间，正是农作繁忙之际，所以黄河有百害而无一利。②只有河套区域，处于沙漠地带，可以利用黄河灌溉。这就是为何民间有"黄河惟富一套"的说法。但是，河套区域的灌溉及农作的利用，是汉武帝以后的事，和中国文化的发源毫不相关。魏氏所云华北平原的"巨大河堤"，当然不是"原始时代中国人"干的。

中国的灌溉起源较西亚要晚几乎四千年，较史前的中美洲也还要晚二三百年。在东西半球主要的古代文明中，中国的灌溉体系起源大概最晚③。而且，直到 1929—1933 年，中国水稻产区的耕地也只有一半至三分之二得到了

① ［美］魏特夫：《东方专制主义》，徐式谷等译，中国社会科学出版社 1989 年版，第 15 页。
② 何炳棣：《黄土与中国农业的起源》，香港中文大学出版社 1969 年版，第 116 页。
③ 同上书，第 178—179 页。

灌溉，小麦产区得到灌溉的耕地只有百分之十五。因此，想把因为"东方专制主义"的帽子戴到中国头上，并以水利工程的必要来说事，这已经被证明是个非常"不靠谱的发明"。

中国一位政治学家王亚南的研究也证明，治水与"专制制度"之间的联系实在属于牵强附会。他认为，"治水交通以及其他公共事业的必要与可能，往往是发生在集中的专制政体已经形成以后，而在嬴秦时代的那种形态的中央集权的专制政治，又必然是发生在'訾粟而税'的地主经济基础已经大体形成以后。单从治水灌溉的要求，是不足以说明的。……在秦代官僚政治形成过程中，我们实在很难发现治水要求从中起了多大的作用。……总之，进行水利工程也好，抵御外侮也好，选贤举能也好，都是维持一个专制王朝必要的措施。我们不能倒转过来，说这些措施的任何一方面是专制官僚政治产生的基本原因。没有封建的地主经济作基础，中央集权的专制官僚政体是不可能因为任何理由而发生与发展的。"①

五 欧洲列强在殖民世界中也瓜分了中国

明朝中期，奥斯曼帝国崛起，攻灭拜占庭，并趁势西进。这一期间奥斯曼帝国为了战争，阻断了南北两条丝绸之路以及红海到地中海的贸易运输。这时候，欧洲人隐约开始知道地球可能是圆的。他们天真地认为，如果地球是圆的，那么从欧洲直接向西行，就能到达中国。于是，西班牙人与葡萄牙

---

① 王亚南：《中国地主经济封建制论纲》，中国社会科学出版社 2007 年版，第 46 页，第 14—15 页。

人展开了竞争，争先恐后地想打通一条从西边的海域直接通往东方的道路。换句话说，西欧人要开辟通往东方的海上贸易路线，造就了大航海时代，阴差阳错地发现了美洲。

16世纪大航海之后，欧洲人发现横在欧洲与亚洲之间还有一大块陆地。他们开始对美洲实行殖民化，先是葡萄牙、西班牙，然后英国与法国也开始了大规模的海外殖民运动。欧洲人到亚洲来本意是寻找香料，但顺便把沿途的国家也都变成殖民地，印度也就这样变成法国与英国的殖民地。

其实，从明朝末期起，欧洲人也曾幻想着征服中国。天主教传教士、意大利人利玛窦明朝后期到中国来传教，给天主教廷写了不少书信，讲述中国故事。利玛窦曾经给天主教廷写信，说中国人不尚武，对欧洲构不成威胁。美国汉学家史景迁（Jonathan D. Spence）认为，利玛窦是有意给他的听众说的。当时，西班牙人对中国的军事能力极感兴趣，关于以武力征服中国的可能性的讨论甚嚣尘上，包括征服需要多长时间，动用多少兵力等。不仅传教士们在讨论，西班牙的殖民者也参与其中。西班牙殖民者的前辈曾经用很短的时间就征服了墨西哥和秘鲁广袤的疆域，后来的殖民者又占领了菲律宾，这些人希望再造他们祖先的辉煌，占领中国，把中国变成他们的殖民地。在墨西哥和菲律宾，在方济各会、多明我会、耶稣会等神职人员中，"对中国发动战争是否符合道德""这场战争是否正义"等问题引起了他们热烈的争论。他们臆想的发动战争的借口是：中国对外国传教士态度强硬，拒绝开放港口进行贸易，中国政府对受洗的中国基督徒持苛刻态度。①

无独有偶，后来英国发动鸦片战争，入侵中国时，也用了这个理由，说

---

① ［美］史景迁：《利玛窦的记忆宫殿》，章可译，广西师范大学出版社2015年版，第60页。

什么中国闭关锁国，拒绝开放港口，等等。

讲世界近代史，人们都会重复着一个英国使节拜访中国，受到中国皇帝冷遇的故事。1793年，英使马戛尔尼访华，见到乾隆皇帝后，乾隆拜托他给英王乔治三世带了一封信。信里写道："天朝抚有四海，惟励精图治，办理政务，奇珍异宝，并不贵重，尔国王此次齐进各物，念其诚心远献，特谕该管衙门收纳。其实天朝德威远被，万国来王，种种贵重之物，梯航毕集，无所不有……"这封信明显回绝了英国通商的请求。于是，后来舆论认定是乾隆还陶醉在以中国为世界中心的梦幻之中，傲慢拒绝了乔治三世的通商要求，导致中国错失主动打开世界大门的机遇。

事实果真如此吗？英国牛津大学当代中国研究学者沈艾娣（Henrietta Harrison）挑战这一说法，并提出了自己的解释。沈艾娣认真研究了马戛尔尼访华前后的清朝600份文件，得出结论说，英使的首次访华，让乾隆感受到的是英国对清朝的威胁。乾隆认为，需要立即回绝英国特使的要求，让对方赶快离开中国。这种做法绝非狂妄自大，而是一种策略，想轰走英国人以赶快加强军事防御部署。[①]

沈艾娣认为，有两条理由认为乾隆的回绝完全是托词。第一，乾隆对西方的科技非常感兴趣。当时天主教耶稣会始终与清代皇室交往，在马戛尔尼到访之前，早已将西方"奇怪而精巧的玩意儿"带给乾隆。乾隆本人收藏了很多高档的西洋钟表，包括英国18世纪的铜镀金仙鹤驮亭式表，它由伦敦著名钟表匠詹姆斯·考克斯制造。乾隆还收藏了英国天文学家威廉·赫舍尔发明的反射性望远镜。第二，最近，美国学者马世嘉出版的著作《从边疆政策

---

① http://www.thepaper.cn/newsDetail_forward_1321039。

到外交政策：印度问题与清代中国地缘政治的转变》表明，在马戛尔尼到访中国的同时，清朝逮捕了一名廓尔喀族人间谍，从他那儿了解到，英国东印度公司获得了印度孟加拉邦的统治权，乾隆意识到英国对喜马拉雅山外造成的威胁。

乾隆皇帝的确应该为英国人的到来感到担心，因为英国人克莱夫勋爵（Lord Clive）1763 年战胜了莫卧儿大帝和法国人之后，把印度变成英国的殖民地。他也曾建议，用同样的方法征服中国。但英国首相老皮特（William Pitt）否决了该提议，理由是想让如此众多的中国人屈服的想法是不理智的。30 年后，英国才改换了派马戛尔尼来探探清朝底子的主意。①

马戛尔尼代表团的使命之一，就是搜集情报。在澳门的葡萄牙大主教对此非常清醒，他们记录了英国人的打算。"英国人本性妒忌。小小的葡萄牙在澳门已经扎根 250 年了，英国人必须得到另一个澳门，否则就要夺走我们的澳门。马戛尔尼详细记录了葡萄牙的防卫情况。传教士们没有为这种伎俩所欺骗！同中国一起总是可以融洽相处，而同英国人则毫无办法。"②

其实，在英国政府派遣马戛尔尼使团时，给了使团 7 点建议，其中之一就是："在不引起中国人怀疑的条件下，使团应该什么都看看，并对中国的实力做出准确的估计。"③

欧洲有一些著作认为，"马戛尔尼访华受到清朝不平等的待遇，成为导致鸦片战争的原因之一"。沈艾娣反驳道，18 世纪的欧洲，还没有所谓的"主权国家外交平等"的理念，实际上，国与国之间等级森严。欧洲国家的等级

---

① ［法］佩雷菲特：《停滞的帝国——两个世界的撞击》，王国卿等译，生活·读书·新知三联书店 1993 年版，第 17 页。
② 同上书，第 9 页。
③ 同上书，第 12 页。

由其统治者的级别决定，当时，罗马教皇、神圣罗马帝国皇帝，都声称他们的地位超过国王。当时的英国曾设法向奥匈帝国派驻大使，但是被对方拒绝，因为奥匈帝国不认为两国平等。在法国大革命冲击下，欧洲国与国之间的等级观念才有了改变。以往共和国的级别最低，大革命后的法国虽然也是共和国，但是非常强大，显然不能把它排在欧洲各国的后面。1815 年的维也纳会议，才首次确立各国主权平等的原则。当然，国家的所谓平等仅是相对外交礼仪而言。

沈艾娣注意到，在马戛尔尼还没有离开伦敦去中国前，英国就有了这样一幅漫画：英国大使面向高高在座的中国皇帝，单膝下跪。它表明，英国人早就预想到了他们的大使会见中国皇帝的场面。马戛尔尼的日记里也记载了他对于中国"磕头礼仪"的担忧。果不其然，之后的很多英文资料大都对"磕头礼仪"进行了渲染。19 世纪关于马戛尔尼出使的记载，讲的也是这样的故事：中国自高自大，不肯和英国平等相处，进行平等贸易。

于是，以下的故事就诞生了：1793 年，马戛尔尼出使中国寻求贸易合作失败。1816 年，阿美士德再度来访，寻求贸易合作失败。清政府一次次拒绝英国合理的贸易需求，所以，鸦片战争爆发——如此，鸦片战争是有道理的。英国人自己不会讲英国是帝国主义，要侵略他国，卖鸦片给他国。于是，他们讲"我们打仗是有道理的"。所以在讲中国近代史时，英国人继续把马戛尔尼访华的事件放在前面，继续引用这封乾隆给乔治三世的信，继续强调那时的中国自大愚昧，对别国不平等，继续讲这个能够为鸦片战争"自圆其说"的故事。

其实，清朝期间，除了担心国家安全，曾一度收紧了对外海上贸易外，一直是个支持外贸发展的朝代。而且，国际贸易对清朝来说，有个重要的意义，因为它能给清朝带来必不可少的商品：白银。而白银是清朝实际上的货币。闭关锁国，禁止国际贸易，对清朝来说，就是"自杀式"的行为。

据说，清代中国对外开放的港口数曾一度达到 100 多个，对外贸易长期活跃，商品出口数逐年增长，贸易额比宋代、明代还要有所发展。

据历史学者黄启臣的统计，康熙二十三年开海禁以后，自辽宁至福建、广东沿海，开放给中外商人进行贸易的大大小小的港口计有一百多处。往来中外的商船数量也逐渐增多。

学者郭松义也指出，康熙五十五年至康熙六十一年，外国商船进入广东的数目大体维持在十多艘或十艘上下的水平，乾隆十五年到乾隆三十四年，平均每年进入广东外国商船在 20 艘左右。乾隆中期以后的 70 年间，中西贸易实际上有了真正的发展，整个海外贸易的商品总值不断增加。如中国输往日本、东南亚和欧美各国的丝、茶、糖、瓷器、土布、书籍等主要商品，在开放海禁以后数量大幅度增长。①

指责清朝闭关锁国，很重要一个原因是乾隆二十二年后要求欧洲人在广州统一通关。确切地说，广州并不是当时唯一的通商口岸，所谓"只许在广东收泊交易"，主要是要求欧美各国集中到广州交易。

乾隆二十年以后，英国等外国商人渐渐"舍粤趋浙"，"希图避重就轻，收泊宁波，就近交易，便益良多"。乾隆和浙江官员担心宁波成为第二个澳门，便逐渐从限制到不许洋船停泊浙江，此举在于"于粤民生计并赣、韶等关均有裨益，而浙省海防亦得肃清"。清朝这种限定欧洲各国在广州一口贸易的举措，某种程度上延续了明朝贡舶贸易中指定某国在某特定港口贸

---

① 李晓龙：《清朝真的闭关锁国？……》，详见：http://www.sohu.com/a/233975624_577803。

易的传统。

可以看出，所谓清朝闭关锁国，引起了欧洲国家的不快，它们用坚船利炮打开了中国的大门，就是要求清朝开放贸易。这完全是一种以讹传讹的说法。国内的一些舆论不加考证地引用西方人的这个说法，某种程度上是把欧洲列强侵占中国国土，侵占中国利益的借口无限放大了。

清代鼓励国际贸易还有另一层道理，那就是当时清朝不知道如何管理货币制度，市场完全依赖白银作交换媒介。而中国又不是产银大国，只能大量进口，先从日本进口，后从欧洲和拉美进口。欧洲的白银也是发现美洲大陆后，从美洲开发运到欧洲，再运到中国来的。因此，清朝的货币体系和社会稳定取决于能否不断进口白银，因此清朝与世界经济的联系十分紧密。

欧洲列强对中国感兴趣，与它们在全球扩张一样，都是对控制别人的市场与资源感兴趣。19世纪欧洲工业化之后，列强们开始把眼光投向全球，用"炮舰政策"强迫别人打开国门，把别的国家都变成自己的殖民地。网上流传着一个欧洲殖民主义的地图，除了5个国家外，全球都被欧洲列强控制住了。有的成为殖民地，有的成为保护国，有的是某个欧洲列强的势力范围，等等。①

这5个国家是日本、朝鲜、伊朗、泰国和利比里亚。这5国逃脱了欧洲列强的殖民化，还属于历史的偶然。亚洲的日本和朝鲜半岛幸免于难，不仅因为这两个亚洲国家的外交斡旋能力强，实行了孤立主义政策，还因为远离欧洲，而且市场不够大，让欧洲列强觉得还不够费劲的。伊朗虽然没被殖民化，但其油气资源被英俄两国垄断。英俄曾把伊朗当作自己的势力范围。泰

---

① http：//www. vox. com/2014/6/24/5835320/。

国也是个例外，因为英国占领了印度和缅甸，法国占领了印度支那三国，英法为了在自己的殖民地之间留下一个缓冲地带，泰国便被留了下来。利比里亚没有被欧洲殖民主义染指，那是因为背后有美国撑腰。19 世纪初，美国废奴运动举起，社会上出现大批自由黑人。美国一些慈善家、社会活动人士和国会议员等纷纷提出把自由黑人遣返非洲的主张。1816 年，美国殖民协会成立。1819 年，美国国会通过美国殖民协会提出的遣返自由黑人到非洲建立殖民地的法案。1921 年，门罗总统的私人代表艾尔斯和海军上尉斯托克顿等人把一批美国自由黑人运到利比里亚。当地的曼巴人和德伊人酋长在殖民者的武力威胁下，被迫"出售"了一块长 130 英里、宽 40 英里的土地。1922 年初，利比里亚成立了。它实际上是美国的一块"飞地"。美国人把"解放了"的黑奴送回利比里亚，但统治那里的人仍然是美国人。

从鸦片战争以降，欧洲列强打开了中国的大门，瓜分中国市场便成了它们的大餐。

第一次鸦片战争失败后，1842 年，清朝与英国签订了《南京条约》，割让了香港。随后，中英又签订了《五口通商章程》和《虎门条约》。紧接着，1844 年中美签订了《望厦条约》。中法签订了《黄埔条约》。1851 年中俄签订了《伊犁塔尔巴哈台通商章程》。1858 年 5 月中俄签订了《瑷珲条约》。1858 年 6 月中国与英、法、俄、美四国签订了《天津条约》；同年 11 月中国又与英、法、美三国签订了《通商章程善后条约》。1860 年中英、中法、中俄又签订了各自的《北京条约》。1861 年 6 月中俄签订了《堪分东界约记》。1868 年中美签订了《中美续增条约》。1874 年 10 月中日签订了《台事专条》。1876 年 9 月中英签订了《烟台条约》和《入藏探路专条》。1881 年中俄签订了《伊犁条约》。1884 年中法签订了《中法简明条约》。1885 年签订了《中法新约》。1890 年和 1893 年清政府与英国签订了《藏印条约》和《藏印续约》……按照美国汉学家费正清（John King Fairbank）的说法，从 1842 年的《南京条约》到 1943 年中国完全废除不平等条约，这期间的百年，可称为"中国的条约世纪"。1842 年之后，中国与世界各国陆续签订了 1100 多个条约，其中大部分都被中国人称为"不平等条约"，而中国近代史的基本脉络亦由此展开。

1895 年，甲午战争清朝败于日本后，被迫签订了《马关条约》，割让了台湾和辽东半岛，向日本开放七处通商口岸，给了日本船只在长江、西江、吴淞江及运河等内河的航行权，并为日本驻中国的军队提供所需军费。后来，在俄、法、德三国的斡旋下，日本放弃了占据辽东半岛，却又讹了清朝 3000 万两白银将其"赎回"。甲午战争后，日本要清朝一共赔了它 2.3 亿两白银，并用此实现了日元的金本位和之后的经济起飞。《马关条约》刺激和加剧了列强对中国的争夺，列强由此掀起了瓜分中国的狂潮。

1897 年 11 月，德国派军队占领了胶州湾，随即要求清朝割让胶州，声称要租借 99 年。第二年春天，俄国以租借 25 年的形式得到了旅顺，以作为它漫长铁路线的终点。英国和法国也紧随其后，英国租借了威海卫，法国租借了广州湾（即现在的湛江市区）。虽然每一次割让领土都是以"租借"为名，但中国人明白，这种租借就意味着永久性的转让。为满足美国工商界进入整个中国市场的需要，1899 年 9 月，美国向列强提出了"门户开放"政策。"门户开放"政策的实质，是为了缓和列强间的争夺和消弭中国人民的反抗。门户开放政策的提出暂时缓解了帝国主义国家在中国的矛盾，形成了宰割中国的同盟；标志着美国侵略中国进入新阶段。

1900 年，八国联军攻占了北京，1901 年清政府同俄、英、美、日、德、法、意、奥、西、比、荷11个国家签订了《辛丑条约》。《辛丑条约》的签订标志着中国成为这些帝国主义国家的半殖民地！

《辛丑条约》规定中国要赔偿入侵中国的八国共计9.8亿两白银（详情为赔偿4.5亿两，分39年还清，本息共计9.8亿两）。考虑到清朝大部分时间，每年的税收也不过5000万—8000万两白银，这么多白银赔款对清朝经济的打击可想而知。

从第一次鸦片战争到八国联军入侵的60年间，清朝对外赔款及其借款利息共计17.6亿两白银。但因为清朝根本无力支付如此庞大的债务，实际上总支付大约13.35亿两白银。

这还不算在各种战争中，欧洲列强的军队在中国大肆抢掠的收获。鸦片战争时，英军每攻克一个城市，便将当地的官库民财掳掠精光。仅广州、定海、宁波、厦门、镇江、舟山六城，被英军打劫的官府库银就有700万两之多。

清朝政府本无力支付如此巨大的"战争赔款"，欧洲列强们却看到了继续压榨清朝的好机会：放债。甲午战争清政府战败后，要给日本赔款2.3亿两白银。清政府支付不起，只好向英、法、俄、德四国举债。这笔借款除了附带大量政治条件外，还款期长达46年，利息高得吓人。有日本学者估算，清政府若完全履行借款协议，在后面的半个世纪里，累积要偿还这4国6亿多两白银。此外，以担保抵押的名义，这4国还把持了中国海关税收与苏州等7大商业城市的厘金。近代中国的工商业财富，就这样被它们吮吸。欧洲列强还给清朝定了一个规矩，不许提前还债！可见，这些借给清朝的债务是它们多大的一笔收益。

1900年，八国联军打败清朝后，清朝被迫支付"庚子赔款"。精明的西方列强想出了花样百出的压榨中国人的办法。中国的海关、钞关被抵押了出去，清政府重要的财政收入来源盐税也成了列强的自留地。就连赔款支付方式，也被做足了文章：一开始用白银支付，后来国际市场白银跌价，清朝又被迫改为用黄金支付。仅此一项，清政府每年就要多赔付 300 多万两白银。法国开始要求赔款用法郎支付，因为法郎汇率高，后来美元汇率上扬，法国又强迫清政府改用美元支付。清朝最后 10 年，法国除了用每年的"庚子赔款"来偿付自家的外债外，每年还盈利上百万两白银。

被西方人残暴压榨的清政府，只能把这些负担都转嫁给老百姓。特别是从庚子赔款起，清朝的盐税、地丁、捐税都如滚雪球般地增加，茶糖烟酒等生活必需品的税收更是年年提价。各省政府也有了特权，可以自行巧立名目，收取赋税。这种背景下，中国社会动荡不安，民间不断造反，最终引爆了辛亥革命，清朝被推翻。

据统计，清政府时期与西方国家签署了 500 多个不平等条约，北洋军阀时期签署了 300 多个，国民政府时期签订了 200 多个，总计签署了一千多个不平等条约。这些条约的具体情况有所不同，但都在不同程度上从中国攫取了侵略权益，具有不平等的性质。[1]

欧洲中心论者们都在更古老的欧洲历史中去寻找欧洲例外的证明，都在寻找欧洲如何依靠科学革命走到了工业革命的道理，但鲜有欧洲学者愿意把欧洲列强从中国掠夺的财富分析成欧洲成功的工业化的初始资本。但是，如果我们知道欧洲的成功工业化主要是"第二次工业革命"的结果，是 1870 年之后的事情，我们从时间段上是否就更容易把欧洲列强对中国的一系列战争

---

① 梁为楫、郑则民主编：《中国近代不平等条约选编与介绍》，中国广播电视出版社 1993 年版，第 9 页。

和掠夺联系起来呢？同理，欧洲的崛起与中国的衰败是一对矛盾的两个方面。如果我们理解了欧洲崛起的道理，我们对中国的衰败就会有更深刻的理解。

霍布斯是最早研究英国帝国主义的英国学者。他深刻地分析了英国为何要向全球扩张，怎样通过殖民主义这种形式去占领外国的资源与市场。他认为，随着生物学进化论的发展，英国以科学的名义逐渐把英国人优于其他人种的思想传播到了世界上。英国人不仅认为，他们的世界观和人生观优于毛利人和霍腾托特人，还认为他们比欧洲大陆上的德国人和北欧人更优秀。当然，白人比其他人种也更优秀。欧洲主要国家向其他大洲扩张，会用统治者比较优秀的品质，指引着隶属的其他种族向最高形式的统治进化。[1]

霍布森引用英国教授皮尔逊的话说："历史向我们指出了产生高度文明的一条道路，也是唯一的一条道路，这就是种族同种族之间的竞争，在物质上和精神上较能适应的种族生存下去。如果人们要知道低等种族是否能够进化到较高的类型，恐怕唯一的途径是让它们互相斗争。即使在那种时候，由于特殊因素——雅里安人的胜利或许大多依靠这个因素——个人与个人之间和部落与部落之间的生存竞争，可能得不到自然淘汰的帮助。"[2]

马尔萨斯的"人口论"大概也是在这种背景下产生的，所以，当经济学证明了在土地上和工业上投资会产生"投资效益率递减"的规律时，那优越民族只有靠不断扩张来弥补这一规律了。帝国主义就是这样被证明是优越民族的必由之路。[3]

然而，当欧洲列强用大炮打开了中国的国门后，那些为殖民主义辩护的

---

① ［英］霍布斯（J. A. Hobson）：《帝国主义》，纪明译，上海人民出版社 1960 年版，第125—126 页。

② 同上书，第 128 页。

③ 同上书，第 140—144 页。

说辞都显得苍白了。18 世纪，欧洲人知识分子刚刚还在吹捧中华文明的伟大，到了 18 世纪后期和 19 世纪初，这些知识精英们又在批判这个停滞不动的帝国了。无论如何，欧洲人很理解它们的政府为何要去中国冒险。如果说，欧洲人在非洲搞殖民化，还可以打着优秀民族要向劣等民族传播文明的幌子；那么，在欧洲刚刚过去的"启蒙时代"还在吹捧的文明高地——中国，也被他们"暴打"，这就很难说得清了。

霍布森一针见血地指出，"中国看来是给西方商人极好的机会。近四亿人口勤劳异常，聪明灵巧，习惯于低劣的物质生活水平，国家的未开采矿藏很丰富，而缺乏制造或运输方面的现代化机器，这些都显出了足以剥削牟利的炫眼前景。"①

然而，霍布森也预见到了，随着欧洲列强打开中国市场，利用中国廉价劳动力开发工业产品，中国会很快学习到欧洲列强的方法。最后，中国会"还其道于欧洲"，把欧洲的方法再用到欧洲，把欧洲自己的产品挤出市场，把这一投资过程倒转过来。于是，欧洲列强便联合起来，共同对付中国，用武力瓜分中国。德国占领了山东，日本占领了中国台湾和福建，俄国占领了中国东北，法国占领了东南地区与海南岛，英国把长江流域的广大地区作为它的工业特权和政治控制势力范围。美国在中国的投资和贸易利益发展得比任何欧洲列强都快，但它坚持门户开放，还用强大的海军来做它的要求的后盾。②

欧洲人很容易就看到了中国人的优点：勤劳、诚实、循规蹈矩、尊重学问，等等。但欧洲人把中国当成了半殖民地后，就会对这些优点视而不见，

① ［英］霍布斯（J. A. Hobson）：《帝国主义》，纪明译，上海人民出版社 1960 年版，第 244 页。
② 同上书，第 245—246 页。

却对中国人的缺点大肆宣传，把他们描绘成"野蛮行为"。比如，说中国人对犯人使用酷刑，遗弃女婴，等等。霍布森说，这些单独的行为都是野蛮习惯和本能不时发生的残余，不能作为中国文明的决定性标准。如同，美国也有私刑拷打黑人，英国也有人踢打妻子，但不能作为英美文明的决定性标准一样。①总而言之，西方的投资者和企业经理似乎在中国找到了一个劳动力的富矿，远比那些吸引他们去从事帝国冒险的非洲等地的金矿或其他矿藏还要丰富。这个劳动力的矿藏是如此巨大而无限，简直可以把西方整个白种人口提高到"不劳而食的绅士"地位，如同那些住在印度或南非的小殖民主一样，依靠劳苦的下等人的苦役为生。

霍布森对欧洲列强在中国与印度这些亚洲国家的恣意横行非常不满，他写道："为了满足商业上的某些迫切的欲望，或权力上的某些贪欲而胡乱破坏亚洲的具有特征的制度，是对世界文明的真实的进程所能想象的最不幸的盲目曲解。为欧洲的利益而依靠强力统治亚洲，并托词是教化亚洲和提高它的精神生活水平，来为这种统治辩护，将被历史判成是帝国主义的极端错误和愚蠢。亚洲从多少年代经验积累下来的智慧的无价宝库中给我们的东西，我们拒绝接受；而我们多少能给予的东西，又为我们的野蛮做法所损坏。这就是帝国主义为亚洲曾经做的和正在做的事情。"②

六　清朝曾想努力学习西方制度

经历了 1985 年的中日甲午战争和 1905 年的日俄战争后，清政府开始对

---

① ［英］霍布斯（J. A. Hobson）：《帝国主义》，纪明译，上海人民出版社 1960 年版，第 256 页。
② 同上书，第 259 页。

日本刮目相看。清廷里面一些官员认为，日本之所以能以区区三岛的力量打败中国和俄罗斯，是因为日本搞了明治维新。中国唯有学习日本的精神，借用西方宪政体制，方能解决中国的问题。

清朝驻外的使节不断给朝廷上折子，呼吁"宪政改革"。驻法公使孙宝琦说："清政府仿英、德、日本之制，定为立宪政体，先行宣布中外，于以团结民心，保全邦本，不然则外侮日逼，民心惊惧相顾，自铤而走险危机发，终恐非宗社之福也"。驻英公使汪大燮、驻美公使梁诚等人也屡次从国外电请清政府进行立宪改革。①

一些地方大员也参与了这种游说。云贵总督丁振铎、两江总督周馥、两广总督岑春煊、湖广总督张之洞、湖南巡抚端方、贵州巡抚林绍年等都参与了给清政府的递宪政改革折子的活动。朝廷中的周景崇、戴鸿慈、徐世昌等人也跟着"敲边鼓"。②

汉族知识分子中也有许多人主张立宪运动。1904 年，张謇等人给袁世凯拟了一份奏章，其中有一句说："日俄之胜负，乃立宪与专制之胜负也。"他们力劝袁世凯等人效法日本的伊藤博文，促成立宪以挽救时局。梁启超更是到处呼吁，"立宪则强盛，专制则败亡"。③

除此之外，全国反清的各种运动此起彼伏，清朝政府明显感到需要找到其他措施，来适应时局的变化。慈禧太后顺水推舟地接受了袁世凯的建议，决定派大臣出访欧、美、日，一探宪政的究竟。然而，派出的人员不断地变换，因为有的人被革命派刺杀、炸伤，还有的人被派以重任，以加强警备与

---

① 戴鸿慈：《出使九国日记》，湖南人民出版社 1985 年版，第 8 页。
② 中国近代史资料丛刊编委会：《辛亥革命》（四），上海人民出版社 1957 年版，第 12 页。
③ 赵广示：《试析清末五大臣对欧美、日本政治考察的原因》，《贵州大学学报》（社会科学版）2006 年第 2 期。

安全。最后，真正派出的五位大臣是载泽、戴鸿慈、端方、尚其亨、李盛铎。

1905 年年底，考察团分两路出发，一部分由载泽、李盛铎、尚其亨带领，另一部分由戴鸿慈、端方带领。

载泽团的路线是：中国上海—日本—美国（旧金山）—美国（纽约）—英国—法国—回英国—比利时—回法国—经苏伊士运河、吉布提、科伦坡、新加坡、西贡、中国香港—中国上海。

戴鸿慈、端方团的路线是：中国上海—日本—美国—英国—法国—德国—丹麦—瑞典—挪威—回德国—奥地利—匈牙利—俄国—荷兰—瑞士—意大利—经埃及赛得港、亚丁、锡兰（斯里兰卡）、新加坡、中国香港—中国上海。

这 15 个国家中，丹麦、挪威、瑞典、荷兰、瑞士五国都是在考察团出发后，听说了此事，临时邀请考察团来访的。中国考察团所到国家，一律都是最高规格接待。在日本，天皇接见，在美国，见到了总统罗斯福，在英国，去白金汉宫见英国国王，在法国，总统设宴招待……所到 15 国，全部是国家元首接见。

清朝这次派出的考察团，以考察宪政为首要目标。因此，每到一国，考察团都要参观当地的议院，考察议会制度。戴鸿慈等人看来，在这些实行宪政的国家中，执政党和在野党之间为了国家利益而争执不下，以及君主和议会之间的互动关系，让他们耳目一新。在华盛顿的国会山上，他们看到议员们为了国家的事宜，可以在议会上争得面红耳赤，相持不下。但从议会大门一出，则握手言欢，毫无芥蒂。他们感慨道，美国议员公私事情分明，议会上争吵并不影响私底下的友情。在英国议会，他们也观察到"议员分为政府党与非政府党两派。政府党与政府同意之事，非政府党则每事指驳，务使折中至当"。

在意大利考察时，戴鸿慈等官员看到议院就可以决定国王任命的大臣的去留，不禁感慨万分。他们记录道："义国任命大臣之权，操诸国王之手。而大臣之不职者，得由下议院控诉之，而由上议院以裁判之。欧洲诸国，政制相维，其法至善，胥此道也。"字里行间，无不流露出对于这种政治体制的惊奇和赞叹。

考察宪政之余，清朝官员对日本和欧美社会的物质和文化事业也产生了浓厚兴趣。他们参观了一些外国的社会部门和机构，既有像政府机关、邮局、铸币局这样的行政管理和服务部门，又有像监狱、疯人院这样诸如管制社会另类人群的机构；既有像基督教青年会、商会这样的依靠宗教和社会力量所组成的团体，又有像美术院、博物馆、学校等文化教育机构。待他们回国后，便立刻奏请由学部、警部主持，在京师次第筹办这些公共设施。他们不仅提议在全国范围内逐步建立起图书馆、博物馆、动物园、公园等，还不惜重金从国外购买回一批动物，放在北京新建的万牲园中，可以说是促成了中国最早的动物园的雏形。

日本人接待得最为认真。除了天皇接见外，日本的前首相、明治维新的元老伊藤博文还前来拜会了中国考察团，他们之前有过一场长谈。载泽的日记中详细记录了这场谈话。谈话中，中国人像是小学生，伊藤博文如同海人不倦的老师。

在此前 34 年，也就是 1871 年，日本右大臣岩仓具视率日本的政府使节团赴欧洲十二国考察政治制度，时任工部大辅的伊藤博文年仅 30 岁，是副使之一。当年他们的考察极其认真辛苦：每到一地，白天奔波在铁臭煤气之间，天快亮才回，来不及换衣服，下一个宴会的时间已经到了。当时日本人是恭恭敬敬地当小学生，如饥似渴地吸收西方文明，三十年风水轮转，现在轮到他们当老师了。

在中国考察团到达之前，中国驻英大臣汪大燮向国内报告说，英国人担心这次中国考察团会走马观花，考察是为掩人耳目，并无真意。为消除他们的担心，汪大燮专门聘请英国专家（被载泽称为"政法学教员"）为考察团讲解英国宪法。他讲三权分立与君主权限、上议院与下议院、政府组织、选举制度、地方自治、税收与财政预算等等，头天讲解，隔天实地参观，从国会到内务部、地方自治部、财政部、教育部、农业部等一个一个地看。载泽在日记中以1.5万余字的篇幅对这些内容做了详细记录。

1906年夏秋之际，经过近半年的海外考察，两批出洋大臣先后回到中国。载泽等编辑了书籍67种146册，并将其中30种分别撰写了提要，进呈光绪和慈禧御览。另将购回的400余种外交书籍送交考察政治馆备考。戴鸿慈、端方也带回许多书籍、资料，并赶写出介绍欧美各国政体制度的《欧美政治要义》供朝廷采择。以后又编写了介绍各国政治的源流和概况的《列国政要》133卷。这些书对清末新政和预备立宪的各项改革和制度建设具有重要参考价值。

五大臣回到北京后即到颐和园拜见慈禧太后和光绪皇帝，一连上了好几份奏折，对这次考察详加阐述。载泽的《奏请宣布立宪密折》肯定是奏折中的重头戏。为了解除慈禧太后对立宪的思想顾虑，载泽在奏折中着重指出，君主立宪有三大利，即"皇位永固""外患渐轻""内乱可弭"。

端方也上了《请定国是以安大计折》，洋洋万言，阐述考察欧美各国政治的结论："东西洋各国之所以日趋强盛者，实以采用立宪政体之故。"因此，"中国欲国富兵强，除采取立宪政体而外，盖无他术矣！"1906年8月25日，清廷命醇亲王载沣和各军机大臣、政务处大臣及北洋大臣袁世凯等共同阅看考察大臣的条陈各折并会议讨论。这实际上是决定国策的重臣会议。会上多数人赞同立宪，少数人尚有保留。8 月 29 日，慈禧太后与光绪帝召见诸大臣，决定预备立宪。

1906 年 9 月 1 日，清廷正式颁布"仿行立宪"的上谕。1908 年 8 月，又颁布了《钦定宪法大纲》，准备立宪，命令各部共筹计划。

然而，无论是慈禧太后还是光绪皇帝都已经没有时间从容设计改革了。1908 年 11 月 14 日和 15 日，光绪和慈禧相继驾崩，1911 年 10 月 10 日，武昌起义爆发，清朝被推翻，共和国成立。再往后，是没完没了的战争与动乱。

七 中国的反弹：排外情绪与抵抗运动的崛起

19 世纪中叶起，随着欧洲势力不断进入中国，中国社会出现了很强的"排外"情绪与抵抗运动，主要是针对欧洲人的。

这种情绪主要体现在士大夫官僚阶层，然后也体现在民间的士绅阶层与平民。

在 19 世纪七八十年代，清廷中出现了一批要求按照西方的办法改革中国治理方式的人。但另一派人则采取了咄咄逼人的反西方立场，这些人被称为"清议"派。

历史上，清议曾多次出现在中国的朝廷内部。汉朝时有过，宋朝时，中国受到北方夷狄入侵的威胁，清议就是指那些激烈反对绥靖政策的政见。在历史的各个时期，清议派都为了维护儒家传统而坚决斗争，矛头所指往往是那些有可能威胁或破坏儒家秩序的当权人物。

清朝的清议派人物恢复了从南宋流传下来的"刚强好斗的儒教传统"，主张驱逐夷人而不必恃其奇技淫巧,而有恃于觉醒的中国民心。有一位清议派人士说:"中国之胜外国者,非恃修备也,恃民心之固也。"①

清议派不太在乎西方的军事威胁,一旦出现与西方的战争危机时,他们往往成为主战派。比如,1879—1880年,中俄的伊犁冲突;1884—1885年的中法冲突;清议派均抨击了李鸿章的"绥靖路线",表示出他们的抵抗决心。

中国民间与西方的冲突主要表现在对基督教传教的问题上。从16世纪末起,欧洲国家就开始向中国传授基督教。虽然传教进展不快,但从清朝起,以耶稣会士为代表的基督教传教士们获得了清朝皇帝的好感,皇帝允许他们在北京等大城市修建教堂,允许他们到内地传教。但清朝后期,随着欧洲列强与清朝签订了一系列的不平等条约,传教士享有了治外法权,他们与中国民间的摩擦与冲突也越来越多。

1860年第二次鸦片战争后,欧美列强迫使清朝与它们分别签署了《天津条约》,其中来中国传教的西方传教士享有建造教堂、治外法权以及"宽容条款"所赋予的特权。

"宽容条款"赋予基督教会以特权:传教士享受治外法权,不受中国法律的制裁;中国基督教信徒也可以不受中国法律的制裁。因此,许多地痞流氓也混入教会,横行乡里。许多冲突由此产生。少数信奉了基督教的中国人依仗基督教会的势力,横行乡里,激起群众对传教士的仇恨;而非基督教徒也会利用强大的宗族势力转而迫害、甚至杀害基督教徒。

另外,外国传教士获得了在中国任何地方租买土地和盖房的特权。有些外国传教士在中国内地圈地建教堂,与当地民众争抢土地,成为民教纠纷及

---

① [美]详见柯文《在中国发现历史:中国中心观在美国的兴起》,林同奇译,中华书局1989年版,第31页。

引起教案的严重隐患。

外国传教士传播的基督教信仰与中国本土文化也发生了冲突。基督教与中国传统的思想、信仰、风俗习惯不相容。传教士企图改变中国礼俗，反对敬祖、祭天，把深入群众的佛教和道教说成邪教，引起民众反感。有些天主教堂散布在穷乡僻壤，神父们又干涉当地民众迎神祭祖的仪节，经常与民间发生摩擦。民众的反抗亦得到部分士绅阶层的支持，甚至有些抗议基督教的活动是直接由地方官绅发动的。

鸦片战争清朝战败后，西方传教士开始利用自己的特权，对政府官员的声望与权威提出了挑战。例如，许多条约都规定，当传教士受到人身伤害或财产损失时，可以向清朝政府声索赔偿。因此，当中国民众与基督教会发生冲突时，传教士往往向清朝政府索赔，甚至有些传教士要求干预地方法律程序，要求政府没收文人会馆或庙宇等公共设施再转交给基督教会。①

同治九年（1870）发生在天津的教案非常有代表性。四五月间，天津突然发生多起儿童失踪绑架的事件。6月初，天气炎热，疫病流行，法国人办的育婴堂中有三四十名孤儿患病而死。后来，每天有数百人跑到埋葬孩子的坟地围观，并挖出孩子的尸体查看。民间开始疯传"外国修女以育婴堂为幌子，实则绑架杀死孩童作为药材之用"等谣言。

6月20日，一名被居民扭送官府的匪徒武兰珍在审讯中提到了教民王三及望海楼天主堂。于是，百姓情绪激愤，士绅纷纷集会，书院罢课休学，民众反基督教的热情高涨。虽然后来的调查证明武兰珍所言子虚乌有，但民众已经激情万分，无以安抚。数千名群众包围了望海楼天主堂，教堂人员与围

　　① ［美］详见柯文《在中国发现历史：中国中心观在美国的兴起》，林同奇译，中华书局1989年版，第34—35页。

观的人群破口大骂，并互抛砖瓦。法国驻天津领事丰大业要求崇厚派兵镇压未果，在前往教堂的路上，与知县刘杰相理论，怒而开枪，打伤了知县的远房侄子刘七。民众激愤之下，先杀死了丰大业及其秘书西门，后又杀死了10名修女、2名神父、另外2名法国领事馆人员、2名法国侨民、3名俄国侨民和30多名中国信徒，焚毁了望海楼天主堂、仁慈堂，位于教堂旁边的法国领事馆，以及当地英美传教士开办的其他4座基督教堂。破坏行动持续了3小时。1870年6月24日，外国军舰来到天津，以法国为首七国公使向总理衙门抗议。

法国方面要求处死中国负责的官员，清廷则派出了直隶总督曾国藩来调查并与法国方面交涉。当时朝廷中的许多官员认为不应退让，他们不惜一战。曾国藩考虑到当时的局势，不愿与法国开战。他首先对英国、美国、俄国做出了赔偿，最后才单独与法国交涉。

曾国藩到天津调查后，确认育婴堂并无诱拐伤害孩童之事，便应法国的要求，决定最后处死为首杀人的18人（马宏亮、崔福生、冯瘸子等），充军流放25人，并将天津知府张光藻、知县刘杰革职充军发配到黑龙江。清朝最终赔偿外国人的损失46万两银，并由崇厚出使法国道歉。而因随后发生了普法战争，法国无暇注意东方事务，也接受了清朝的做法。

清朝是以满族人为主建立的王朝，许多汉族的知识分子都不认同这个政权的合法性。因此，满汉矛盾也成为清朝末年中国与西方矛盾深化的原因。

1891年，长江流域发生骚乱，许多不满清朝统治的汉族秘密团体组织了这些暴动。他们虽然打着"排外"的旗号，对基督教建筑的损害却并不大，主要是想挑起朝廷与外国势力的矛盾，迫使它们之间摊牌，他们再找机会推翻清朝政权。义和团初期也有这种想法，比如1899年初，他们就打出了"反清灭洋"的口号。

有时候，清朝的官员也有意采取极端的"排外"立场。但他们这么做，并不一定是因为清朝的官员都是"清议"派，都想把外国人挤出中国，而是他们意识到，官方的排外立场恰恰是防止民众把矛头都瞄准自己的唯一办法。

满清贵族对付外国人的方法主要有：

一，严格控制西方人的活动范围，把外国人严格控制在东南沿海几个"经济特区"，并杜绝其向内地扩张。千方百计把西方人与中国人隔开，使之成为维持清朝野蛮统治的前提和保障。

二，寻找一切可以抓住的理由驱逐和惩罚西方人。任何事情、甚至微不足道的事情都可能成为惩罚外国人的借口。外国人偷偷学习汉语，就可能受到惩罚。外国人打听中国的法律规则，也可能予以惩罚。外国船只来中国不挂旗帜，会遭到惩罚。外国人见到中国的皇帝和官员不行三跪九叩首之礼，也会遭到惩罚。

鸦片战争带来的一个重要后果就是，清政府不可战胜的神话被打破了。鸦片战争前，清政府的统治被认为不可动摇，但他们被一小撮外国人打败，这难道不是上天的意志，不是在收回上天赋予他们的统治的权力了吗？汉人认为，起义的时间到了，可以从满族人羸弱的政权中夺回权力，解放被压迫的汉人。各地纷纷爆发起义和叛乱。清政府像用十个指头去按跳蚤，无论如何也按不住，清政府统治的权威大幅下跌。这种期待引发了一些人个人的野心，也点燃了爱国主义的热情，汉人感觉到他们为了共同的事业重新团结到了一起。中国爆发了三股起义：南方的太平天国，沿海地区的"红毛"及北方的捻军。后两者虽没有前者那么轰轰烈烈，却也动摇了清朝的有效统治。①

1895 年，甲午战争中清朝败给日本后，中国人的自信心全面丧失。败给欧洲人，中国人还觉得西洋人可能更发达。而日本人一直被认为是中国的学生，败给日本就脸面全无。因此，甲午战争后，中国面临着一场严重的国家危机。清政府中出现的维新派运动想挽救清朝，他们呼吁缓和满汉矛盾，一致对外，挽救民族危局。

推动戊戌变法的梁启超提出了"大民族主义"与"小民族主义"的问题，认为汉族的民族主义是小民族主义，只有把中华各民族都团结起来，共同对付外族才是大民族主义。维新派用历史上例子来说明，民族融合是中国历史发展的大趋势，春秋战国时代的夷狄都融入了汉族，北魏皇帝魏文帝的改革也是如此。维新派指出，外国侵略者与中华民族的矛盾空前严重，满汉只有不分才能图自存。维新派还指出，满汉皆黄种人，而如果满人继续执行歧视汉人的政策，势必将国家分裂，中国将被白种人奴役。②

维新派还提出了平抚满汉分歧的办法。他们建议：（1）去除满蒙各旗，统称某府某县人，与汉人一样。（2）满汉通婚，消除隔阂。（3）并官缺，任职不再分满汉，一律按贤能任职。（4）让八旗人员自谋生路，不再仰食国家。可惜，维新派的主张遭到满洲贵族的强烈反对，他们不仅筹划了反对戊戌变法的政变，而且随着变法的失败，他们反而变本加厉地推行满人对汉人的歧视政策。

戊戌变法失败后，清王朝的各种社会矛盾更加激化。满清贵族为了一已

---

① ［美］丁韪良：《中国觉醒》，沈弘译，世界图书出版公司 2010 年版，第 124—125 页。
② 转引自张海山《戊戌变法与晚清满汉矛盾的演变》，《康定民族师范高等专科学校学报》2006年第 3 期，第 35—36 页。

私利，不惜"量中华之物力，结与国之欢心"，对欧洲列强不断让步，使中国沦为欧洲列强的半殖民地。

随着清政权的进一步腐败，清朝宫廷里的汉族官员也感到清廷对他们有"非我族类，其心必异"的怀疑，汉族士绅及普通百姓与朝廷离心离德的现象不断出现，满汉矛盾变得越来越激化，最终导致了辛亥革命的爆发。

八　马克思主义进入中国

除了清朝末年的洋务运动外，欧洲的现代思想进入中国是由马克思主义进入中国开始的。而这一切的背景竟然是"社会进化论"。

在中文出版物中最早出现马克思和恩格斯的名字，是 1898 年上海广学会出版的《泰西民法志》，该英文书由胡贻卜翻译，提到了马克思及其学说，这是我国出版的中文书籍中第一次出现马克思的名字。

1899 年 2 月上海《万国公报》上刊登《大同学》一文，是英国进化论者颉德所著《社会进化》一书前 3 章的节译。文中称马克思为"百工领袖著名者"，说"德国之马客偲，主于资本者也"，这里是指马克思和他的《资本论》。

不过，这些毕竟是翻译外国人的著作。而国人最初译介马克思和恩格斯的著作，为资产阶级的有识之士。20 世纪初，资产阶级思想家梁启超、朱执信、马君武等人著书立说，都曾介绍过马克思、恩格斯的生平及马恩的一些言论。梁启超 1902 年在《新民丛报》上发表《进化论革命者颉德之学说》，赞马克思为"社会主义之泰斗"。马君武 1903 年在《译书汇编》上发表《社会主义与进化论比较》，说"马克思者，以唯物论解历史学之人也"。文后附有马克思所著书"目录"。1906 年，朱执信在《民报》上撰写《德意志社会革命家小传》，详细介绍了马克思的生平、《共产党宣言》等主要内容。中国无政府主义鼻祖刘师培等在一些刊物上，也介绍过马恩及他们的学说。然而，他们各自的立场和观点并不一致，介绍也多是零星的、片断的，甚至带有不少错误和曲解。他们的本意不一定是传播马克思主义。不过，他们的努力并没有白费，自此以后，中国知道马克思的人毕竟越来越多了。

但是，马克思主义进入中国，并成为指导中国革命实践的主要是通过两个国家：一是通过日本，大量的中国留学生去日本寻找"救国"的药方，不想遇到了马克思主义。另一个是通过法国，大量"勤工俭学"的留法中国青年学子不仅找到马克思主义，还建立了第一个中国共产党的海外支部。

日本经过 1868 年明治维新一跃而为亚洲强国，并在甲午战争中打败了大清国，后来又在日俄战争中打败了俄罗斯，让中国知识分子对日本刮目相看。一时间，中国的青年知识分子认为，日本之所以迅速崛起，是因为吸收了来自西方的先进思想，改造了日本的政治制度，所以许多中国的热血青年都跑到日本去寻找救国的出路。这一背后是"落后就要挨打"的逻辑。

20 世纪初，中国形成留学日本热潮，从 1900 年百人增加到 1905 年五六千人。此时日本出现了社会主义思想的高潮，社会主义者界利彦等创办《新社会》杂志，刊登介绍马克思主义的文章；社会主义先驱者幸德秋水写的《社会主义神髓》于 1903 年译成中文，成为第一部介绍马克思主义的译著。

留日学生不断地把日文版的马克思主义文献翻译介绍到中国。1919 年 1 月，日本著名的马克思主义经济学家河上肇创办《社会问题研究》，山川均创办理论刊物《社会主义研究》，陆续发表介绍马克思主义的文章和译文，对中国思想界影响很大。1920 年，幸德秋水所著《广长舌》和《二十世纪之怪物帝国主义》，译成中文出版，当时在中国颇为流行。"社会主义"一词就是此时从日语中引进的。李达回忆说："中国接受马克思主义得自日本的帮助很大，这是因为中国没人翻译，资产阶级学者根本不翻译，而我们的人又翻译不了。"

五四运动前后，去日本留学的中国青年知识分子中既有后来成为革命领导人的李大钊、董必武、周恩来、彭湃等人，也有一批理论素质很高的知识分子，如李大钊、李达和李汉俊等人。

李大钊从日本回国后，在北京大学等 5 所高校开设《现代政治》《唯物史观》《社会主义和社会运动》《史学思想史》《女权运动史》等课程，系统地讲授马克思主义。

李汉俊 14 岁时就随其兄李书城东渡日本求学，在日本读完中学，1915 年考入东京帝国大学学习，1918 年 1 月回国。从中学到大学，李汉俊在日本读书长达 14 年。大学期间，与日本著名社会主义者河上肇建立了师生之谊，受河上肇的影响，从最喜欢的数学转而研究马克思主义。他通过阅读日文社会主义文献，掌握了不少马克思主义理论，并从事大量的翻译工作。李汉俊通晓日、德、英、法 4 国语言，回上海时，带回不少英、德、日文的马克思主义书刊，以旺盛的精力进行翻译和撰述。他是星期评论社的思想领导中心，曾用多个笔名在《新青年》《星期评论》《民国日报》副刊《觉悟》等刊物上，发表宣传马克思主义的文章与译文，共 90 余篇。

1920 年 5 月，李汉俊写的《强盗阶级的成立》，揭露资产阶级剥削工人剩余价值的罪恶，号召人民觉醒起来，打倒强盗阶级。还发表《浑朴的社会主义者底特别的劳动运动意见》长篇文章，深刻批评了张东荪的资产阶级改良主义思想。9 月，李汉俊翻译出版了《马格斯资本论入门》，还协助李达翻译《唯物史观》。这是中国较早传播马克思主义的两部译著。

留法勤工俭学,最初是在辛亥革命后到第一次世界大战前夕之间,由一些受到西方资产阶级思潮影响的教育界人士发起的。他们为了向西方寻找救中国的真理,动员一些青年到法国半工半读。

为"输世界文明于国内",1912 年,李石曾、吴玉章、吴稚晖、张继等在北京发起组织"留法俭学会"。当时任教育总长的蔡元培力赞此事。俭学会在北京成立留法预备学校,送 80 多人赴法俭学,1914 年受袁世凯政府的阻止,被迫停办。以后李石曾等在巴黎华工中试验工余求学,1915 年发起组织勤工俭学会,1916 年 3 月,在巴黎成立华工学校,蔡元培等人还亲自讲授课程。

中法两国人士蔡元培、吴玉章、李石曾、欧乐、穆岱等为了"发展中法两国之交谊",促进中国经济文化之发展,在巴黎发起成立了华法教育会。1917 年在国内也成立了华法教育会,组织赴法勤工俭学活动,事实上已成为该会的主要活动内容。北京留法预备学校也重新建立,并在长辛店、河北高阳县布里村、保定育德中学及成都先后成立各种各样的预备学校,为赴法勤工俭学运动的发展准备了必要的条件。

第一次世界大战期间,许多欧洲国家的劳动力被派往前线打仗,田园荒芜,农、牧业和工业大量减产。法国也遭受了严重的战争创伤,人员死伤惨重,劳动力极端缺乏。法国就从中国招募华工数十万人,去制造军火,修筑道路,或在码头、车站装卸货物,或在食品厂、机器厂等处当工人。那时的法国,很多行业都有华工在从事艰苦的劳动。在这一背景下,当时在法国留学的吴玉章和蔡元培、李石曾等人,提出了"勤于做工,俭以求学"的口号,号召中国广大青年到法国去勤工俭学。吴玉章早在 1912 年夏天,就从四川动员了一批青年到法国去留学。第一次世界大战期间,因为交通不便,又不安全，去法勤工俭学的人很少。第一次世界大战结束之后，发展很快。他们在法国巴黎和国内的北京、上海，组织了华法教育会，在四川、广东等省还设立了分会，组织勤工俭学活动，还成立了留法勤工俭学会。

1919—1920 年，先后共 20 批约 1600 多人到达法国。他们来自全国 18 个省，其中以四川（378 人）、湖南（346 人）、河北（147 人）为最多。基本上都是 16—30 岁的青年。此外还有湖南教育界著名的徐特立，蔡和森、蔡畅和他们的母亲葛健豪一家，王若飞和贵州教育界知名的黄齐生甥舅，向警予等近 20 名女青年。他们到法国后，有的先工后学，有的先学后工，有的边工边读。据 1920 年 8—9 月调查，当时有四五百人进入 70 多家工厂，还有的当散工、干杂活。约 670 人进入巴黎及各地 30 多个学校，其中多是首先补习法文，然后进入工业实习学校及其他学校学习。候工的勤工俭学学生只靠微薄的维持费度日，生活极为艰苦。进入工厂后完全以普通劳动者的姿态和法国工人或华工一起劳动。每天 8 小时工作后还补习法文或学习工艺。他们受到法国工人、青年、友好人士的欢迎和关切，广泛地接触了资本主义社会生活的实际。有些青年则着重锻炼自己，考察资本主义社会，接触工人群众，研究工人运动、社会主义思潮和马克思主义。例如蔡和森、赵世炎、周恩来等就是这样。

1921 年，留法勤工俭学运动经过一系列矛盾斗争而逐渐走向衰落。由于法国在第一次世界大战结束后自身面临的经济危机日益尖锐，工厂歇工、工人失业、工潮迭起，勤工俭学学生处于勤工困难、俭学不易的境地。当时入工厂者不到十分之四五。中法反动当局和投机政客们又不满勤工俭学学生日益走向革命的倾向，华法教育会于 1921 年 1 月发出通知，宣告与勤工俭学学生脱离经济关系。学生多方呼援无路，2 月 28 日发生了"争生存权、争求学权"的"二·二八"运动。6—8 月，留法勤工俭学学生又发动旅法华人反对北洋政府来法代表团以出卖国家权利为条件向法国政府借款 3 亿（后增至 5 亿）法郎的斗争。9 月，爆发了留法勤工俭学学生联合一致占领里昂中法大学的斗争。里昂中法大学，原为勤工俭学学生筹建，但创办后，却置留法勤工俭学学生于不顾。留法勤工俭学学生被迫联合行动，9 月 21 日，各地代表 125 人到里昂占据了中法大学。但却遭到中法反动当局的迫害，他们在被囚禁了 28 天以后，除了个别人外，大多数被武装押送回国。

留法勤工俭学运动从此进入低潮。但却促使了一大批青年新的觉醒，在劳动、学习、斗争中走上反帝、反封建的革命道路，一批共产主义战士成长起来。1922 年 6 月，赵世炎、周恩来、李维汉等同志在巴黎成立了旅欧中国少年共产党（团组织性质）。同年秋冬之际，中国共产党旅欧支部正式成立。1923 年开始，大批人转往莫斯科东方大学学习。1924 年第一次国内革命战争开始，大批革命者先后奉调回国，成为中国革命的一支重要力量。在赴法勤工俭学生中，也有一部分人由于种种原因没有参加政治活动，在国外学习科学技术，回国后从事科技方面的工作。

马克思从 19 世纪的"欧洲中心论"那儿接受了许多对东方是落后文明的看法，并对中国说了许多批评的话。这些后来都成为中国青年知识分子抨击中国政治制度、抨击中国文化，直到抨击中国文字的理由。

马克思从孟德斯鸠、卢梭及穆勒等人那儿接受了中国专制主义的说法，并扩大到"从印度到俄国的最残忍的国家形式，东方专制主义"。他还把这种国家形式推广到奥斯曼帝国、波斯和中国，乃至整个"东方"。马克思断言，在这些地方有一种古老的"亚细亚生产方式"。他认为，在整个亚洲，生产力始终是"传统的、落后的和停滞的"，如果不是"西方"及其资本主义的入侵把亚洲唤醒，亚洲会永远沉睡。

马克思甚至断言，自16世纪资本（甚至资本主义）在欧洲创生以来，欧洲"从封建主义向资本主义的转变"以及欧洲的"新兴资产阶级"改造了整个世界。

马克思认为，亚洲始终比欧洲落后很多，因为欧洲的"封建主义"自身包含着"向资本主义转变"的种子。而"亚细亚生产方式"则需要借助欧洲这种"转变"的进步成果来摆脱根深蒂固地停滞。在他的想象中，这种停滞的原因是亚洲"缺乏资本主义生产关系"，从而使整个亚洲"分裂为村社，每个村社都拥有完全独立的组织，自身构成一个小世界"。

认真分析起来，马克思对东方社会的描述是有一些矛盾之处的。比如，他一方面用"东方专制主义"来概括亚洲的特征，说为了管理这些社会的大型水利工程，亚洲社会形成这样一种必需的社会、政治组织形式；另一方面，又说村社的分裂使资本主义生产方式很难推行。具有讽刺意味的是，冷战时期，为了反对共产主义和马克思主义的意识形态武器，西方国家推出了以魏特夫为首的学者创造的理论，称东方专制主义的来源就是大型水利社会。这些人从未看到，其实这里面有许多内在的矛盾。[①]

同理，在20世纪80年代刚刚改革开放后，经历了"文化大革命"浩劫后的中国似乎重新发现了西方的各种发展理论。一时间，从19世纪到20世纪的有关欧洲中心论的理论又被挖掘了出来。比如，德国社会学家马克斯·韦伯就得到了中国青年知识分子的推崇，甚至他论述的资本主义的发展与新教精神紧密相连，及为何中国以儒教为主的文明发展不出资本主义的论述都成了解释中国落后论的经典。

---

① ［德］弗兰克：《白银资本》，中央编译出版社，第39—40页。

其实，韦伯的那种说法，只有新教文明的国家才适合工业化，完全是一种臆想。日本没有经历西方殖民主义，没有外国投资，更不用说什么新教伦理了。然而，靠着"菊花与刀"，日本在遭受了第二次世界大战的失败后，仍然创造出了工业化的繁荣。后来，西方就有学者企图证明，日本人有"一种在功能上与新教伦理相同的东西"。而那时候，他们还认为，信奉儒教的中国没有这种东西。①直到中国迅速发展起来，西方就又出现了一些理论家，认为促进中国与日本前进的正是东亚的"儒教"。

从西方各种思想进入中国，到马克思主义成为中国革命的主导思想并指引中国共产党领导革命，成功地重组了中国。为何别的西方思想都没有像马克思主义在中国那么有生命力，为何那些思想都没能与中国社会成功嫁接呢？

中国学者文扬给了一个解释。他认为，马克思主义进入中国并成为中国革命的指导思想主要有四个原因：

第一，马列主义也是一种进化论，也讲人类历史的线性发展，也讲文明的先进和落后。但是，马列主义不是社会达尔文主义，恰恰相反，它号召被剥削阶级和被压迫民族进行革命，在推翻一切剥削阶级之后，实现全人类的彻底解放。这等于给中国送来了一个专门适用于"落后文明"的进化论版本，让中国在接受进化论的同时又不必屈服在帝国主义等级秩序之下。这就为中国革命走出自己的道路、实现独立自主提供了理论支持。

第二，马列主义是历史唯物主义，强调生产力决定生产关系，强调通过阶级斗争打破生产关系对生产力的束缚。这等于给了中国一个可以走出儒家天道世界观和循环历史观的强大思想武器，确保中国革命一直朝着大力发展

---

① ［德］弗兰克：《白银资本》，中央编译出版社，第43—44页。

生产力的方向发展，逐步走出王朝循环的历史周期。

第三，马列主义提出了实现共产主义的远大目标，其中包括实行无产阶级专政、公有制、计划经济、按劳分配。对中国来说，共产主义理论就是一个适用于"劳苦大众"的现代化方案，让中国可以在现代化转型过程中不必跟着"民族资产阶级"走，而是实现一种由"无产阶级"领导的工业化、现代化。

第四，马列主义强调政党的重要性，强调无产阶级要由先锋队来领导，通过有组织的行动进行革命。列宁的政党理论正好给中国提供了一个让知识分子直接投身社会并动员和组织下层民众进行革命运动的有效方法。马列主义进入中国之后，越过了中国的上层社会，直接进入下层社会，并与下层社会保存完好的变革思想进行了对接。而这个对接，远比与"上层社会儒家传统"的对接顺畅得多。①

文扬认为，中国社会的一些政治传统也让马克思主义的"造反"精神很容易在中国找到发展的土壤。

首先，中国下层社会自古以来就流行着各种以迎接理想社会的到来为号召的民间宗教，如祆教、白莲教、弥勒佛教、明教等等。所以，摧毁旧制度、推翻旧学说，对于下层社会来说并不是问题。长期纠缠上层社会的那个如何在全盘西化和保国保教两者间取得平衡的两难困境，在下层社会中并不存在。

其次，下层社会自古以来就有造反运动传统，而且的确带有阶级革命的性质，马列主义的共产革命与中国历史上的改朝换代，在打天下和坐天下这两个阶段基本重合，前者的理论就是"造反有理"，后者的理论就是"天下为公"，所以无论理论是什么，行动上都一致。

---

① 文扬：《中国思想浴火重生的"大革命"路径》，http：//www.guancha.cn/WenYang/2017_08_14_422703_s.shtml。

最后，下层社会自古以来就有反抗异族压迫的传统，如魏晋南北朝时期汉人反抗胡人的斗争、元朝时期南人和汉人反抗蒙古—色目贵族集团的斗争、清朝时期反清复明斗争等。由于上层社会往往与异族入侵者结为统治联盟，所以只有下层社会的反抗运动才最为彻底，才最有希望重新恢复国家的大一统。

正是在这种背景下，马克思主义号召的造反精神就与中国传统的造反精神合为一体，一系列口号："顺乎天，应乎人"的"天命观"与"阶级革命"，"天下归仁"与"世界大同"，"天下为公"与"社会主义公有制"，"大一统"与"人民共和国"，"三世说"与"历史阶段论"，"民为贵"与"共同富裕"……便应运而生。①

九　改革开放与欧洲模式

"文化大革命"结束，中国进入了"改革开放"时代。改革是从中国的农村开始的，也只涉及中国农村生产与管理形式的变化，因此对外部没有什么影响。但是开放却与一下子拉近了与欧洲的关系。

应该说，从开放开始，欧洲与中国的关系就进入一个新的阶段。

1978 年，百废待兴的中国小心翼翼派出一个代表团去"闯荡世界"。当年 5 月，从来没有出过国的国务院副总理谷牧带团，去西欧五国考察访问。这是新中国成立之后，中央向西方国家派出的第一个政府经济代表团。

法国、联邦德国、瑞士、丹麦、比利时……一个多月马不停蹄地考察，

---

① 文扬：《中国思想浴火重生的"大革命"路径》，http：//www.guancha.cn/WenYang/2017_08_14_422703_s.shtml。

谷牧对当代资本主义世界有了实感："不是我们从苏联列昂节夫《政治经济学》上获得的那些老概念了。""差距太大了，很有咄咄逼人的紧迫感。"

正是这支"侦察兵"，为开放前夜的中国带来了宝贵的"情报"与决心。

回国后，谷牧写了一个很长的报告：《关于访问欧洲五国的情况报告》。报告提出了一个当时被称为"石破天惊"的结论："我们现在达到的经济技术水平，同发达的资本主义国家比较，差距还很大，大体上落后二十年，从按人口平均的生产水平讲，差距就更大。我们一定要迎头赶上，改变这种落后状况。"

谷牧带队的代表团中有水利电力部部长钱正英、广东省革委会副主任王全国等六位部长或副部长级干部。临行前，邓小平同志专门在北京饭店听取汇报，指示要"广泛接触，详细调查，深入研究些问题"，什么都看，他们成功的要看，他们失败的也看，看现在究竟是个什么样的世界。

当年的 5 月 11 日，光明日报登出了《实践是检验真理的唯一标准》，"真理标准大讨论"在中国轰轰烈烈展开。谷牧带领的代表团就是在 5 月 12 日到达了法国。在欧洲国家，中国代表团受到了前所未有的热情欢迎，出面同他们会谈的西欧国家的领导人，不是总统就是总理。法国总统德斯坦、联邦德国总统谢尔、瑞士联邦主席里恰德，比利时国王、丹麦女王都出面会见了中国代表团。

谷牧感觉到，西欧国家资金明显过剩，在寻找国外的投资机会。西欧国家的技术要找市场，产品要找销路，都很想同中国拉关系，做生意。谷牧意识到，只要中国做好工作，许多事可以办。比如，在联邦德国访问巴伐利亚州时，州长卡里在宴会上说，听说你们资金困难，我们愿意提供支持，50 亿美元怎么样，用不着谈判，现在握握手就算定了！从丹麦去联邦德国，代首相在机场送行时说，你要到大国访问了，希望不要忘记我们小国。

谷牧在报告中直言："我们的上层建筑，很不适应发展对外贸易的要求。我们一个省市，比欧洲一些国家还大，可是省市管理经济的权限却很小，很少主动性，省市在计划财政物资的管理上并没有真正成为一级，许多事情都得跑北京来解决。而且，往往一个问题，跑几个部门，等几个月，还没有结果。"他建议要给有条件的地方"放权""搞活"，这其实就与经济特区的早期设想不谋而合。改革开放从简政放权开始，这不是偶然的，显然有参考了欧洲发展模式的印记。

1978 年 6 月下旬，党中央、国务院的许多领导同志听了谷牧的详细汇报。这个会开得时间很长，从下午 3 时 30 分一直开到晚上 11 点。许多新中国第一代领导人都参加了这次会议。叶剑英元帅从战略上强调，我们同西欧几十年没有打过仗，他们希望中国成为世界稳定的力量，我们需要他们的先进技术，他们资金过剩，技术需要找市场，引进技术的重点应放在西欧。聂荣臻元帅态度坚决，他说我们对西方的宣传过去有片面和虚伪之处，这反过来又束缚了我们自己。谷牧这次调查比较全面，应当拍板了！不要光议论了！

会后，聂荣臻元帅还觉得不过瘾，便请谷牧到家中详细介绍出访西欧的情况。谷牧还想从公文包里拿出考察报告给聂帅，后者摆摆手说："不用拿了！谷牧，你这个报告写得太好了，我都看了五六遍了！你看，我都用不同颜色的钢笔、铅笔，做了好多记号、眉批。真想到当年留学和工作过的国家走一走，看看他们战后是怎么发展的，可是我 80 多岁了，走不动了。现在借你的眼睛，逐个给我介绍法国、德国和比利时的变化。"从下午 3 点一直谈到晚上 9 点，聂帅还留谷牧在家吃晚饭，言犹未尽。①

---

① 《何人向中央报告中国"落后 20 年"促成对外开放》，转引自"凤凰历史"，详见：http：//news. ifeng. com/a/20170616/51262547_ 1. shtml。

这些中共老一辈领导人考察和讨论的成果，最终促成了中央推行对外开放的决心。当年 12 月十一届三中全会终于做出以经济建设为中心，实行改革开放，加速社会主义现代化进程的战略决策。

虽然从 1979 年，中国的开放政策就已经公布了，但从 1979—1982 年，外国对华直接投资只有 60 亿美元，实际利用外资只有 11.66 亿美元。外来投资主要集中在制造业和第三产业。1983 年开始，外资流入中国的速度加快，到 1988 年已经累计投资达 221.55 亿美元，其中制造业投资达到 120.95 亿美元，第三产业投资达 95.79 亿美元。①

从 1992 年开始，外国企业对华投资上涨迅速，1993 年一年就达 1114.36 亿美元。这一时期外国企业大幅投资中国的原因是中国政府政策上的鼓励和引导，优惠措施包括开放经济特区和沿海开放城市免税、减税政策。1997 年，外资进入有所减缓，大概是因为亚洲金融危机的影响，但很快跨国公司对华的投资就恢复了正常。

欧洲企业进入中国市场较晚，它们的态度比较谨慎，大大晚于海外华人及其他亚洲地区的投资。

中国对欧洲的开放是全方位的，不仅开放了投资市场，还充分引进人才，让欧洲人当中国的厂长，改造中国的工业制造业。

从 1978 年改革开放以来，40 年里来华的欧洲专家上百万人次，成为这项伟大事业的见证者、参与者和推动者。他们见证了中国翻天覆地的变化，参与了中国经济的发展进程，推动着中欧合作不断迈上新台阶。

1984 年 8 月，年逾六旬的格里希应邀来华考察，在武汉柴油机厂担任技

---

① 《中国统计年鉴》，1983 年，1990 年。

术顾问。仅 3 个月后，他就被聘为武柴厂长。在当时的中国，能把一家国企交给一个外国人掌管的确是件石破天惊的事情。

"洋厂长"对武汉柴油机厂进行了大刀阔斧的改革，很快就让一家病恹恹的厂子焕发了生机：柴油机清洁度从 5600 毫克降到了 100 毫克以内；主轴承盖废品率从 50% 降到 3% 以内；柴油机向东南亚 7 个国家批量出口。格里希由此被誉为"质量先生"，他的改革方式与管理模式也被视为宝贵财富。

中国不仅把人才请进来，也把人才送出去培养。20 世纪 80 年代初，一批中国技术人员来到英国北海油田，目睹钻井平台机器人深潜作业的场景，大开眼界，也感慨良多。时任中科院沈阳自动化所所长的蒋新松暗下决心，一定要把机器人作为全所的主攻方向。30 多年过去，中国水下机器人已拥有"蛟龙""潜龙""探索"等多个系列，具备了载人和无人兼备、全海深、长航程水下探测能力，圆了蒋新松等老一辈探索者的毕生夙愿。

格里希和蒋新松的故事是中国向欧洲发达国家学习的缩影。欧洲，是开放之初中国引入技术、资金、人才、理念的重要源头。据统计，1978 年至今，欧洲来华专家累计达到 160 万人次。而同期前往欧洲学习交流的中国技术人员更是不计其数。①

除了开放投资市场，虚心向欧洲人学习企业管理外，中国领导人也在考虑经济增长模式的转型。改革开放前，中国是纯计划经济，价格体系完全由政府主导，市场基本不起什么作用。改革开始后，农民可以自主决定一些生产，城市里的农贸市场是农民给城市居民提供额外食品供给的地方，那里是市场决定价格。1984 年 10 月 20 日，中国共产党十二届三中全会在北京举行。

---

① 徐扬等：《无问西东四十年——中国改革开放的欧洲故事》，新华网。网址：http：//www. chinanews. com/gn/2018/06 – 19/8540829. shtml。

会议通过了《中共中央关于经济体制改革的决定》。《决定》明确提出：计划经济是公有制基础上的有计划的商品经济，必须自觉运用价值规律；商品经济的充分发展是社会经济发展的不可逾越的阶段。《决定》提出，企业应有的多项自主权，应使企业真正成为相对独立的经济实体，能够自主经营、自负盈亏，成为具有一定权利和义务的法人。《决定》提出，价格体系的改革是整个经济体制改革成败的关键。应建立合理的价格体系，充分重视经济杠杆的作用；建立多种形式的经济责任制，认真贯彻按劳分配原则。有"计划的商品经济"成为很长一段时间的中国经济发展模式。[①]

1992 年春，邓小平在南方谈话中进一步指出："计划多一点还是市场多一点，这不是社会主义与资本主义的本质区别。计划经济不等于社会主义，资本主义也有计划；市场经济不等于资本主义，社会主义也有市场。市场经济是中性，在外国它就姓资，在中国就姓社。"[②]

从那儿以后，社会主义市场经济成为中国经济发展的模式。

我们开始从苏联人那儿学习计划经济，改革开放后又转向市场经济。但市场经济条件下，也并不是一切由企业说了算，也不是完全由市场来决定国家的发展方向，政府仍然可以有所作为。但在市场经济条件下，政府的作用是什么呢？政府如何才能有所作为呢？环视全球，中国人发现西欧的经济虽说是市场经济，但却与中国经济有一些相似之处。我们是否能从西欧国家那儿学习一些"管理"市场经济的经验呢？

从 20 世纪 90 年代初开始，中国主管经济的政府部门国家计划委员会开

---

① http://news.ifeng.com/mainland/special/sbjszqh/ziliao/detail_2013_10/30/30805604_0.shtml。

② http://gd.people.com.cn/n/2014/0811/c123932-21952148.html。

始派团到西欧国家学习掌管经济的经验。法国自称是"混合经济",既有市场经济,又有国家干预,还有不少的国有企业,国家计委与法国财政经济部的合作尤其多。法国的财经经济部是政府最大的部门,有超级部之称,它组合了政府最大的资源,包括财政、预算、统计、预测,等等。有时候,政府改组,工业与旅游也不时地划归财政经济部。而中国的国家计委也是中国最大的经济主管部门,有"小国务院"之称,这两个部门的合作为中国政府改善对市场经济条件下的政府管控起了重要作用。每年基本会有两次国家计委的司局长官员与法国官员及学者的交流机会,一次在中国,另一次在法国。那时候,中国面临的最大问题是通货膨胀。如何控制通货膨胀成为中法官员交流合作的首要问题。随后,如何处理政府与国企的关系也是同法国交流的重要议题。在那时之前,中国的国企被称为国营企业。在与法国官员的交流中,他们对国营企业这个词提出了疑问。他们说,国家可以投资一些行业,创建一些公共企业,但是企业一旦建立,就该按市场规则运营,企业就应该成为市场上的主体,政府不再对企业的经营进行干预。因此,叫国营企业不合适,因为国家不负责企业的经营。但是,国家是投资人,拥有这些企业,所以应该叫国有企业。后来,中国也改为国有企业了。国有企业是国家投资的,而且是国家要重点发展的方向,因此国家也必须对这些企业实行监督。法国有两套监督体系,都归财政经济部管,一曰国家稽查局,二曰财务总监局。国家稽查员是政府派驻大型国企的官员,他们常驻企业,参加企业的董事会,但没有投票权。当遇到重大问题时,他们会及时去找财政长商量,让财政部这个国家代表来出面协调。财务总监就是要事先审查国企的大项目投资规划,要知道这些投资是否符合国家希望的发展方向。我们后来在国企改革中,既采用了法国的一些机制,也采用了一些德国的做法,搞出了一套混合体系。

宏观调控，是各国政府在市场经济中最喜欢做的事，也是必须做的一件事。在与欧洲国家的交流当中，中国政府官员才学习到了市场经济条件下政府可以运用的宏观经济调控手段，包括财政政策与货币政策的搭配问题，价格管制政策的得失与时机，等等。应该说，那时候，当欧洲人在把这些政府技能向中国官员传授时，是真心实意的，真想把他们经历过的成功经验与失败教训都告诉给中国官员。

中国加入世界贸易组织前，对参加这个组织要付出的"代价"曾犹豫不决。还是与欧洲人的交流才让中国下决心接受那些"条件"，用外部约束来倒逼中国内部的改革。欧洲人在与中国官员交流中透露出，当它们内部的问题堆积成山，而国内政治又使改革举步维艰时，通过欧盟的规矩倒逼成员国内部的改革曾是欧洲国家常用的办法。当欧洲国家参与了欧洲一体化后，就必须让自己的国内法服从于欧洲法，国内的做法不能违背欧洲的规矩。

欧洲的做法让中国官员与领导人都认为，中国参与世界贸易组织，用世界贸易组织的规矩去规范中国各级政府各行其是的做法，去规范企业的行为，不失为推进改革的一个好办法。因此，当欧洲经济学家都认为，中国的出口增长很快，而为中国加入世界贸易组织设定的条件又很苛刻的情况下，中国是不会签署加入世界贸易组织协议之时，中国却毅然决然决定，接受这些条件，尽早加入世界贸易组织。一时让欧洲的经济学家与媒体人都大跌眼镜。

中国加入世界贸易组织后，在国家层面上修改了 2.3 万条法规，而在地方层面上修改的法规更多，可能高达 9 万多条。改变传统的做法是个痛苦的过程，许多机构曾感到不适应。但经过这段"炼狱"式的改革，中国经济的发展比原来规范多了，政府与企业的关系也比过去顺畅多了，中国经济的发展不仅速度加快，质量也比原来有更大的提升。

2001 年，当中国加入世界贸易组织时，中国的生产总值在世界上排名第六，而到 2015 年，中国已经超过了原来排在前面的四个，变成了全球第二，仅落后于美国，并在迅速接近。它不仅追上了英国、法国、德国、日本，还变成了日本的两倍多，比德、法、英加起来还大一些。当然，中国是个人口大国，别的国家无法相比。但中国这种发展速度，在世界经济史上还是头一份。而中国之所以能获得这些成绩，要感谢国际贸易宽松的环境，要感谢欧洲人给中国人提供了这种思路：即用外部规则的压力来逼迫内部改革，激发内部的活力，获得更多、更大的市场来为经济发展服务。

在向欧洲学习发展经验时，中国也曾试图引进欧洲的文官制度。然而，每每在这时候，欧洲国家的人事官员会告诉中国官员说，"在我们西方所有的政治学教科书里，谈及文官制度时，都把它的创始者归于中国。"

的确，在经历了一个世纪的革命、动乱、外敌入侵和内战后，中国的政府组织、国家建设及官员培养都经过了一个从无到有的过程。开国领袖毛泽东曾形象地把中国的这一切比喻为"一张白纸"，并极富乐观主义精神地说，在上面可以画出最好的图画。然而，我们却经历了一段曲折的国家制度建设过程。我们先从苏联学习了一些治理模式，改革开放后又从西方引进了一些，然后才发现，其实我们的老祖宗就发明了许多国家治理的制度和经验，只不过在革命的年代都被忘记，或被当作"封资修"的东西扫进了"历史的垃圾堆"。随着时间的推移，我们似乎在中国传统的治理体系中找到了许多有用的东西，甚至找到了一些重塑中国意识形态的文化因素。在经历了"欧洲中心主义"冲击，在走过了一段对中国传统文化全面否定的弯路后，中国似乎又部分地找回了自己的文化自信。

第二章 地缘政治需求与战略结盟

中国与欧洲远隔千山万水，没有什么地缘政治冲突，因为根本够不着。但是，在国际舞台上，中国与欧洲却几次有"结盟"的冲动。

中世纪时，欧洲受到伊斯兰世界的进攻，法国国王便尝试着派人到东方来与中国结盟，企图从东西两边夹击伊斯兰军队。虽然法国国王的使者没有完成任务，但亚美尼亚国王还是替基督教说服了蒙古去征讨盘踞波斯的伊斯兰势力，并一鼓作气灭了强大的阿巴斯王朝。后来，征服了中国的蒙古皇帝忽必烈也曾经想与教皇建立关系，并请教皇派通晓科学知识的传教士来传授基督教义及科学。奥斯曼帝国崛起后，丝绸之路中断，欧洲人想绕海路再去中国，却"歪打正着"地发现了美洲大陆。与此同时，欧洲大陆的思想家一直想着重建丝绸之路，与中国共建世界文明。然而，这一切随着清朝入主中原及欧洲的崛起而全部变化了。最后，工业化的欧洲也不愿与中国结盟了，而是把中国当作了砧板上的鱼肉。

中华人民共和国成立后，地缘政治的原因又把中国与西欧联系到了一起。法国率先开启了破冰之旅。法国总统戴高乐在 20 世纪 60 年代就派人到北京来商谈建立外交关系的事，最终打破了朝鲜战争后中国与西方关系沉寂的僵局，1964 年中法建立了正式的外交关系。很长一段时间，中国的三个世界划分理论指导着中国的外交实践，而西欧作为第二世界，是中国在国际舞台上需要团结的力量。因此，为了让苏联这个既威胁西欧、也威胁中国的"超级大国"首尾不能相顾，中国与西欧结成了实际上的战略盟友。

冷战结束以后，世界进入全球化时代。中国与欧盟成为全球化中的弄潮儿，找到了许多共同的利益，有着不少共同的诉求。中国与欧盟建立了全面战略伙伴关系，决心联手解决许多单独国家难以解决的全球性问题。也就是在这种背景下，中国推出了"一带一路"倡议，其终点就是当年丝绸之路的终点——欧洲。应该说，中国的倡议与当年欧洲战略家们提出的欧亚大陆桥的设想有异曲同工之妙，是高度吻合的。然而，要想让欧洲人明白历史因素对当代的重要影响，我们仍需从头开始解释这些历史事件。

一 欧洲很早就想与中国结盟

欧洲想与中国建立战略联盟的想法由来已久。早在 13 世纪，法国国王路易九世，后来被称为圣路易，就派人到中国来试探建立联盟，以对付伊斯兰势力向西方进攻的事。

路易九世想与中国结盟，并非一时心血来潮，而是得知中国过去曾有过基督教传教的历史后，才萌发的念头。

唐朝时期，天主教的一支，被中国称为"景教"的就曾到过中国，并获得了唐朝皇帝的允许，在中国传教。后来在西安附近出土的景教碑文，记录了基督教的一些基本教义和在中国传教的经历。

所谓的"景教"是指天主教聂斯脱里派。聂斯脱里（Nestorius）原是东罗马君士但丁堡的主教，他主张基督有神、人的"二性二位"，认为圣母玛利亚只是生育耶稣的肉体，并未授予耶稣神性，因此反对将她的地位进一步提升，甚至对"天主之母"的称谓提出疑问。他的观点在东罗马被视为异端邪说，他本人也受到了教廷的迫害，便带着一部分信徒逃至波斯。他得到了波斯国王的保护，成立了独立教会，与摩尼教、祆教共同形成波斯当时的三大宗教，流行中亚。

唐贞观九年（635年），阿罗本（Olopen）将景教传入中国。贞观十二年（639年），唐太宗李世民下诏，令在长安城中义宁坊建寺一所，度僧21人，允许传教。唐玄宗即位初，景教遭到非议，但在玄宗保护下，得以幸存。天宝四年（745年），玄宗下令改称大秦寺。

据说，景教一词是聂斯脱里派人士自己起的。唐建中二年（781年）吐火罗人伊斯出资于长安义宁坊大秦寺立碑一块，上书《大秦景教流行中国碑》（现存西安市碑林），内有"真常之道，妙而难名，功用照彰，强称景教"，可能是既取"基督"的谐音，又取光明辉煌的含义。景教从西北传入中国，信奉者不仅有来华的西域商人，也有中国人。唐武宗继位后，会昌五年（845年）掀起灭佛运动，景教也受到牵连，被同时禁止。元朝时，景教再度传入，与来自欧洲的天主教徒并称"也里可温"。元亡后，景教再次衰落。

从1096年到1291年，欧洲的天主教国家在罗马天主教教皇的首肯后，对地中海东岸的国家发动了9次十字军东征。与伊斯兰教国家打了一百多年后，法国国王路易九世得知，在中国曾有过天主教传教的历史，便派人到中国去试探，企图激活对天主教并不陌生的民众对天主教的信仰，并以此与中国结盟，共同对付伊斯兰势力。

1245 年，路易九世派出的卡皮尼于法国里昂出发，次年 7 月 22 日到达喀喇昆仑，参加蒙古大汗的登基大典。1247 年，卡皮尼回到罗马，带回了一封劝降信，规劝西方王子们归顺蒙古人。路易九世有个亲信叫鲁布鲁乞（Guillaume de Rubruquis），是法国人，圣方济各会会士。他在 1248—1250 年，曾伴随路易九世参加第七次十字军东征。1253 年，他奉路易九世之命前往蒙古人处传教，并了解有无可能拉拢蒙古统治者，作为西欧各国发动的十字军东侵的同盟者参战。①

鲁布鲁乞从地中海东岸阿克拉城（Acre，今海法北）出发，渡过黑海，1253 年秋到达伏尔加河畔，谒见拔都。拔都认为他无权批准在蒙古人中传教，便遣他去见蒙古大汗蒙哥。12 月，鲁布鲁乞到达和林南汪吉河（今蒙古翁金河）蒙哥冬季营地，1254 年 1 月，他觐见了蒙哥。4 月，随同蒙哥来到蒙古国都城和林。7 月，他带着蒙哥致路易九世的国书西归，于 1255 年回到地中海东岸。一年后，他用拉丁文写成了给路易九世的出使报告，即《东方行记》。他根据耳闻目睹，生动具体地记述了 13 世纪蒙古人的衣食住行、风俗习惯、宗教等情况，还仔细记述了沿途所经山川湖泊、各地、各城以及不里阿耳、马札儿、钦察、阿兰、畏兀儿等各族的情况，是研究早期蒙古史、中世纪历史地理及中西交通史的重要原始资料。

鲁布鲁乞写道："这些契丹人（即中国人）看起来相当温和，富有人情味，他们不蓄胡子，尽管脸部并不宽，但大致看去，与蒙古人无特别的相异之处。他们有自己的语言，在世界上不可能找到比他们更为灵巧的工匠，他们善于制作各种各样的工艺品。他们的国家盛产小麦，酿酒很流行，有丰富

---

① ［法］艾田蒲：《中国之欧洲》上卷，许钧、钱林森译，广西师范大学出版社 2008 年版，第 19 页。

的金、银和丝绸。总而言之，生活中所需要的一切都很丰富。"在介绍中国宗教时，他提到："他们都是些异教徒，有着自己特殊的文字，然而据称，他们拥有《新约》和《旧约》，他们也拥有史书，记载着他们先辈的生活。他们那儿也有不少隐士，类似于我们国家的隐居修士……他们爱戴基督徒，施舍大方，为人热情，彬彬有礼。"①

其实，法国国王选择的时机并不合适，因为当时正是蒙古势力崛起之时，蒙古大军正在横扫欧亚大陆。蒙古人并不惧怕伊斯兰，反而是伊斯兰统治的地区在向蒙古大军屈服。因此，蒙古人并未对路易九世派来使者的游说感兴趣。②

法国国王派特使游说蒙古人未果，但另一位基督教的国王却成功地说服了蒙古人跟他们结盟。那就是亚美尼亚国王海屯（Hayton）。

当欧亚其他国家都将蒙古人视为洪水猛兽的时候，海屯敏锐地察觉到蒙古帝国对待基督教的友好态度，认为蒙古人有可能把中、西亚饱受伊斯兰压迫的基督徒拯救出来。

波斯帝国的北部山区里活跃着一支什叶派穆斯林，名叫阿萨辛派。该派11世纪末形成于波斯和叙利亚地区，创始人为突厥籍的波斯人哈桑·伊本·萨巴赫（al‐Hasan ibn al‐Sabbah）。该派可以因各种不同的政治或宗教目的而受雇于人，是一个激进好战的组织。这个神秘主义的秘密组织专门对阿拔斯王朝的精英们进行恐怖主义式的大胆处决或政治性的暗杀。英文暗杀（as-sassin）一词就是由此而来。

---

① ［法］艾田蒲：《中国之欧洲》上卷，许钧、钱林森译，广西师范大学出版社2008年版，第19页。

② 同上书，第21—22页。

《马可·波罗游记》中曾记录阿萨辛派的活动：

> 哈桑在两山之间，山谷之内，建一大园，美丽无比。中有世界之一切果物，又有世人从来未见之壮丽宫殿，以金为饰，镶嵌百物，有管流通酒、乳、蜜、水。世界最美妇女充满其中，善知乐、舞、歌唱，见之者莫不眩迷。

> 这个园子一切都按照人类对天堂的想象所打造，只是平时都用巨石挡住入口，一般人根本无法入内，只有经过哈桑的允许才能进入"天堂"。

大花园建成后，哈桑会定期招募一帮十二三岁的幼童，把他们培养成为武士。等到他们长到十七八岁成年时，就用一种迷药将他们迷倒，送入花园。这些年轻人醒来后，无不为眼前的美景所震撼，都以为自己进了天堂，开始尽情地享受。等这些年轻人尽情放纵数周后，哈桑又会派人将他们迷倒，然后抬出来。当他们醒来后发现自己不在天堂，便感到非常失望。此时，哈桑就会告诉他们，"只要你们冒死完成组织交给你们的艰巨任务，死后就能再次回到'天堂'。"所以阿萨辛派的刺客往往奋不顾身地去执行刺杀任务，故而经常成功。

当十字军东征时，占领了耶路撒冷，并建立了十字军国耶路撒冷王国和三个附属小国：伊德萨伯国、的黎波里伯国、安条克公国。阿萨辛派成功地暗杀了的黎波里伯国的君主雷蒙德二世和耶路撒冷国王康拉德一世。据说，塞尔柱王国的苏丹桑贾尔曾领兵讨伐阿萨辛派，早上醒来发现枕边放着匕首和威胁信，便放弃了讨伐。萨拉丁也曾发动过对阿萨辛派的讨伐，最后被杯子里放的毒药吓坏了，也放弃了讨伐。

海屯得知，阿萨辛派也曾屡次派人刺杀蒙古大汗，激怒了蒙哥。他便立即日夜兼程亲自赶到和林，觐见蒙哥。他提议说，如果蒙古人可以派大军西征，能够打着为基督徒铲除阿巴斯政权、解放圣城耶路撒冷的旗号，将会得到阿拉伯帝国内所有基督徒最广泛的拥护。海屯还请缨亲率两万亚美尼亚铁甲骑兵作为蒙古西征大军的开路先锋。蒙哥汗欣然接受了他的建议，并亲自签发了御敕。在这道御敕中不仅有保护亚美尼亚国家不受异族侵略，授予亚美尼亚基督教会在整个蒙古帝国自由传教权利的内容；而且御敕还表明了要彻底消灭与基督徒不共戴天的敌人阿巴斯王朝，将圣城耶路撒冷还给基督徒的承诺。

1253 年，蒙哥派旭烈兀率西征军出发，用了两年时间将波斯境内的阿萨辛教派所有的鹰巢（约一百多个）全部攻陷捣毁。在彻底消灭了阿萨辛派（史称木剌夷国）后，蒙古大军兵锋直抵两河平原。这时又有大批的基督教部队加入西征大军的行列，其中有数万名格鲁吉亚的骑兵和安条克国王波赫蒙德亲自率领的军队。得到增援的旭烈兀西征大军这时已有了 20 多万人马。

阿巴斯王朝是一个有五百多年历史的古老王朝，其君主是由伊斯兰教最高领袖哈里发担任。而当时的第三十七代哈里发穆斯塔西姆平时却只醉心于钻研教义。穆斯塔西姆本应该以伊斯兰世界精神领袖的名义，召唤阿拉伯世界的穆斯林前来参战，保卫巴格达。但他却信了宰相阿尔卡米讲的谎话，称巴格达城防固若金汤，完全可以抵御蒙古人的进攻。阿巴斯帝国断然拒绝谈判，哈里发派出两万精锐骑兵出城迎战。首战虽然没让蒙古军队占什么便宜，但夜里蒙古军掘开底格里斯河大堤，水灌其营，打得阿巴斯军队大败。随后，蒙古大军把巴格达城团团围住，架起数百座巨大的投石器攻城。经过七天的猛攻，巴格达的城墙多处坍塌，蒙古军队一拥而入。巴格达陷落后，蒙古军队在城里开始了历时十天的屠杀。除了基督徒被旭烈兀一次性赦免以外，巴格达城内的穆斯林男子几乎被屠戮殆尽，而妇女和儿童被运回蒙古做了奴隶。史料记载，约有 80 万人在浩劫中丧生。城内的宫殿和藏有百万阿拉伯古籍的图书馆，以及闻名世界的伊斯兰清真寺均被蒙古兵付之一炬。旭烈兀下令，将穆斯塔西姆的全家分别装进了毛毯制成的麻袋里，被千余蒙古铁骑践踏而死。阿巴斯帝国灭亡的消息很快传遍了整个阿拉伯世界。阿巴斯帝国原在西亚各地的附庸国惊恐万状，纷纷派使臣带着大量贡品前来乞降。色柱的苏丹卡乌斯还别出心裁地为旭烈兀精制了一双拖鞋,在鞋底画上他自己的肖像,让旭烈兀能够踩着他的脸走路,以这种方式来表示彻底的臣服。而被阿巴斯帝国压迫了五百年的东方基督徒们则欢天喜地,喜气洋洋。亚美尼亚国的史官曾这样写道:"阿巴斯帝国强盛的时候像吸血鬼一样吞噬了世界,如今总算恶贯满盈,为它造下的罪孽接受清算。"旭烈兀随后率大军向叙利亚进攻。大马士革的屏障阿莱颇要塞在抵抗七天以后被蒙军攻占。1260 年 1 月,蒙古大军兵不血刃开进大马士革。蒙古军队的入城仪式基督教色彩极其浓重,蒙古军的悍将基督徒将军怯的不花走在队伍的最前面,紧跟身后的是亚美尼亚国王海屯和安条克国王波赫蒙德。大马士革的基督徒夹道欢迎,而穆斯林则被强迫向十字架鞠躬。最让穆斯林感到屈辱的是大马士革的一座清真寺竟被改作教堂,基督徒们在里面举行了盛大的弥撒来欢庆胜利。

正当旭烈兀准备进军耶路撒冷时,一个来自中国的信使带来了蒙哥大汗驾崩的消息。历史在这里再次重演:就像窝阔台汗的去世使欧洲西部免遭蒙古拔都大军的践踏一样,蒙哥汗的去世也使伊斯兰世界免去了一场灭顶之灾。旭烈兀立即匆匆忙忙地率领大军日夜兼程地踏上了东归之路,赶去支持他的另一个同母哥哥忽必烈争夺汗位。走时只留下了怯的不花统领的两万军队留守大马士革。随着旭烈兀率西征主力大军的东返,蒙古大军的第三次西征就此也画上了句号。

蒙哥死后,忽必烈与其弟阿里不哥为争夺汗位展开了战争,最后阿里不哥被打败,忽必烈接任了蒙古帝国的大汗,占领了中原,建立了元朝。忽必烈对中国的各种宗教采取了宽容的态度。据说,他说过:"有人信仰耶稣,有人信仰摩西,有人信仰穆罕默德,还有的信仰菩萨,我不知哪一位最伟大,所以我全都信仰,并请求诸神保护我。"[1]蒙古人麾下有一批归顺的土耳其人,有些还与蒙古人攀亲,成为皇亲国戚,但这些人中有些人信景教,并在蒙古

---

① [法]艾田蒲:《中国之欧洲》上卷,许钧、钱林森译,广西师范大学出版社 2008 年版,第20 页。

人中传教，让某些蒙古人也信了景教（基督教）。后来，信了景教的蒙古亲王乃颜（Nayan）率兵造反，高举十字旗向忽必烈发起攻击。忽必烈镇压了叛军，将乃颜诛杀，但并未对他的随从大开杀戒。当有人提出应对景教徒进行报复时，忽必烈反击道："为何要指责十字架呢？乃颜是上帝的逆子，十字架是不可能保佑他的。你们的上帝如此恩举，表现出他的睿智。"①

蒙古铁骑横扫了欧亚大陆。他们摧毁了突厥人的帝国，横扫了俄罗斯，闯入波兰、匈牙利、奥地利，把波兰与日耳曼联军打得望风而逃。最后，蒙古人又占领了中国，建立了一个横跨欧亚的大帝国。

蒙古人的野蛮杀戮使阿拉伯文明与欧洲文明几乎毁于一旦，但另外蒙古也留下了一条宽广的"丝绸之路"商路，使东西方在这条商路上既进行了商品交流、科技交流，也进行了精神交流。天主教就是通过这条丝绸之路在元朝进入了中国。

1260年，尼哥罗·波罗（Nicolo Polo），偕其弟玛窦（Matteo Polo ou Matteo）到克里米亚经商。那时，别儿哥汗正与鞑靼王子开战，战场切断了他们的归路。他们只得绕道，这一绕就绕到3000英里外的不花喇城（今乌兹别克斯坦城市布哈拉）。并在此居住三年。一次偶遇忽必烈之弟旭烈兀派往忽必烈处的使臣，这个使臣劝说尼哥罗兄弟一同前往，于是他们于1265年到达欧洲商人从未到过的中国。元世祖忽必烈召见了他们。因两人能讲蒙古语，忽必烈很高兴，便详细询问他们关于教会及罗马的情形。元世祖很感兴趣，遂萌发了与西方沟通的意愿。

忽必烈命人用蒙古文给罗马教皇写了国书，要求教皇委派一百位精通修辞、逻辑、语法、数学、天文、地理以及音乐等七艺的传教士来中国传授西方的基督教义及科学。并要求赠予一点耶路撒冷耶稣墓前的灯油，用以驱邪和治病。1269年，忽必烈派使臣出访罗马教廷，并委任尼哥罗兄弟为副使。元朝使臣一路有金牌谕旨，各地方官提供马匹夫役，细心照料。然而，元使

---

① ［法］艾田蒲：《中国之欧洲》上卷，许钧、钱林森译，广西师范大学出版社2008年版，第21页。

因病最终未能到达欧洲，波罗兄弟二人代为前行。他们回到欧洲后，却听说教皇克莱蒙四世病逝，新的教皇尚未选出。波罗兄弟只好回威尼斯等候。回到威尼斯后，才发现波罗之妻已离世，遗有15岁的儿子马可。

教皇久选不出，波罗兄弟急于回复大汗，便带着马可，由威尼斯启程。得到了罗马教廷特使的首肯，他们俩到耶路撒冷取了圣墓前长明灯里的少许"圣油"，准备再去中国。行至拉耶斯城，新教皇选了出来，改号格里高利十世。罗马教廷派人追至拉耶斯，请兄弟二人急回罗马，觐见教皇。教皇决定派两名多明我会修道士随波罗兄弟回中国。

波罗兄弟带着15岁的马可与两位传教士同行。但途中遇到战事，两位教士半途而返，罗马教廷与元朝的正式接触终未实现。1275年，波罗一家三人经过三年跋涉，带着新教皇的书信回到了大都，觐见元世祖忽必烈。

波罗兄弟虽然没能带回来那100名学识渊博的传教士，却带回了青年英俊的马可。马可聪明好学，讲波斯语，也能讲蒙语，深得忽必烈喜欢。元世祖便把他留在了宫中。马可后来便研读汉文，学习蒙古、畏吾尔、西夏、西藏等地的语文，在中国生活了17年，作过官员，游历过中国许多地方。波罗一家几度要求归国，均未获准，直至1291年，他们才获得了护送元朝公主阔阔真远嫁波斯王阿鲁浑的机会，经波斯回到威尼斯。

明朝中期，奥斯曼帝国崛起，攻占拜占庭，并挥师西进。这一期间，奥斯曼帝国为了与欧洲打仗，阻断了南北两条丝路以及红海到地中海的贸易运输。这也直接刺激了西欧人开辟海上贸易路线，间接造就了大航海时代。

当欧洲进入启蒙时代后，一批欧洲的思想家都对中国产生过幻想，不仅要从中国借鉴许多治国理政的方法，还要与中国结盟，共建世界文明。

德国的哲学家与数学家莱布尼茨就幻想过这种结盟。他在《中国近情》一书的序言中讲道："最高度教化、最有品位的人都集中在两个大陆上，即欧洲与中国"。他认为，"这距离遥远而高度文明的土地上的人，只要愿意彼此伸出双手"，以便"泽被中间地带的人"，那么"人间天堂"就有降临的一天。目前的形势是，中国和西方几乎旗鼓相当，一会儿我们占上风，一会儿又轮到他们。莱布尼茨认为，双方若达到完全平衡状态，也不尽理想，因为从实用主义艺术及现实经验来看，我们与他们几乎等量齐观。因为，各民族各自拥有独到知识，才得与他民族交流获利。[①]

莱布尼茨联合中国的想法有很深的地缘政治背景，忽视了这一点，就无法真正理解欧洲大陆的那些思想家对中国的兴趣。

18 世纪时，通向东方的海路被荷兰和英国人支配着，他们垄断了欧洲通往中国的商路。特别是荷兰人胃口很大，他们很快就取代了葡萄牙人，成为独揽远东贸易的商人。荷兰人甚至开始阻止欧洲派出的耶稣会传教士前往远东。从 16 世纪末起，葡萄牙就开始向远东派遣天主教传教士，先到印度的果阿，然后到澳门。这些传教士走的就是海路。海路被断，欧洲人就开始设法打通通往远东的道路，而这必须通过俄罗斯控制着的西伯利亚。然而，俄罗斯的沙皇也不愿轻易把这条通道让给欧洲人，他想让俄罗斯垄断与东方的贸易。莱布尼茨认为，他可以说服俄罗斯沙皇与欧洲合作，打通欧洲与远东的道路，促进欧洲与远东的合作。

威斯特伐利亚条约签订后，欧洲经历了一小段时间的和平。但是，这种脆弱的和平很快就被打破了。德意志诸小国太弱，无法抗御日益强大的法国。在法王路易十四时代，法国是个中央集权的天主教王国，实力远大于德意志那些信奉新教的诸侯国。法国向东北方向一路碾压，把原属德意志诸侯国的莱茵河西岸尽收囊中，还想把西班牙王位也收纳到波旁王室里来。这就打破了后威斯特伐利亚的欧洲的平衡，特别是天主教与基督新教间的平衡。法王路易十四废除了前国王亨利四世为了调和天主教与基督新教矛盾而定下的南特敕令，迫使大批法国的新教徒背井离乡，搬到周边的新教国家去安家。

莱布尼茨认为，东正教的俄罗斯如果能与新教的德意志诸侯国合作，就

①　［美］史景迁：《大汗之国——西方眼中的中国》，阮叔梅译，广西师范大学出版社 2013 年版，第 111—112 页。

可以让分散的德意志诸侯国更加团结起来,平衡欧洲的宗教冲突,防止天主教与新教的冲突进一步扩大。

莱布尼茨对中国感兴趣也是因为他在图书馆的广泛阅读中,发现了大量耶稣会传教士从中国传回来的书信。从 22 岁起,他就认定,中国人在医学上的知识要超过欧洲人;中国人在哲学上比欧洲人更高明。

为了接近俄罗斯的沙皇,莱布尼茨想到了把德国沃尔芬布特公爵的女儿夏洛特许配给沙皇的儿子阿列克塞。莱布尼茨是德国科学院院长,与沃尔芬布特公爵家很熟。最终,这件事办成了。1711 年,沙皇决定到托格来,亲自安排他儿子的婚礼。在那里,莱布尼茨觐见了沙皇,并献上了一套帮助俄罗斯发展的规划,包括如何制订贸易计划,如何创造公共设施,如何加强中学教育,改善农业生产,进行科学考察,促进制造业发展,像柏林一样创建一个科学院。觐见中,莱布尼茨还提出要勘测俄罗斯,画出精细地图,改善通往中国的陆路和海路。莱布尼茨甚至提出一个计划,要派出一个勘察队,去寻找亚洲可能通向北美洲的陆上通道。他建议俄罗斯沙皇与中国皇帝建立更紧密的联系,并许诺把他与耶稣会士的通信送一份给沙皇,以让沙皇判断如何与中国皇帝打交道。

在后来给沙皇的一封信中,莱布尼茨写道:"科学开始席卷全球,这似乎是上帝之手在行动,科学也到了赛里斯人那里。陛下您可以作为实现这一切的媒介,您可以获得欧洲和中国最好的东西,通过好的制度,东西方给您提供的东西可以继续改善。"

然而,欧洲与中国之间的这条欧亚大陆桥最终虽然建成,却不是像莱布尼茨设想的因为欧洲与中国的战略结盟,而是因为俄罗斯及其他欧洲列强趁着清朝衰落的过程,不断地挤压清朝的地盘,建成并控制了这条从欧洲到中国的商道。俄罗斯不仅建筑了横跨西伯利亚的大铁路,巩固了它在远东的地位,而且还把铁路延伸到了中国的东北,建设成了从俄罗斯的西伯利亚经中国东北直通旅顺港的"中国东方铁路",简称"中东铁路"。

清朝后期,国家衰败,欧洲列强趁机不断扩张它们在中国的利益。1897

年 11 月，德国借口两名德国教士在山东被杀，派军队强行占领了胶州湾。清政府要求德军撤走，遭到拒绝。1898 年 3 月，德国强迫清廷签订了《胶澳租界地条约》，将胶州湾及湾内各岛总面积 550 余平方公里土地租与德国，为期 99 年。德国把胶州湾当成了一块"飞地"，在那里制定管理章程，管理着包括中国在内的各国进出口船只。由此开创了以"租借"名义强占中国海港的先例。

在德军强占胶州湾后，俄国假装支援清政府促使德军撤退，把俄舰驶入旅顺港内，提出租借旅顺、大连的要求。它强迫清政府限期订约，用重金贿赂李鸿章等，于 1898 年 3 月，签订《中俄旅大租地条约》。两个月后又签《续约》。这两个条约规定，旅顺、大连及其附近水域租与俄国，为期 25 年。租地北划出一段"隙地"，未经俄方许可，中国军队不得进入，清政府不得将"隙地"土地、口岸和路矿权利让与他国。俄国为缓和日本对强占旅大的反对，答应收缩俄国在朝鲜半岛地区的势力，撤走它在那里的军事和财政顾问，不阻挠日本在朝鲜发展工商业等。

英、俄长期在远东争雄。俄占旅大后，英国为抵制俄国势力的扩展，提出租借威海卫，以与俄国对抗。当时威海卫在日本占领下，清政府同意对日赔款付清后，将威海卫租与英国。因威海卫位于山东德国势力范围内，英国声明不在山东修筑铁路，不与德国争利，承认德国对山东的权利。1898 年 5 月，清政府付清对日赔款，日军撤出威海卫。7 月（五月），中英订立《租借威海卫专条》，规定威海卫及附近海面，包括刘公岛等湾内十英里地方租与英国，期限 25 年。旅顺和威海卫曾是北洋海军根据地，隔海相望，分据南北入口，是拱卫北京和华北的门户。然而，这两个门户却分别落到俄、英手里，成为它们的军事基地。

德、俄提出要求租借北方海港后，法国也要求在华南沿海建立煤栈，俄国对法国表示支持。1898 年 4 月，法公使向清政府递交最后通牒，总理各国事务衙门被迫接受，同意将广州湾（今广东省湛江市）租与法国，为期 99 年，租借地范围随后划定。

英国针对法国要求，提出扩展香港界址，以抵制法国势力深入广东。1898年6月中英签订《展拓香港界址专条》，规定北九龙半岛（包括大鹏湾、深圳湾）以及香港附近大小岛屿两百余个（总称"新界"）租与英国，期限为99年。"新界"比英国原已强占的香港岛和南九龙半岛的总面积大了11倍。

英国占了"新界"，法国又要求在广州湾取得同等面积的地域作为租借地。它擅自派军舰登陆，占据炮台，力图扩大范围。由于法国故意牵延，中法双方于1899年11月才正式订立《广州湾租界条约》，规定租期为99年。法国由此在华南取得一个重要基地，与香港遥遥相对，出现英法两国互相抗衡的局面。

可怜中国没有得到与欧洲人战略结盟的机会，却成为欧洲列强工业革命后向外扩张的牺牲品。

二 中法建交的冲击波

清朝被推翻后，民国时期，中国曾也想与欧洲列强改善关系，但无论是临时政府还是后来蒋介石在南京成立的政府与欧洲列强都维持着一种极其勉强的关系。民国急于让欧洲列强承认新生的"革命政权"，便在继承清朝的债务上做了许多承诺。然而，民国政府急需用钱，还要继续向欧洲列强借债，所以是一种受制于人的外交。

辛亥革命后，刚刚建立的临时政府采取了避免同外国人发生争议的外交政策，以换取欧洲列强的同情与支持。革命党人建立的湖北军政府在《刑赏令》中明确规定："伤害外人者斩""保护租界者赏""守卫教堂者赏"。

1912年1月1日中华民国正式成立，孙中山任临时大总统。几天后，发表了"对外宣言"的8条原则，其中4条是外交政策，4条对内政策。涉及的4条原则基本是保护外国在华利益，以换取外国对中华民国的承认。比如，

"1. 凡革命以前所有清政府与各国缔结之条约，民国均认为有效，至于条约期满而止；其缔结于革命以后者否。2. 革命以前，清政府所借之外债及所承认之赔款，民国亦承认偿还之责，不变更其条件。其在革命军兴以后者则否。其前经停借事后过付者亦否认。3. 凡革命以前清政府所让与各国国家或各国个人种种之权利，民国政府亦照旧尊重之；其在革命军兴以后者则否。4. 凡各国人民之生命财产，在共和政府法权所及之域内，民国当一律尊重而保护之。"

孙中山与革命政府曾在一些场合提出要收回租界主权，取消领事裁判权和改革关税等。但革命政府很害怕会引起列强的敌意，又希望从列强那儿能借到钱来维持政府运营，所以实际上在收复主权上没有任何实际上的动作。

革命初起时，欧洲列强明显采取了支持清廷、镇压革命的立场。德国军队还曾试图用军舰炮轰武昌的革命军。后来，英美等国采取了中立，德国也效法了英美。1912 年 1 月 1 日中华民国成立后，欧洲列强并不予以承认，依然同清廷保持联系。后来，他们看准了袁世凯，积极支持袁世凯出面整顿秩序。袁世凯在欧洲列强的支持下，一面迫使清朝皇帝退位，另一面则积极谋求大总统职位。1912 年 2 月 12 日，清帝宣布退位，袁世凯以 "全权组织临时共和政府" 的名义，将清帝退位的情况通知各国驻京公使。2 月 13 日，孙中山向南京参议院提出辞职咨文并举荐袁世凯当总统。2 月 15 日，参议院改选袁世凯为临时大总统。法国外交部闻讯后立即召集一些欧洲列强使节商量，向中国提供借款一事，以支持重建秩序。孙中山担心袁世凯占据了北方他的老巢实行军事独裁，催促袁世凯到南京就职。但袁世凯一方面拖延上路时间，另一方面却请欧洲列强出面干涉。英国驻南京总领事威勤逊向南京临时政府外交总长王宠惠表示，迁都南京是 "过分的要求"。随后，北京、保定和天津等地均发生了兵变和骚乱。北京的外国使团立即调兵进京以加强巡逻。革命党人只好做出妥协，放弃定都南京的打算。① 3 月 10 日，袁世凯在北京宣誓就职。4 月 5 日，临时参议院决定政府迁往北京。新生的中华民国在形式上完成

---

① 杨敬：《南京临时政府北迁的原因》，《安徽文学》2006 年第 9 期，第 80—81 页。

了国家的统一，但实际上欧洲列强却扶植了一个独裁的袁世凯来确保它们的利益。

1913年10月6日，袁世凯正式当选总统。外交部正式通知了各国的公使。10月7日，英、俄、法、德、日、意、匈、荷、比、葡、西、丹、瑞典等13国同时宣布承认中华民国。10月10日，袁世凯发表就职演说，声明："所有前清政府及中华民国临时政府与各外国所订条约、协约、公约，必应恪守；及前政府与外国公司人民所订之正当契约，亦当恪守；又各国人民在中国按国际契约及国内法律并各项成案成例已享之权利并特权豁免各事，亦切实承认，以联交谊而保和平。"至此，欧洲列强完全控制了袁世凯政府。

第一次世界大战开始时，当时主政中国的袁世凯宣布"中立"。然而，日本政府却认为这是个机会，可以扩张它在中国的势力，从德国手中夺取一些资源。于是，日本通知英国，它决定对德宣战，并派战舰攻击"租借"给德国的胶州湾。德军虽然做了抵抗，但青岛仍被日军攻下。日本最终逼着袁世凯签订"二十一条"，美英等列强施加压力，让袁世凯吞下这颗苦果。民众抗议浪潮兴起，袁世凯执意要称帝，外国列强也因不同理由而支持他称帝。在全国一片反对、抗议声中，袁世凯做了83天的皇帝就只好撤销了承认帝位案，并于75天后去世。接替袁世凯的北洋政府跟着美国之后，1917年8月14日对德奥宣战，中国成为不出兵的"参战国"，其间北洋政府也为法国输送了许多劳工。第一次世界大战结束后，中国也算是"战胜国"。中国虽然派出了50多人的代表团参加了第一次世界大战结束的"巴黎和会"，但几个列强幕后磋商的结果，是牺牲中国在胶州湾的利益，以换取日本的配合，所以中国代表团只能决定不在协议上签字，以示抗议。中国虽然是第一次世界大战的"战胜国"，却仍是被虎狼欺凌的羔羊。在"巴黎和会"上，各列强互相争夺、勾结，最终有偿地拉下日本大战期间在中国形成的霸主地位，使中国又恢复到几个列强共同支配的局面。

直到中华人民共和国成立，毛泽东主席在开国大典上宣布：中国人民从此站起来了！中国才算结束了从满清衰败到灭亡以来大半个世纪的混乱，才算有了稳定的政府，才开始与欧洲国家有了正常的外交关系。

中华人民共和国成立不久，便先后与挪威、瑞典、丹麦、芬兰、瑞士等国建交。有些欧洲国家由于在台湾问题上拖泥带水，与新中国建立了特殊的外交关系。比如，英国与荷兰也迅速承认了刚刚成立的中华人民共和国，但却只设立了代办处。英国当时还是香港地区的"宗主国"，英国迅速承认中国，大概想保持一种进可攻、退可守的势态。法国当时也曾思考过模仿英国的做法，与中国搞个"半建交"。但因为中国率先承认越南民主共和国，并支持越南人民抵抗法国在第二次世界大战后想重新掌握印度支那控制权的努力，支持越南人民争取独立的斗争，法国便放弃了这种做法。

1954 年 4 月至 7 月，中华人民共和国首次以五大国之一的地位和身份，出席了和平解决朝鲜问题与恢复印度支那和平问题的日内瓦会议，周恩来总理兼外长担任中国代表团团长。会议期间，法国本可直接与中国对话，找到某种解决印支问题的方案。但当时的法国总理拉尼埃是"主战派"，会议期间双方没能单独进行接触。后来拉尼埃政府倒台，孟戴斯·弗朗斯组阁，接着他以总理兼外长身份出席了日内瓦会议。

1954 年 6 月 19 日，孟戴斯·弗朗斯在瑞士伯尔尼中国大使馆与周恩来总理举行会谈。这是中法两国总理的首次会晤，它不仅对日内瓦会议的成功召开起了重要作用，而且对改善中法关系产生了积极影响。从某种意义上讲，此次会谈是两国建立外交关系进程的起点。

日内瓦会议后，国际形势有一定程度的缓和。朝鲜停战及印度支那恢复和平，法国越来越感到中国在亚洲的重要作用。会议后期，两国代表团彼此接触，增加了了解，为中法关系的正常化开辟了前景。然而可惜的是，孟戴斯·弗朗斯政府不久就倒台了。

1955 年，新上台的法国居伊·摩勒政府曾试探过中法之间建立过渡性代表机构的可能性，但是由于种种原因，后又无果而终。

法国的第四共和国制度是个不稳定的政治制度，国民议会的多数由中间党派掌控。而中间党派不少，意见多变，动不动就会改变主意，和其他政党联合，推翻原来的政府。政府频频倒阁是法国第四共和国时期最明显的特征，以至当法国政治学家谈起那段政治制度时，常常用"季度政府"来形容。法国第四共和国之所以没能跟新中国建立外交关系，除了政府不稳定，经常倒阁外，还有一个重要原因是因为历届政府都想在诸多事务中极力和美国保持一致，其外交政策一定程度上也受美国的影响。直到戴高乐将军再度上台执政，建立了第五共和国后，法国的外交政策方向才有了巨大的改变。

20世纪60年代初，法国由于阿尔及利亚战争而陷入政治危机。此时，戴高乐将军正在科隆贝双教堂村、一座400人不到的小村子里隐居。法国统治集团到那里"三顾茅庐"，把这位第二次世界大战时的英雄请了出来，以救共和国于危难。戴高乐重新执政后，推动议会修改了宪法，加强了总统在政治体制中的权力，成立了法兰西第五共和国。戴高乐对法国的内外政策进行了重大改革，国内强调国家干预，发展重点产业；对外坚持独立的外交政策，甚至不惜退出北约的军事一体化组织，把北约的总部请出了巴黎，搬到了布鲁塞尔。

正是在这种背景下，中法关系出现了重要的转机。按理说，戴高乐将军是敢于对美国采取独立行动的人，应该很快就开始与中国恢复建交谈判。但由于法国深陷阿尔及利亚战争，而中国又公开支持阿尔及利亚的独立运动，中法之间无法重开谈判。

埃得加·富尔是中法建交的关键人物。他是个激进社会党人，律师出身，对国际法较为熟悉，能言善辩且具有丰富的从政经验。他曾经两度出任法国总理，在法国政界拥有较高声望，并同戴高乐关系密切。早在第二次世界大战期间，他就做过戴高乐政府的副秘书长。1958年戴高乐再次上台前夕，富尔没有像多数老牌政党头面人物那样退居反对派地位；相反，他第一个站出来支持戴高乐上台。富尔虽然反共，但他对中国尚友好，一直主张承认中国，支持恢复中国在联合国的合法席位。也正是因此，富尔进入了中国高层的视野。

应中国人民外交学会邀请，1957年5月20日至6月22日，下野后的富

尔偕夫人对中国进行了长达一个月的访问。访问期间，毛泽东主席、周恩来
总理分别会见了富尔夫妇。毛泽东在接见富尔时，引用了"鹬蚌相争、渔翁
得利"的典故，阐述了中法关系的利害。富尔回国之后，发表文章称，"法国
没有奉行'两个中国'政策的理由"，并借用毛泽东词中"一桥飞架南北，
天堑变通途"句的意思，希望能在法中之间架起沟通的桥梁。

富尔访华后，1960 年戴高乐总统曾专门召见富尔，就打开中法关系征询
其意见。当时富尔的回答是：主张承认中国，但建交时机还未来到，因为当
时中法关系还存在着一大障碍——阿尔及利亚战争。

1962 年 3 月 18 日，法国与阿尔及利亚民族解放阵线在法国小城埃维昂签
署了协议，同意阿尔及利亚举行公民投票决定是否独立。1962 年 7 月 1 日，
阿尔及利亚选民在投票中一面倒地支持独立。法国在 7 月 3 日承认阿尔及利
亚独立。

当阿尔及利亚这个障碍被清除后，戴高乐政府便开启了与中国建交谈判
的进程。

1963 年 10 月 21 日，应中国人民外交学会邀请，富尔再次访华。这是他
代表戴高乐总统进行的一次重要访问。与上次访华时入住六国饭店不同，此
次富尔住进了中方事先安排好的钓鱼台国宾馆。抵达北京后的第二天，周恩
来总理便同富尔进行了第一次会谈。之后，周总理、陈毅副总理又分别同富
尔在北京、上海两地进行了 6 次认真、坦诚的实质性会谈。当富尔访问即将
结束时，毛泽东主席、刘少奇主席会见了富尔。

双方在谈判中曾经谈到各种建交的方案，周总理在最后指出，中国方面
欢迎积极的直接的建交方式，这是符合两国人民利益的最好选择，也是法国
人民对中国人民的尊重。他又说：英国、荷兰承认中国 13 年了，但同中国一
直是"半建交"关系，双方没有互派大使，因此都不愉快。与其像英国、荷
兰那样，中国认为不如等待下去。周总理还明确地说："如果法国认为采取勇
敢的行动，断绝同蒋帮的关系，同中国建交的时机已到，我们欢迎这种决心，
也愿意同法国建交，直截了当互派大使，这是友谊的表现而不是交易。"

富尔虽然同意周恩来的建议，只是由于他未被授权签署正式协议，只能把周总理提出的中方方案带回巴黎向戴高乐复命。富尔回到巴黎后，为保密起见，法方决定更换其谈判代表。1963 年 12 月 11 日，法国驻瑞士大使馆通知中国大使馆：法国外交部部长德姆维尔委派法外交部欧洲司公使衔司长博马歇前来瑞士，希望 12 日上午会见李清泉大使。这一建议得到了中国的响应。

经过法国特使博马歇与中国驻瑞士大使李清泉的数次会谈，中华人民共和国和法兰西共和国政府一致商定建立外交关系。两国商定在三个月内任命大使。双方同意于 1964 年 1 月 27 日在两国首都同时发表建交联合公报。

1964 年 1 月 27 日，中法双方同时发表建交公报。1 月 31 日，戴高乐总统举行记者招待会，正式宣布承认同中国建立大使级外交关系。2 月 10 日，法国政府通知台湾当局代表，当北京外交人员到达巴黎时，台湾外交机构就失去了其存在的理由。尽管美国政府"建议"蒋介石不要主动采取同法国断交的步骤，但是迫于形势，台湾当局不得不在同一天宣布同法国断绝外交关系，并撤走了它在巴黎的代表机构。法国政府也按照中法建交 3 点默契的规定，相应地撤回了它在台湾的"外交代表机构"和工作人员。

中法之所以愿意建立正式的外交关系，因为中法有许多相似性，中法在国际舞台上有许多相似的诉求。

中法实际上都不满意第二次世界大战后建立的国际秩序，是两极世界里的"造反派"。中法虽说都是联合国安理会的常任理事国，都是核大国，都强调独立自主的外交政策。在这些表象下面，中法在近代还有相似的经历。中法都属于第二次世界大战中的战胜国，因而当然地进了联合国安理会并成为常任理事国。但中法在战争中都被占领了，受的损害最大，而且当盟国在谈判战后秩序时，并没有什么发言权。决定战争走向的许多重要会议都是苏美英参加的，比如德黑兰会议，后来决定战后势力划分的雅尔塔会议，也是苏美英三家，中法都没有参加。中国没有参加德黑兰会议是因为斯大林不愿意见蒋介石，所以美英中三家另开了开罗会议，蒋介石代表中国参加，由宋美龄当翻译。而法国也没有另外参与美英苏商谈战后如何建立国际秩序的大事。所以，中法对战后形成的国际秩序都有不满的地方，后来也成为各自阵营里的"造反派"。

法国是西方阵营里的"造反派"。在经济上，法国首先发现布雷顿森林体系里的漏洞和不公平，那就是戴高乐将军讲的过高的特权，美国利用美元这个国际体系中的霸权货币占尽西欧国家的便宜。法国率先针对这个"漏洞"展开活动。布雷顿森林规定，虽然美元是标准"锚货币"，其他货币要与美元汇率挂钩，但美元是与黄金价格挂钩的，1盎司黄金等于35美元。而且，贸易盈余国可以按这个固定汇率用美元换回黄金。法国便把对美国出口赚下的美元买的美国国库券都拿到纽约联储分行，换成黄金运回法国。而且，法国还号召其他西欧国家跟着法国一起造反，并给它们提供运送黄金的船只军舰。此举导致了20世纪70年代初的美元危机，并导致雷顿森林体系的瓦解。在军事上，法国不满美国主导北约，与美国翻脸，退出了北约军事一体化组织，并要求美国把北约总部搬出巴黎，搬到了布鲁塞尔。在外交上，法国率先与苏联搞缓和；在阿以冲突中保持一定中立，与阿拉伯世界展开各种关系，甚至卖军火。包括伊拉克战争与阿拉伯之春搞垮的阿拉伯民族主义政权在内的许多阿拉伯国家都曾是法国的盟国，是法国军火的重要买家。在科学技术上，法国强调独立自主，在西方世界里发展出一套独立的技术体系。法国独立发展了一套核武器，包括弹道导弹、核潜艇等。安理国五个常任理事国都是核大国，但英国的核武器不是独立开发的，是美国给它的，因此它的核按钮掌握在美国手里。法国不是，是完全独立的。法国不仅独立开发军事核技术，还开发了民用核技术，还有高铁，航天、航空技术等。法国的电视系统都是自主的，与美国、英国、德国的都不同。后来，为了分化西方，苏联专门选用了法国制式的电视，从法国进口。现在俄罗斯的电视制式还与法国相同。

中国是东方阵营里的"造反派"。在军事上，中国没有参加华约军事组织，跟苏联艰苦谈判后，收回了旅顺军港，中国没有接受苏联的"核保护伞",发展起了自己的核武器;在经济上,中国不参加苏联搞的"经互会",不受"社会主义集团计划经济"的指挥;在意识形态上,中国不分享苏联式的意识形态,并批判苏联在其他东欧国家推行的"社会帝国主义"。

正是这些相似性,决定了中法在国际舞台上会走到一起。

法国首任驻华大使吕西安·佩耶于 1964 年 5 月 27 日抵京。中国首任驻法国大使黄镇亦于 6 月 2 日到任。法国是联合国安理会的常任理事国,是西方重要大国之一,中法两国外交关系的建立,是两国历史进程中的大事,但它的意义已超出了两国双边关系的范畴,对世界政治格局亦产生了重要影响,宣告了美国长期以来打压中国、包围中国政策的失败。

法国的决定受到其他西方盟国、特别是美国的指责。但法国政府仍坚持它的决定。戴高乐在各种场合不止一次地对其盟友说,"时间会证明这个决定是正确的"。

历史无法假设。但如果中国不是因为 1966 年后陷入了 10 年的政治不安定,中法建交无疑会成为中国打开西方世界的一个重要窗口,中国的改革开放事业也许会提前十多年。

三 三个世界理论与联合第二世界

20 世纪 70 年代,世界形势波谲云诡,出现了大动荡、大改组的局面。在此背景下,中国外交战略的支点在什么地方呢?

毛泽东主席在 1974 年 2 月 22 日会见赞比亚总统卡翁达时,提出了关于三个世界划分的理论,号召第三世界与第二世界联合起来,反对霸权主义。毛泽东主席说:"我看美国、苏联是第一世界。中间派,日本、欧洲、加拿大,是第二世界。咱们是第三世界","第三世界人口很多。亚洲除了日本都是第三世界。整个非洲都是第三世界,拉丁美洲是第三世界。"毛泽东提出的这个战略思想有着丰富的内涵和重大的现实指导意义。

同年 4 月，邓小平率中国代表团出席联合国大会第六届特别会议，并于 10 日在大会上发言，阐述了毛泽东主席关于三个世界划分的理论，说明了中国对外政策的基础原则，引起了世界各国广泛的关注。

　　其实，把世界划分成三个部分，并称为三个世界，这一"专利"并不是中国人发明的，而是西方国家国际关系理论界的一种说法。据说，1952 年，法国经济学家和人口统计学家阿尔弗雷德·索维（Alfred Sauvy）在《观察家》杂志上发表的一篇文章中第一次使用了"第三世界"（third world）。但西方国家的理论家们划分三个世界的标准是：第一世界是西方世界；第二世界是社会主义世界；两个集团当中的是广阔的中间地带，是刚刚独立不久的不结盟国家，它们被称为第三世界。

　　毛泽东借用了三个世界划分的这个说法，但完全颠倒了原来西方人划分世界的根据，而是用毛泽东有关"矛盾论"的分析方法，重新分析、归纳了一遍世界的主要矛盾与次要矛盾，并根据这些矛盾的主要方面与次要方面，提出了中国在世界舞台上的立场。

　　毛泽东认为，"任何过程如果有多数矛盾存在的话，其中必定有一种是主要的，起着领导的、决定的作用，其他则处于次要和服从的地位。因此，研究任何过程，如果是存在着两个以上矛盾的复杂过程的话，就要用全力找出它的主要矛盾。捉住了这个主要矛盾，一切问题就迎刃而解了。"①

　　毛泽东又说："矛盾着的两方面中，必有一方面是主要的，他方面是次要的。其主要的方面，即所谓矛盾起主导作用的方面。事物的性质，主要地是由取得支配地位的矛盾的主要方面所规定的。"②

　　用毛泽东矛盾论的思想来分析 20 世纪 70 年代的世界，就会看出，世界的主要矛盾是美苏两个超级大国在互相争夺势力范围，想独占世界霸权。占世界人口大多数的第三世界国家和人民，是反帝、反殖、反霸的主力军。占世界人口五分之一的中国，已经由当年的半殖民地、半封建国家变为强

---

①　《毛泽东选集》第 1 卷，人民出版社 1991 年版，第 322 页。

②　同上。

大的社会主义国家,它坚定地站在第三世界一边,成为第三世界中不可动摇的力量。在上述两者之间的发达国家,如英国、法国、西德、日本等是第二世界,它们具有两面性,是第三世界在反霸斗争中可以争取或联合的力量。

毛泽东主席关于划分三个世界的理论,为在国际上建立最广泛的统一战线,反对苏美两霸和它们的战争政策,提供了坚实的思想基础。

1974年4月10日,"文化大革命"中第一次复出的副总理邓小平率领中国代表团参加联合国大会第六届特别会议,他在会上发言,全面阐述了毛泽东关于三个世界划分的理论,并说明了中国的对外政策。

邓小平指出:"中国是一个社会主义国家,也是一个发展中国家,中国属于第三世界。中国同大多数第三世界国家具有相似的苦难经历,面临共同的问题和任务。中国把坚决同第三世界其他国家一起为反对帝国主义、霸权主义、殖民主义而斗争看作是自己神圣的国际义务。"①

邓小平的发言引起了世界各国的广泛注意。第一,毛泽东"三个世界"的理论超越了社会制度和意识形态的传统观念。在第一世界里,既有美国也有苏联,一个是最大、最发达的资本主义国家,另一个是所谓最发达、最大的"社会主义"国家。当然,中国与苏联已经在意识形态上变成了敌手,中国把苏联看作是变形的"社会主义",是社会帝国主义。第二世界是指日本、欧洲、澳大利亚、加拿大等国家。其中,欧洲既包括西欧也包括东欧,而当时的东欧还被认为是社会主义国家,但它们也对苏联的颐指气使非常不满。第三世界是指亚洲除了日本外、整个非洲、整个拉丁美洲。第二,在"中间地带"理论中,是以帝国主义、社会主义和民族独立解放运动国家来划线,把资本主义国家与社会主义国家之间的矛盾作为世界的主要矛盾。但在"三个世界"划分中,则是把世界人民反对霸权主义和强权政治、维护世界和平的斗争作为世界的主要矛盾。为此,邓小平指出,毛泽东根据新的国际形势,以国家利益和世界人民利益为出发点,以广阔的视野,以经济和军事实力以

---

① 详见邓小平讲话,转引自凤凰网 http://news.ifeng.com/a/20150922/44711713_0.shtml。

及政治态度来划分世界。

邓小平指出，"三个世界"理论揭示出当代世界存在两个最根本问题。第一是反对霸权主义，维护世界和平。当今世界不安宁的根源来源于霸权主义的争夺，它损害的是第三世界国家的利益。第二是不公平的经济秩序和发展问题，即"南北"问题。"殖民主义、帝国主义、特别是超级大国的掠夺和剥削，使得贫国愈贫，富国愈富，贫国和富国的差距越来越大。"两个超级大国、霸权主义为自己设置了对立面，它们以大欺小、以强凌弱、以富压贫，不仅激起了第三世界和全世界人民的强烈反抗，也激起了第二世界发达国家的强烈不满。当今世界，世界和平力量的增长超过了战争力量的增长。这个和平力量，坚决反对霸权主义，维护世界和平，主力是第三世界，其次还应该包括美苏以外的发达国家即第二世界以及美国和苏联的人民。这些力量应该团结起来反对推行霸权主义的美国和苏联两个超级大国，维护世界和平。"三个世界"理论突出了美国和苏联两个推行霸权主义的超级大国同反对霸权主义的第三世界、第二世界以及美苏两国人民的矛盾，"对于团结世界人民反对霸权主义，改变世界政治力量对比"，起了巨大的作用。

邓小平指出，在美苏争霸的过程中，苏联在各方面都占优势，美国加上西欧都处于劣势。从美苏力量对比看，苏占优势，而且张牙舞爪，威胁中国。因此，中国领导人的判断是，如果说美苏争霸是世界的主要矛盾，那么苏联则是矛盾的主要方面，因为苏联处于全面进攻性态势，战争的危险主要来自苏联。为了避免战争，毛泽东主席提出了建立从日本经欧洲到美国的一条线战略，以对付苏联的挑战。

毛泽东关于中国外交政策的讲话、指示很多，他在提出"三个世界"理论前，强调过中国"是第三世界"，要努力发展同第三世界各国的友好关系。"希望第三世界团结起来"。邓小平在那次阐述"三个世界"理论时，再次强调指出，"中国是一个社会主义国家，也是一个发展中的国家。中国属于第三世界。""中国现在不是，将来也不做超级大国。""如果中国有朝一日变了颜色，变成一个超级大国，也在世界上称王称霸，到处欺负人家，侵略人家，那么，世界人民就应当给中国戴上一顶社会帝国主义的帽子，就应当揭露它，反对它，并且同中国人民一道，打倒它。"①

邓小平的讲演引起了世界各国的高度关注，引起了第三世界国家的强烈反响和热烈欢迎，在国际上产生了深刻而持久的影响。

三个世界理论的提出表明中国不再将东西方矛盾，即资本主义国家和社会主义国家之间的矛盾视为世界的主要矛盾，而是认为全世界人民反对美苏两霸的斗争是主要矛盾。在这一斗争中，中国作为社会主义国家，是第三世界的重要组成部分，而西欧发达国家作为资本主义国家，则是第三世界反对两个超级大国霸权主义的斗争中所必须争取的对象。

毛泽东视欧洲国家为国际反霸权主义的同盟军，谋求与欧洲国家合作，在合作中相互借重，相互协助。在许多公开场合，毛泽东都表示过，"就是西方国家，只要它们愿意，我们也愿同它们合作。"他还说过："英国和法国是帝国主义，但它们是大帝国主义美国想吃掉的中等帝国主义国家，可以作为人民的间接同盟。"②

中国越来越重视欧洲共同体及欧洲一体化进程中的政治内涵，开始将欧共体视为制衡美苏两极的重要力量。毛泽东积极支持欧洲"联合自强"。他认为，西欧不愿意事事跟着美国的指挥棒转，西欧是反对霸权主义的。他还认为，美苏争夺的重点在欧洲，苏联的战略是"声东击西"。在这种背景下，西欧国家只能进一步联合起来，才能认真对付苏联的威胁。中国支持欧洲各国人民团结起来维持自己的主权独立。

1973 年 9 月 11 日，周恩来总理会见法国蓬皮杜总统时说："中国支持欧洲各国人民团结起来维护自己的主权和独立"，"我们赞成这样的看法：欧洲团结的事业，如果搞得好，将有助于欧洲和世界局势的改进"。③

1975 年，邓小平访问法国时再次表示，"中国是坚决支持西欧联合的。我

① 详见邓小平讲话，转引自凤凰网 http://news.ifeng.com/a/20150922/44711713_0.shtml。
② 《毛泽东外交文选》，中央文献出版社、世界知识出版社 1994 年版，第 234 页。
③ 谢益显主编：《中国外交史：中华人民共和国时期 1949—1979》，河南出版社 1988 年版，第 557—558 页。

们认为，西欧国家为维护独立和保证自己的安全，在联合的道路上不断取得进展，这有利于世界局势朝好的方向发展"，"我们希望联合的欧洲将在世界事务中发挥更积极的作用"。①

最后，中国还在联合国的多次大会发言中直接支持西欧国家的防务联合。例如1976年，中国代表黄华在联大发言上指出，"目前，有一些中小国家强调发展独立的自卫武装的重要性，也有一些国家提出了加强防务合作联合反霸的主张。我们支持这些正确主张"。

中国在国际舞台上呼吁西欧加强防务、深化联合的举动，使西方国家认为中国在遏制苏联扩张上和西方存在共同利益，因而将中国称为"北约的第16个成员国"。②

显然，在划分三个世界的新外交战略构想中，中国已开始从战略高度重视欧共体的地位和作用，将反对霸权主义与维护世界和平视为中欧双方共同利益的汇合点，这直接推动了中欧关系向前发展。

毛泽东还鼓励英国与欧洲的团结。他说："你们不是说要建立'第三世界'吗？只有一个法国那不行，太少了，要把整个欧洲团结起来。英国，我看总有一天要起变化。美国人对英国人也不那么客气。在东方，你们可以做日本的工作。如果把英国拉过来，从欧洲的伦敦、巴黎到中国、日本，就可以把'第三世界'扩大起来。"③

1974年5月，毛泽东在北京会见了英国前首相希思。毛泽东明确表明，中国希望看到一个强大的欧洲。希思说，苏联在欧洲的兵力得到了加强，对欧洲形成了主要威胁。苏联对中国也是一种威胁。如果欧洲软弱，苏联就有可能实现对中国的企图。因而一个强大的欧洲对中国有利，它可以使俄国发愁。毛泽东回应道，"你们欧洲强大起来，我们高兴啊！"④

---

① 《人民日报》1975年5月15日。

② Lawrence Freedman, The Triangle in Western Europe, in Gerald Segal（ed.）, *The China factor*: *Peking and the Superpowers*, New York, Holmes and Meier Publisher, 1982, p. 111.

③ 《毛泽东文集》第8卷，人民出版社1999年版，第371页。

④ 《毛泽东外交文选》，中央文献出版社、世界知识出版社1994年版，第602—603页。

联合欧洲，还有一层向发达国家学习，通过经济合作，深化中国与欧洲国家"相互借重、相互协助"的关系。毛泽东主席在会见欧洲国家的领导人及前领导人时多次说过，"我们很愿意向你们学习，每个国家都有值得学习的长处。"他还说，要学习"资本主义国家先进的科学技术和企业管理方法中合乎科学的方面"，以达到"改进我们工作"的目的。①

　　正是在这种背景下，尽管"文化大革命"还没有结束，西欧国家已经开始积极与中国合作。20世纪70年代初的美元危机以及后来爆发的第一次石油危机让西欧国家陷入了经济滞胀，西欧企业非常想找到更多的海外投资机会，降低生产成本，提高生产效率，提高投资的收益。这时，中国向西欧企业伸出的橄榄枝很快就有了积极反响。中国从法国等西欧国家进口的石油化工等成套大型工业设备一下子提高了中国的生产能力，大大缓解了市场上化纤纺织品供应紧张的局面。

　　在这种背景下，西欧国家对中国的支持率明显上升。1971年10月25日，第26届联合国大会就阿尔巴尼亚、阿尔及利亚等23国关于恢复中华人民共和国在联合国的一切合法权利，立即把国民党集团的代表从联合国及其所属的一切机构中驱逐出去的提案进行表决。这23国是阿尔巴尼亚、阿尔及利亚、缅甸、锡兰（现斯里兰卡）、古巴、赤道几内亚、几内亚、伊拉克、马里、毛里塔尼亚、尼泊尔、巴基斯坦、也门民主人民共和国、刚果人民共和国、罗马尼亚、塞拉利昂、索马里、苏丹、叙利亚、坦桑尼亚联合共和国、阿拉伯也门共和国、南斯拉夫和赞比亚。在对"两阿"提案进行表决时，西欧的比利时、丹麦、芬兰、法国、冰岛、爱尔兰、意大利、瑞典、英国都投票支持。最终，该提案以76票赞成、35票反对、17票弃权的结果得到通过，中国在联合国的合法席位得到了恢复。

---

　　①　《毛泽东外交文选》，中央文献出版社、世界知识出版社1994年版，第288页。

四 尼克松访华引起欧洲国家与中国建交的连锁反应

1971 年中国重返联合国大概标志着国际形势正在发生着一场深刻的变化，中国因素变得越来越重要，在苏联和美国"两超"争霸中成为一个决定天平向哪边倾斜的重要筹码。尼克松 1969 年担任总统后，出于与苏联抗衡的战略考虑，开始逐步调整对华政策，中美两国逐步从对抗走向对话。

但是，在美中关系缓和的背后，却有一个重要的欧洲政治人物的身影。他就是法国总统戴高乐将军。

尼克松在美国是个青年得意的政治家，1952 年他 39 岁时即作为艾森豪威尔的竞争伙伴，当选为副总统，并连选连任当了 8 年副总统。当时的尼克松自恃才高，国际上的政要他大都不放在眼里，其中就包括法国总统戴高乐。尼克松一度认为，戴高乐"冷酷，小气，傲慢，极端自负，简直是无法相处"。尼克松的这种认识当然也与战后美法关系并不融洽有关，反映了一部分美国政要对戴高乐要搞独立外交的真实看法。

然而，1960 年，尼克松与戴高乐在美国会晤后，几乎在一夜之间彻底扭转了对戴高乐的印象，他甚至立即对戴高乐产生了"无比崇高的敬仰"。戴高乐惊人的记忆、深邃的思想让尼克松震惊不已。戴高乐当时还预言，尼克松会当选为美国总统，但他得跨越一段远离权力的"荒漠"岁月。后来的事实证明，戴高乐确有先见之明。从此，尼克松对戴高乐更加佩服。

1960 年尼克松竞选总统，败给了民主党候选人肯尼迪。1962 年，他竞选加利福尼亚州长，再度失败。此后，尼克松一度对政治失去了兴趣，准备离开政治舞台，去当律师了。1962 年，在离开政治舞台前，尼克松带着全家去欧洲旅行，想释放一下他极度失意的情绪。到巴黎时，尼克松却意外地受到了戴高乐的热情接待。通常，戴高乐只接见那些在台上掌权的人，而这次他不仅邀请尼克松夫妇在爱丽舍宫共进午餐，还邀请了美国驻法大使作陪。戴高乐鼓励尼克松说，他一定会在美国"一个最高级的职位上"起作用。戴高乐的话无疑像雪中送炭一样给尼克松以极大的鼓励，使尼克松感动不已。尼克松对戴高乐的崇拜之中也增添了一种由衷的感激。

从 1961 年到 1968 年，尼克松进入了政治上的"荒漠"岁月。在这段年月里，尼克松阅读了大量戴高乐的著作，包括《战争回忆录》《剑锋》等书，而戴高乐的思想也对尼克松产生了巨大的影响。

1964 年法中建交后不久，戴高乐又见到尼克松时，并反复解释了法国与中国建交的理由。他对尼克松说："我无意干预美国的政策，但我认为，美国应当考虑承认中国。"他还说："中国还不强大，你现在承认中国比将来中国强大起来而被迫承认它更好。"

实际上，在整个"荒漠"岁月中，尼克松也在反复思考着美国对华政策的得与失。尼克松在美国的政治舞台上一直是个臭名昭著的右派人物，在反共方面不遗余力。然而，在 20 世纪 60 年代中后期，尼克松改变了僵硬的对华政策，在受到戴高乐的启发和引导之后，他更加坚定了改善中美关系的信念。

1967 年 10 月，决心"重出江湖"的尼克松在美国权威刊物《外交》季刊上发表《越战之后的亚洲》一文，提出同中国接近十分必要。在文章中，尼克松提出，从长远来看，我们承担不起把一个世界上人口最多的国家孤立于世界之外的责任。

1968 年 11 月，尼克松当选为美国总统。1969 年 1 月，他在就职演说中间接提到了对华政策问题，暗示中美之间应建立某种关系。为了能尽快改善与中国的关系，尼克松上任后不久就出访法国，向戴高乐总统请教对华政策问题。戴高乐劝他说，美国不应该"让他们（中国）在愤怒中陷于孤立"。尼克松立即明确地回应说，无论困难多么大，他都要同中国进行"对话"。他还表示："十年以后，当中国在核技术方面取得了显著进展时，我们就将没有别的选择了。我们应该和他们进行更多的交往，这是十分重要的。"戴高乐对此表示赞同，而且重复了一句当年的妙语："你现在承认中国要比将来中国强大起来而被迫承认它更好。"

尼克松还表示，美国要改变对华政策，尽一切可能同中国接触，并打算从越南逐步撤军。当时，戴高乐正要派马纳克大使去北京赴任，便让马纳克将尼克松的话转告给中国领导人。尼克松后来承认，戴高乐与他的谈话对美国政府改变对华政策起了很大作用。

1970 年 1 月，中美恢复大使级会谈。1971 年 4 月美国乒乓球队应邀访华，"乒乓外交"打开了中美两国人民友好往来的大门。1971 年 7 月美国特使基辛格秘密访华，与周恩来总理就一系列重大问题进行了交谈。这些安排为中美上海公报在尼克松访华时得以签署铺平了道路。1972 年 2 月 21 日上午 11时半，美国总统尼克松偕夫人在国务卿罗杰斯和国家安全事务助理基辛格的陪同下，乘专机抵达北京，开始他"改变世界的一周"的"破冰之旅"。

尼克松抵京的当天下午，毛泽东主席就在自己的书房会见了他。会见时，毛泽东同尼克松就双方关心的重大问题坦率地进行了交谈。此后，周恩来总理与尼克松总统举行了会谈，两国领导人就中美关系和国际事务认真、坦率地交换了意见。2 月 28 日，中美两国政府领导人在上海发表了举世瞩目的《中美联合公报》（又称"上海公报"）。在公报中，美方表示对中方的一个中国立场"不提出异议"。公报还声明，"中美两国关系走向正常化是符合所有国家的利益的"。

尼克松访华和中美上海公报的发表开启了中美关系正常化的进程，打开了两国关系的大门，揭开了中美关系史新的一页，为以后中美建交和进一步发展两国关系奠定了基础。

应该说，美国是西方国家的"领袖"，美国改变了对中华人民共和国的看法，马上就在西方其他国家产生了连锁反应。

1970 年 10 月 13 日，中国与加拿大建交；紧接着，11 月 6 日，意大利与中国建交；12 月 15 日，智利与中国建交；1971 年 5 月 28 日，奥地利与中国建交；8 月 4 日，土耳其与中国建交；10 月 25 日，比利时与中国建交；12 月 8 日，冰岛与中国建交；12 月 14 日，塞浦路斯与中国建交；1972 年 1 月 31

日，马耳他与中国建交；2月14日，墨西哥与中国建交；2月19日，阿根廷与中国建交……

尼克松访华后，更多的西欧国家纷纷与中国建交，如希腊（1972年6月5日）、联邦德国（1972年10月11日）、卢森堡（1972年11月16日）和西班牙（1973年3月9日）纷纷与中国建交。英国也于1972年3月13日把与中国的外交关系升格为大使级，用中国人的话说，终于结束了半建交过程，与中国建立了正式、全面的外交关系。

五　中国与欧共体建立正式外交关系

1975年，中国与欧共体建立了正式的外交关系，开启了中欧关系的新篇章。在两极世界的时代，在欧洲共同体刚刚开始表示出它的独立性之后不久，中欧之间即建立了正式的外交关系。这是因为双方都有一个共同的强烈政治愿望，即摆脱这种沉闷的两极格局，创造一种新型的多极世界。

欧共体是欧盟的前身，它是由法、德、意、荷、比、卢六国于1951年共同成立的欧洲煤钢共同体发展而来。1967年转变为欧洲共同体，1993年改名为欧洲联盟。

从20世纪70年代开始，西欧各国开始了政治合作，它们希望在国际舞台上发出自己的声音，减少对美国的依赖。虽然欧共体国家也都是北约成员，而北约仍是美国在欧洲存在的理由，但西欧国家依靠欧洲一体化发展已变成了一个介于联邦与邦联体系之间的一个实体，其经济实力和政治力量都是战后初期所不能比拟的。

1970年10月，欧共体六国外长会议通过了"卢森堡报告"。这一报告被称为是"欧洲政治合作的创始性文献"。报告指出，"在政治统一方面取得进展的最好方式"是"首先集中于外交政策的协调，以便向全世界表明欧洲负有的政治使命"。

卢森堡报告提出，欧共体政治合作的目标是，通过定期的信息交流和协商，确保成员国在重大国际问题上更好地相互理解。然后，通过协调彼此的观点和立场，以采取共同行动，加强相互团结。为此，报告制定了建立外交事务合作的磋商机制。

从 1970 年 11 月起，欧共体国家每年定期举行两次成员国外长会议，各国外交部政治司司长组成的"政治委员会"每年定期举行 4 次会议，就外交政策问题交换意见，协调行动。从此，在欧共体的框架下产生了"欧洲政治合作"机制，象征着欧洲外交政策一体化的开始。

1973 年 7 月，已经扩大为 9 国的欧共体外长通过了"哥本哈根报告"，正式确立了欧洲政治合作制度。报告肯定了卢森堡报告建立的协商制度，指出这一制度深刻影响了成员国之间的关系以及欧共体同第三国的关系。报告说明，欧共体成员国之所以要进行政治磋商，是为了能在具体问题上执行共同的政策。凡涉及欧洲利益的问题，在未磋商之前，成员国不做最后决定。为加强外交政策的磋商和协调，报告增加了成员国外长以及"政治委员会"的定期会议，并成立了外交政策专家小组。

1973 年 10 月，第四次中东战争爆发，阿拉伯国家以石油为武器，对以色列和支持以色列的西方国家实行了石油禁运，引发了"第一次石油危机"。西欧国家的能源供给对中东石油的依赖很大，石油禁运引发了经济"滞胀"，使战后 20 多年的经济繁荣突然陷入了中断。当阿以达成停火后，美国与苏联企图抛开西欧国家，由它们两国包揽中东事务。欧共体国家当然异常愤怒，因为它们是受害最深的，因此西欧与美国在中东问题上开始分道扬镳。

1973 年 12 月 14 日，欧共体 9 国外长在哥本哈根会议上通过了"欧洲同一性文件"。文件强调，当前的国际问题是欧共体 9 国中的任何一个国家都难以单独解决的。国际上的事态发展表明权力和责任日益集中于少数大国手中，因而欧洲要发表自己的意见并在世界上发挥适当的作用，就必须团结起来，必须用一个声音说话。换句话说，欧共体成员国应在对外政策方面开始逐步确定共同的立场。

1970 年 11 月，作为欧共体创始国的意大利与中国建立了正式外交关系。这被认为是西欧国家明显开始寻求独立外交政策的表现。当时意大利的左翼执政党正在寻找独立于美苏之外的第三种力量，它认为与苏联决裂并奉行独立外交政策的中国可以成为未来的合作伙伴，因此不顾美国的压力和中国建立了外交关系。

意大利的决定在"卢森堡报告"公布之后，说明其他欧共体国家是知情的，并未表示反对。这表明，西欧的政治联合已使欧共体国家在对外政策上有了一定的独立自主性。

面对这一现实，美国总统尼克松在 1971 年的一次讲话中认为，当今世界上已出现了美国、苏联、中国、西欧和日本"五个力量中心"。"这五大力量将决定世界在本世纪最后三分之一时间里的经济前途"，以及"在其他方面的前途"①。

随着尼克松总统访华，中美关系逐步走向正常，西欧国家纷纷抢着与中国建立正式外交关系，加快了同中国发展关系的步伐。在 1972 至 1973 年，除爱尔兰外所有的欧共体成员国都同中国建立了正式的外交关系，并且都表示希望欧共体和中国建立关系。

中国和西欧关系的迅速升温源于双方在安全上的战略共识。随着欧洲一体化的发展，中国把欧共体看作"莫斯科西侧的潜在伙伴"。欧共体似乎也同样很重视中国在东方平衡苏联威胁的独立作用。"中国和西欧在外交政策上共享的一个基本原则就是把苏联视为双方心照不宣的共同敌人。"②

在冷战的背景下，中国与欧共体都面临着苏联扩张的威胁，它们把对方都当作牵制苏联的一张王牌。中国希望西欧国家能够联合起来，对苏联采取更加强硬的政策，而不是一味地"绥靖"。中国希望与西欧达成某种"战略合作"，中国在东方，西欧在西方对苏联形成钳制。西欧国家也认识到，"中国

---

① 《中美关系资料选编》（1071.7—1981.7），时事出版社 1982 年版，第 79 页。

② Lawrence Freedman, *The Triangle in Western Europe*, in Gerald Segal (ed), *The China factor*: *Peking and the Superpowers*, New York, Holmes and Meier Publishers, 1982, p. 111.

是世界上主要大国之中，唯一毫无保留地希望欧洲变得更为强大的国家。"西欧同意北京的分析，即"中国和欧洲在对苏联关系上分享着维持大国平衡的利益，并且都想避免出现由苏联主导的局势"。西欧国家也同意北京的另一种说法，"如果莫斯科和华盛顿的关系密切到能够支配欧洲事务或威胁到中国的利益，那将是灾难性的。"①

1984 年，国家主席李先念在访问西班牙时，阐述了中国对欧洲的政策。他说："欧洲在国际上占有重要地位，对整个国际形势有着重大的影响。我们历来希望有一个联合的、团结的、强大的欧洲，致力于维护世界和平。我们支持欧洲人民缓和东、西欧关系的共同愿望。支持东、西欧国家增加接触，改善关系。"1987 年，他在访问法国时，又进一步说明了中国对欧洲联合的态度。他说："欧洲是制约战争、维护和平的重要力量。欧洲进一步把命运掌握在自己手中，保持和平与稳定，必将对世界和平的维护做出重要贡献。为此我们支持西欧联合自强的努力，也欢迎东、西欧加强往来、改善关系的趋势。同欧洲包括西欧和东欧发展友好合作关系，是中国对外关系的重要组成部分。"②

西欧的战略研究者指出，欧共体和中国可以在发展经济关系上寻求共同利益。"欧洲能够与那些担心和不信任超级大国的国家发展关系。在这些关系中最为重要的就是欧洲与中国的关系。中国人有理由担心和不信任美国和苏联，也有历史的理由担心日本，但是他们现在没有理由担心或者不信任欧洲。对于中国而言，欧洲至少是一个现代化技术的来源。欧洲也可以像美国、日本那样，成为现代化资本的来源。"③

欧共体在经历了美元危机、石油危机的沉重打击后，正在寻找新的市场摆脱经济衰退。欧共体把与中国发展关系看作是取得新的市场突破的重要步骤。

西欧商业界普遍认为，中国是"下一个新兴市场"。他们认为，如果欧共

---

①　Dick Wilson, China and the European Community, *the China Quarterly*, Vol. 56, 1973, p. 664.

②　《李先念传》（下），中央文献出版社 2009 年版，第 1274 页。

③　Malcolm Caldwell, China's view on the Common Market, *China Now*, (32) 1972, p. 3.

体不尽快与中国签订贸易协定，不去占领中国的市场，未来就会落后于日本和美国。西欧商业界开始向欧共体施压，促使其重视同中国的关系。从1974年起，欧共体理事会开始讨论同中国建交问题。此时，欧共体委员会及其成员国在和中国建立正式关系的问题上已形成普遍的共识，可以说支持中欧建交的力量已经遍及整个西欧。

中国也观察到，西欧的发展使它越来越具有独立的倾向了。按照毛泽东的三个世界理论，西欧国家是中国需要联合的第二世界，同欧共体建立更紧密的关系是符合反对霸权主义这一宗旨的。中国认为，到20世纪70年代初，欧洲共同体已成长为一个强大的经济中心，在相当范围内在争取摆脱美国的控制。欧共体继续努力争取经济自主，最终可能导致军事上及政治上更多的独立性，变成国际舞台上能与苏、美两国抗衡的真正自主力量，从而改变国际体系中两极对立的局面。

在中国频频向欧共体示好的同时，欧共体也在通过不同的渠道试探中国的态度。1971年，欧共体通过毛里塔尼亚外长穆里纳斯向中国驻毛里塔尼亚大使冯于九表示，欧共体愿同中国发展关系。1973年2月，欧共体委员会副主席索姆斯在两次公开讲话中呼吁加强欧共体和中国之间"在经济上对双方都有利的联系"，并将给双方"带来真正的政治利益"。7月，欧洲议会副议长贝尔豪尔向中国驻荷兰大使赫德青表示，愿尽力为欧共体同中国发展关系提供协助。

由于欧共体与台湾当局在1970年10月1日签订了为期三年的"纺织品贸易协定"，中国为了避免欧共体在保持与台湾关系的同时与中国建交而制造出"两个中国"的局面，最初对欧共体的试探并没有做出主动答复。

1973年10月，欧共体与台湾方面签订的"棉纺织品贸易协定"到期，消除了欧共体和中国发展关系的技术性障碍，促使欧共体加快了同中国建交的步伐。1974年11月，欧共体委员会副主席索姆斯向中国驻比利时大使李连璧明确表示，欧共体十分重视同中国发展关系。欧共体不承认台湾，不同台湾签订贸易协定，只承认中国，只同中华人民共和国发生关系。欧共体和国家掌控贸易的贸易协定大纲可以作为与中国对话的基础，并随时准备和中国就贸易协定开始谈判，以建立事实上的关系。

中国对于索姆斯的讲话做出了积极的回应，最终于1974年年底决定同欧洲经济共同体建交。但在建交方式上并没有按欧共体建议的那样，先从签订贸易协定、建立事实上的关系入手，而是采取了邀请索姆斯访华的策略，在探明欧共体在台湾问题上的态度后，实现了"一步到位"的建交方法。①

1975年5月4—8日，欧共体委员会副主席索姆斯应中国外交学会的邀请对中国进行了访问。5月6日，中国外长乔冠华与索姆斯达成了中国同欧洲经济共同体建交的协议。双方没有发表建交公报，而是以中国新华社在5月8日发布消息的方式，公布了双方建立了正式关系，中国向欧洲经济共同体派驻代表。索姆斯在北京举行的记者招待会上表示，他对参与了发展欧共体和中国的新关系感到自豪，并且"相信这种新关系将具有真正的意义……中国和共同体在日益相互依赖的世界里实现更大的独立性上有着共同利益……双方都希望世界上的所有国家通过自立和发展平等的伙伴关系实现其尊严"。索姆斯就台湾问题向中国政府郑重声明，"共同体的所有成员国都承认中华人民共和国政府为中国的唯一合法政府，并就台湾问题采取了为人民共和国所接受的立场。依照这些立场，我确认对共同体来说，正如委员会发言人4月30日在布鲁塞尔所已经声明的那样，它不与台湾保持任何官方关系或缔结任何协定"。

在当时中美关系进展缓慢，欧洲共同体与经互会的关系陷入僵局的情况下，中国与欧共体的建交是"两个新兴力量在超级大国体系之外结成友好关系的重大事件"。表明此时在两极格局内部已经孕育着多极化的萌芽。因此，中国和欧洲经济共同体建交不仅在中欧关系史上具有里程碑的意义，而且对国际格局也产生了深远影响。

中欧建立在国际舞台上有几个特殊意义：

---

① 戴铁尘：《论1975年中国和欧共体建交的战略基础及其国际影响》，转引自 http：//www.docin.com/p－258899568.html。

第一，对于中国而言，中欧建交是中国推行反对霸权主义的"一条线"外交战略所取得的一个重大成果。中欧建交后不久，《人民日报》高度评价了欧共体的战略地位，认为"欧共体的成立与扩大是资本主义发展不平衡的产物，是西欧一些主要资本主义国家为抵制超级大国的控制和威胁，谋求自身政治经济独立、安全和发展而组成的一个政治和经济集团"。"它是在苏美两霸争夺欧洲愈演愈烈的情况下，西欧国家联合起来反抗两霸、特别是反对苏修扩张的重要形式和积极因素，它在国际政治中占据一个重要地位"。中国和欧共体建交是中国支持西欧联合自强的重大举措。

中国之所以积极地支持欧洲联合是因为"欧洲是世界主要的战略地区，曾是两次世界大战的主战场。我们完全理解西欧人民为了维护自己的安全而加强联合的愿望。我们一贯认为一个联合强大的欧洲是符合欧洲人民利益的，也是有利于维护世界和平稳定的"。应该说，中欧建交并不仅仅是为了反对苏联霸权主义，同时还具有潜在的积极意义，"就是形成一个新的多极世界。中国比苏联更清醒地认识到了多极化的现实意义。中国希望看到一个强大的西欧不仅在苏联面前，而且也在美国和日本面前发挥其独立的作用。"

第二，对于欧共体而言，中欧建交不仅意味着为欧共体打开了通往中国这个巨大市场的大门，而且中国支持欧洲联合的立场将对其他社会主义国家转变对欧政策产生积极的示范效应。1975年6月18日，欧共体委员会副主席索姆斯代表欧共体委员会向欧洲议会报告了其访华情况，并阐述了中欧正式建交的深远意义。他指出，"毫无疑问，从长远来说，对华贸易给共同体提供了相当大的可能性……中国和共同体将从双方更密切和彼此更信任的关系中得益匪浅。"

欧洲议会也强调，中国是唯一对欧共体采取积极态度的国家掌控贸易的国家，因此欧共体必须在其对外部世界的图景中将中国置于特殊地位。这是因为中欧建交彻底打破了社会主义国家和欧共体之间长期互不承认的僵局，特别是在那些已经和欧共体进行纺织品贸易协议双边谈判的罗马尼亚、匈牙利、波兰、保加利亚以及捷克斯洛伐克等东欧社会主义国家中引起了强烈的反响。这些国家认为在他们和欧共体之间"缺乏中国和欧共体所确立的那种政治关系。相比之下，他们和欧共体缔结协议就显得微不足道了"。因此这些东欧国家谋求与欧共体建立直接的外交关系的愿望就更为强烈了。

第三，美苏两个超级大国对中国和欧共体建交的负面评价从反面体现了中欧关系的确立已动摇了两极格局的基础。战后美国的对欧政策始终是以大西洋联盟为框架，以维持美国在西方政治军事集团主导地位为前提，支持欧洲一体化运动的。在美苏两极对峙中，美国将欧洲一体化视为"使西欧成为一个欧洲本土上在政治或许也在军事方面能与苏联相抗衡的砝码"，是"建立全球范围内美国治下和平的一个难以分割的步骤"。但到了 20 世纪 70 年代，美国的尼克松政府不得不承认欧共体的发展已使"欧洲成为不可忽视的经济力量"，不仅将欧共体视为美国在经济领域内的主要竞争对手，而且认为欧共体推行具有"欧洲特性"的对外政策是对"美国在西方联盟的霸权地位"发起的挑战，同时又认为美国在对西欧政策上"必须改变适合于战后时代的那种美国支配一切的状况，来适应今天新的环境"。

美国对欧共体与中国建立外交关系心里也有一种五味杂陈的味道。尽管很多欧共体成员国是在美国调整对华政策后才与中国建立了外交关系，但美国也担心，在国际市场日益萎缩的情况下，欧共体抢在美国之前与中国签订贸易协定会在巨大的中国市场上比美国占有更多的优势，从而进一步加强欧共体的经济和政治实力。对于中欧建交及其后双方进行的贸易协定谈判，美国认为"中欧贸易协定给欧洲带来的任何好处都会妨碍美国的经济利益"。

苏联对于中国和欧共体建交的回应是非常消极的。长期以来，苏联对欧共体采取的是不承认、不接触、不谈判的"三不政策"。苏联以列宁在 20 世纪初对帝国主义联盟的分析为依据，认为欧共体的成立是帝国主义在"欧洲联合"的幌子下把许多西欧国家拼凑起来的产物，其矛头直指苏联东欧国家。1962 年后，苏联对欧共体的态度略有松动，《真理报》第一次承认了西欧六国国家垄断资本主义联合起来的"共同市场"已成为"经济和政治的现实"。但仍然把西欧一体化视作"帝国主义推行冷战和加剧国际紧张局势的工具"①。

苏联认为，中国接近欧共体的目的就是"希望看到欧共体转变为一个政治军事集团，支持美国在欧洲继续保持军事存在，支持欧洲的反动势力"，中国"是在利用西欧与苏联进行斗争"。中国在经互会与欧共体进行谈判期间与欧共体建立外交关系就是企图在欧共体和苏联之间制造摩擦，从而"破坏在赫尔辛基实现的缓和，恶化欧洲大陆的形势以及加强侵略性的北约"。②

苏联对中国的指责恰恰说明了中国和欧共体建交已对两极格局产生了巨大冲击。中欧建交说明，中国和欧共体在反对霸权主义上有共同的战略共识，双方都在谋求超越两极体系而独立自主地发展双边关系。

从中欧建交开始，中国与欧共体之间的外交、政治磋商不断进展。1983 年，欧共体理事会决定在欧洲政治合作的框架下与中国开展双边磋商。1984 年，第一次部长级会议在巴黎召开。从 1986 年开始，部长级的欧洲政治合作"三驾马车"同中国外交部开始在联合国大会召开期间会晤。1988 年，中国与欧共体举行了首次中欧峰会。

中国与欧共体经贸关系的发展也包含较强的政治意义。1984 年的《贸易和经济合作协定》进一步阐明了欧中关系的政治意义。1978 年的贸易协定签署后成立的混合委员会，从 1988 年后政治意义更加凸显。有些学者认为，中国与欧共体"政治关系的显著发展一定程度上弥补了经贸关系发展的相对不足"。③

① 戴轶尘：《论 1975 年中国和欧共体建交的战略基础及其国际影响》，转引自 http：//www. docin. com/p - 258899568. html。

② 同上。

③ Harish Kapur, "China and European Economic Community：the new connection", Dordrecht Beaton Lancaster，1986.

六　中国与欧盟建立全面战略伙伴关系

　　进入 21 世纪后，亚洲的崛起似乎成为全球瞩目的事件。国际舆论普遍认为，21 世纪将是亚洲的世纪，主要是因为中国与印度这两个 10 亿人口以上的大国的崛起。正是在这种背景下，欧盟与中国 2003 年建立了全面战略伙伴关系，开启了双方新的合作篇章。

　　欧盟与中国建立全面战略伙伴关系，主要是基于三点共同的认识。

　　第一，中国与欧盟都主张世界多极化，而且愿意为此而做出外交努力。无论从地缘政治角度看，还是从经济需求角度看，或是从意识形态角度看，中欧双方均没有根本的利害冲突。中欧双方都主张世界多极化，反对单边主义。在世界走向多极化的过程中，中国的改革开放和欧盟的一体化建设都起到了积极的促进作用，维护了世界的和平、稳定与发展。

　　从中国与欧共体建立正式外交关系以来，中国始终从战略高度看待欧盟和中欧关系，始终认为欧洲是多极世界中的重要一极，对欧洲的一体化充满信心。

　　第二，中国与欧盟都认为，加强经济合作，促进贸易往来可以给双方带来更大的利益。在世界经济中，中国与欧盟国家各具优势，互补性强，双方加强合作可以获得共赢。因此，合作是双方长期共同的选择，也是中国与欧盟国家经济发展的巨大动力。双方的合作从简单的产业分工，走向了更多的技术合作。中国的城镇化发展需要更多地参考欧洲国家的经验与教训，而欧洲国家也乐于与中国的各地方政府分享这些经验，并乘机推销它们的产业优势。新能源曾经是欧洲国家重点发展的领域，欧洲虽然有研发的优势，在技术的市场化方面却进展不大。中国市场容量大，消费者喜欢新产品、新模式，因此在各种技术、包括新能源技术的市场化方面中国却走得比欧洲国家更快。因此，许多欧洲企业都看到了这种互补关系，希望借助中国市场把新的技术产品做成成熟产品。中欧的合作也开始超越双边范畴，进入第三方市场。随着中国企业开发欧洲、拉美等国家的步伐加快，中国与欧洲在这些市场上既有竞争、又有合作的关系开始显露。

第三，中欧双方都倡导文明多元性，倡导文化包容和多样性。中华文明与欧洲文明分别是东西方最有影响的文明的代表。尽管双方的历史发展不同，因而文化的变迁也不同，意识形态和社会制度也不相同，但中国主张"和而不同"，倡导建设"和谐世界"，欧盟尊重"多元一体"。这两种理念有异曲同工之妙。因此，中国与欧洲可以通过文化交流，取长补短，相互借鉴，促进不同文明的共同繁荣。从改革开放以来，中国曾长时间虚心向欧洲学习，学习欧洲国家政府管理宏观经济的经验；学习社会协调和治理的经验；学习促进创新思维，鼓励学生创造力的方法。随着中国的快速发展，中华文明的影响力也在迅速增长，欧洲人也开始更重视中华文明的因素。历史上讲，中华文明曾是推动欧洲启蒙运动最大的外部因素，也曾是欧洲知识分子模仿的对象。随着中华文明的复兴，欧洲人学习中华文明的兴趣也在增长，中欧联合拍电影；中欧联合举办文化年与文化节；中欧联合举办展览馆开放活动……中国与欧洲在更多的文化领域的合作正在展开。

从中欧全面战略伙伴关系建立以来，中欧之间的关系更加成熟。中欧之间建立起了高级别战略对话、经贸高层对话和高级别人文交流三大机制，形成了政治、经济和人文领域合作的"三大支柱"。中欧之间在各领域对话与磋商机制从19个增加到60余个。

从中欧缔结了全面战略伙伴后，中欧人文交流与民间往来不断发展。中国与欧盟各成员国互办文化年、文化节不断。2011年，中欧还成功地举办青年交流年，鼓励青年领袖人物的交流，双方联合举办了120多项交流活动，吸引16万中欧青少年参与，媒体覆盖达上亿人，成为双方迄今最大规模的人文交流活动。从2003—2013年的10年间，中国在欧盟国家开设了3个文化中心和95家孔子学院、92所孔子课堂。法、德、西班牙等国家也先后在中国开设了文化中心。

中国与欧盟在国际舞台上的合作也在加强。比如，中欧双方在反恐、防止大规模杀伤性武器的扩散、气候变化等全球性问题上能通过磋商达成一致，在和中东、伊朗等地区热点问题上也能通过磋商促进合作，为维护世界和平稳定发挥积极作用。中欧在应对维护能源和粮食安全、落实联合国千年发展目标等全球性问题上加强对话协商，促进了南北之间的相互理解和世界各国的共同发展。

然而，中欧之间的关系也受制于全球政治的一些其他因素，我们对此也需要有比较清楚的认识。比如，欧盟仍然是个比较松散的实体，决策时容易受外界因素的干扰，而一票否决机制会使欧盟即使有多数支持的议案，也面临着无法通过的难题。而欧盟在世界格局中虽然有很大的独立性，但仍然是在军事上受美国"保护"的盟友，因此会受制于美国的各种压力。

比如，在中欧签署了全面战略伙伴协议后，欧盟中的大国法国、德国领导人曾在 2004 年年底至 2005 年试图推动对华武器禁运的解除方案。然而，在美国强大的压力面前，有一些国家就不愿意为了中国而牺牲与美国的关系，法德的提案就此被束之高阁了。

2004 年下半年，当美国国务卿鲍威尔在与欧盟成员国外长会晤时，一再提及不能解除对华武器禁运的事，并威胁说，否则欧盟未来将得不到美国的其他军事技术。美国国会 2005 年通过的《2006 年度国防授权法案》中，加了一条补充条款，明确指出：美国国防部不得从任何向中国出售武器的外国公司处购买国防设备或部件。时任美国总统布什在 2005 年 2 月访问欧洲时重申，美国不会任由欧洲取消对华军售禁令。从 2003 年伊拉克战争以后，欧盟与美国的关系一度紧张，"老欧洲"与"新欧洲"在对美态度上严重分裂。2005 年，法德要解除对华武器禁运，再度引起了欧盟内部的争执。此外，2005 年 5 月，《欧盟宪法条约》的批准程序在法国和荷兰受挫，欧盟陷入"宪法危机"，许多欧盟成员国及欧盟组织领导人都担心，讨论解除对华武器禁运的事宜会使欧洲陷入更多的混乱。因此，在一系列的内因与外因作用下，法德有关解除对华武器禁令的议案就不了了之了。

再比如，欧盟一直认为中国是"非市场经济"，维持着在贸易问题上"歧视"中国的立场。中国一再希望欧盟能放弃这个从 2001 年中国加入世界贸易组织时就戴在中国脖子上的羁绊，但直到 2016 年，中国与欧盟签订的 15 年的过渡期结束后，欧盟仍然没有解除这条规定。对中国舆论来说，欧盟与中国的全球战略伙伴关系肯定是有一定水分的，否则欧盟怎么会那么不顾及中国这个战略伙伴的感情呢？

2001 年中国为尽早加入世界贸易组织，在美国等国家谈判压力下签署了《中国加入世贸组织议定书》，其中的第 15 条是"确定补贴和倾销时的价格可比性（Price Comparability in Determining Subsidies and Dumping）"条款。该条款规定，如受调查的生产者能够明确证明，生产该同类产品的产业在制造、生产和销售该产品方面"具备市场经济条件"，"则该 WTO 进口成员在确定价格可比性时，应使用受调查产业的中国价格或成本"。否则，如受调查的生产者不能明确证明生产该同类产品的产业在制造、生产和销售该产品方面具备市场经济条件，"则该 WTO 进口成员可使用不依据与中国国内价格或成本进行严格比较的方法"。

换句话说，当欧盟、美国等经济体对中国出口产品进行反倾销调查时，有一种特权。如果中国的"市场经济地位"被承认，在反倾销和反补贴调查中，就必须以中国实际成本为依据。反之，如果中国不被承认为"市场经济地位"，欧美等国就可以根据指定"替代国"同类产品的成本来判断反倾销是否成立。例如，1998 年欧盟对中国彩电的反倾销是以新加坡为参照，而 2004 年美国对中国彩电的反倾销是拿印度为参照。

不承认中国的"市场经济地位"，欧盟发起针对中国的反倾销调查时，可以任意指定别国商品的成本为"替代国"标准，这样中国获胜概率也就减小了很多。中国商务部的数据表明，中国一直是贸易救济调查的最大目标国。自 1995 年世界贸易组织成立至目前，共有 48 个成员对中国发起各类贸易救济调查案件共 1149 起，占案件总数的 32%。截至 2016 年，中国已连续 21 年成为全球遭遇反倾销调查最多的国家，连续 10 年成为全球遭遇反补贴调查最多的国家。①

2016 年 5 月，欧洲议会以 546 票赞成，28 票反对，77 票弃权的压倒性多数反对承认中国的市场经济地位。但欧盟议会在贸易问题上并没有决定权，因此它只是表示了某种态度。

同年 7 月 20 日，欧盟委员会称会尊重世贸有关条款，承认中国的市场经济地位，但要考虑制定新的反倾销计算方法。此外，欧盟内部态度也产生了分歧，德国较为支持给予中国市场经济地位，但近年经济持续低迷的意大利、西班牙则反对。

同年 11 月 9 日，欧盟委员会向欧洲议会及欧盟理事会正式提交修改其反倾销法律制度的提案，以履行其根据中国入世相关条款规定所承担的义务。并提出将以"市场扭曲"的概念和标准替代"非市场经济"的概念和标准裁定中国是否反倾销。欧盟此举可谓换汤不换药。

其实，《议定书》第 15 条并非要求各成员国承认中国是市场经济国家，而是规定，当 15 年的过渡期结束后，各成员国都不得在反倾销时再对中国企业采用"替代国"的做法。

关键在于依据欧美的国内法，使用"替代国"做法的前提条件就是判定一国为"非市场经济"。这也就给了欧盟留下了可以钻空子的余地。欧盟已经有舆论说，欧盟可以放弃继续将中国看作非市场经济国家，但是却可以重新评价中国是否有"市场扭曲"，以此来取代过去使用"替代国"的前提。如此，未来欧盟在发起反倾销时，还想继续使用替代国做法。

因此，随着中欧贸易往来的加大，未来双方的贸易摩擦也会加大，而双方求助于世界贸易组织进行仲裁的频率也会加大。但这些细枝末节的问题不会影响中欧之间长远战略关系的发展。只要看看美欧之间的贸易摩擦就会明白，贸易往来越多，摩擦就越大。但这并未影响美欧之间的战略结盟关系。这才是历史规律。

最后，欧洲人相对中国还有某些道德优越感，经常会对中国的政治形势

---

① 详见 http://news.163.com/16/1211/17/C819FM2N000187VE.html。

和"人权状况"说三道四。比如，2008—2009 年，欧盟几个国家都在涉藏问题上触碰中国的红线。这些国家的领导人或是会见达赖喇嘛，或是借着一些谣言对西藏问题品头论足，使中欧关系出现波折。其实，在人权问题上，中欧之间是可以合作的，中国也曾虚心向欧盟国家学习改善法治的经验。但是，欧洲人想站在某种道德高地上"教训"中国，那一定会得不偿失。欧洲人应该记得，清朝初期，包括康熙在内的中国皇帝对欧洲传教士还是挺欢迎的。但是，当罗马教廷派了叫多罗的枢机主教来华教训中国人，让中国教徒放弃祭祖敬儒的行为时，不仅一下子得罪了中国皇帝，还破坏了中国几千年来的传统。天主教参与中国礼仪之争的后果是，康熙大怒，决定把欧洲来华的传教士们统统赶出内地，赶到澳门去。此后，接替康熙的雍正皇帝及后面的清朝皇帝也都对天主教实行了禁教的做法。如果说，历史是面镜子，欧洲人就应该记住清朝初期的这段历史。如果外国人要干预中国人内部的事务，最终的结果不会有太大区别。

七　重建欧亚大陆桥与"一带一路"

2013 年 9 月，习近平主席在访问哈萨克斯坦时，在纳扎尔巴耶夫大学作演讲，提出了与中亚等国家共建丝绸之路经济带的问题。同年 10 月，在访问东南亚国家时，习近平主席又提出了要建设 21 世纪海上丝绸之路的战略构想。随后，"一带一路"作为中国向世界推出的国际发展倡议，得到了越来越多国家的欢迎，成为中国倡议的重振世界经济的重要工具。

这两项倡议都与古代的"丝绸之路"有关，而丝绸之路虽然是外国人起的名字，指的却是 2000 多年以来，中国通向世界市场的这条商路。中国古代把这条商路称为通西域，也就是通过它向西方市场输出中国的商品，再通过这条商路把西方的商品转运到中国来。历史上，中国是通过这条商路了解了世界，既引进来了中国过去没有的农产品（小麦、葡萄、洋葱、菠菜、茉莉花等），也引进了文化产品（比如佛教等）。

除了通商和文化交流之外，重整丝绸之路也是整合欧亚大陆的地缘政治蓝图。很长时间以来，欧洲列强在地缘政治争夺中，如陆地大国德国、法国，都先后看中了这条古丝绸之路，想重振这条商路，建设一条欧亚大陆桥，把亚洲市场与欧洲市场结合起来。它们想把振兴欧亚大陆桥当作与海上霸权国家英国抗衡的重要工具。

1860 年，也就是在这样的背景下，当时的普鲁士政府派出了一个规模庞大的外交使团前往东亚，意欲与中国、日本、泰国等建立外交关系，结商约。年仅 27 岁的地理学者李希霍芬就在使团中。1868 年 9 月，一句中文也不会说的李希霍芬再次经日本来到中国，开始了他独立研究的中国之旅。

从 1868 年到 1872 年，李希霍芬对大清帝国 18 个行省中的 13 个进行了地理、地质考察。李希霍芬到访景德镇，考察完烧瓷的工艺后，将景德镇瓷土命名为高岭土，这一个世界上唯一以地名命名的矿藏得以公认，今天全世界从哪里挖出的瓷土都叫高岭土。

他考察四川都江堰后盛赞中国古代这个最长寿的水利工程，遂将都江堰第一次详尽介绍给世界，说都江堰浇灌方法之完美，无与伦比。他几次访问山西，发现山西地下储煤丰富，得出结论说，以当时世界消耗煤的水平测算，山西储煤可供世界消费几千年。

1873 年，李希霍芬回国。他先后出任柏林国际地理学会会长、柏林大学校长等。他用后半生大部分精力撰写了一部 5 卷鸿篇巨著《中国——亲身旅行和据此所作研究的成果》。正是在 1877 年出版的《中国》第一卷中，李希霍芬首次提出了"丝绸之路"的概念，并在地图上进行了标注。这一术语后来被广泛采纳。

后来，瑞典著名探险家斯文·赫定沿着古丝绸之路走了一遍，并把他的经历写成了书，干脆用了《丝绸之路》这一名字。赫定是李希霍芬的学生，他在书中说明："'丝绸之路'这一名称不是在中国文献中首先使用的。这个很能说明问题的名称，最早可能是由男爵李希霍芬教授提出的。他在一部关于中国的名著中使用了'丝绸之路'——Silk Road——这个名词,并进行了论证;在一张地图上还提到了'海上丝绸之路'。"

在 1877 年出版的《中国》第 1 卷中,李希霍芬用了"丝绸之路(Seidenstrasse)"这一名称,并在地图上进行了标注。但是这个词并不是他随意想出来的。早在古罗马时期,西方就称中国为"丝绸之国",只是他们不知道中国在哪里而已。"丝绸之国"与"丝绸之路",中间仅差一个字而已。求证这个字正是欧洲人求证通往中国的这一商道的过程。

早在秦汉时期,中国的丝绸就通过西域再到欧洲,由于当时的欧洲人还不能生产丝绸,他们便以"赛尔"(Ser)也就是汉语的"丝"来称呼丝绸,称中国为"赛里斯"(Seres),即"丝绸之国"。李希霍芬注意到,当汉朝政权建立后,尤其是张骞"凿空"西域后,西方文献中出现"丝绸"词汇的频率增加了:古希腊地理学家马利奴斯记录了一条由幼发拉底河渡口出发,向东通往赛里斯国的商路。生活于 1—2 世纪的古希腊地理学家托勒密在其《地理志》中也记载了这条商道。13 世纪之后,蒙古人建立了一个横跨欧亚的大帝国,欧洲有很多人到中国来,把他们的见闻带回欧洲去。尤其当《马可·波罗游记》发表后,迅速被翻译成了几种文字,让欧洲人颇感震撼,知道了遥远的东方有个富庶的大国。于是,欧洲探险家们不辞辛苦地要找到这个大国,找到通往这条大国的商道。

明代来到中国的传教士也致力于求证"赛里斯国"的工作,在中国生活多年的利玛窦,曾这样记载:"我也毫不怀疑,这就是被称为丝绸之国的国度,因为在远东除中国外没有任何地方那么富饶丝绸,以致不仅那个国度的居民无论贫富都穿丝着绸,而且还大量地出口到世界最遥远的地方。葡萄牙人最乐于装船的大宗商品莫过于中国丝绸了:他们把丝绸运到日本和印度,发现那里是现成的市场。住在菲律宾群岛的西班牙人也把中国丝绸装上他们的商船,出口到新西班牙(即今墨西哥)和世界的其他地方。在中华帝国的编年史上,我发现早在基督诞生前 2636 年就提到织绸工艺,看来这种工艺知识从中华帝国传到亚洲其他各地、传到欧洲,甚至传到非洲。"

19世纪，以研究《马可·波罗游记》出名的英国地理学家亨利·玉尔出版了《中国和通往中国之路——中世纪关于中国的记载汇编》一书，又对马利奴斯所记载的"赛里斯之路"重新关注，并进行详细的考证和研究，"丝绸之路"一名呼之欲出……

大陆欧洲的战略家们都对开辟欧亚大陆桥感兴趣，德法当年为俄罗斯修建横跨欧亚的大铁路、特别是西伯利亚大铁路积极融资，提供贷款。但无论是中国还是欧洲，在随后的20世纪中都被各种战争缠得焦头烂额，这条欧亚通商的大道，一直没能成为联通欧亚的纽带。

直到21世纪，中国开始走出去，中国企业开始向域外其他地区投资，中国领导人再度想到了重振古丝绸之路的计划。"一带一路"倡议反映出中国对这个世界的看法，反映出中国提供的解决这个世界难题的方案，它既符合中国的利益，也符合世界大多数国家的利益，是一种取得"共同发展、共同富裕"的共赢之路。

重振丝绸之路，为中国走向世界提供了新的窗口，为处理乱世难题提供了解决之道。长期以来，北纬30度地区的很多国家都陷入了战乱和"民主革命"的泥沼，百废待兴。但无论是民主革命还是战乱，在这些国家中，人的生存需求总是第一位的。例如，阿富汗打了30年仗，这个国家从公共基础设施、民生经济到产业重组几乎都需要从零开始，但是阿富汗无法依靠自身力量迅速重振，重新发展经济。谁能帮上忙？美国在阿富汗的驻军保持了该地的安全，但美国也没有能力把这个国家重新组织建立起来。而中国在"一带一路"建设过程中，可以帮助这些国家重振经济，让当地居民安定下来。中国人的思路是只有发展起来，给当地居民更好的未来憧憬，他们对生活才能更有盼头。当地居民对未来生活更有盼头，才会对宗教极端主义宣传的东西产生怀疑，从而开始追求新的生活。只有当地居民都去追求新的生活，社会才能逐渐稳定下来，经济才有新的发展基础。

第一次世界大战结束以后，美欧等发达国家长期在阿拉伯地区扶持一些势力，打击遏制另外一些势力，这也带来了许多战乱，阿拉伯地区的人民由此对西方国家产生了一种厌恶感，以至于欧美国家的企业想进驻这些地区时总会遇到一些历史情绪的阻碍。但是中国没有这些历史包袱，这些地区对中国特别是对中国企业的投资是抱着欢迎的态度的。丝绸之路的开发可以使中国与中亚国家、阿拉伯国家之间迅速达成开发协议。从这个角度来说，"一带一路"建设对推动这一地区的经济发展和民族复兴都有特殊的意义。从全球角度来看，这一地区也是人口密集地区。比如，巴基斯坦、印度都是人口大国；伊朗、叙利亚、伊拉克、埃及、利比亚等国尽管有各种各样的内战导致大量的人员死亡，但这些国家依然是人口大国。中东地区和北非地区的总人口大约有6亿左右，相当于整个欧盟的人口。有庞大的市场，就会有庞大的需求。在丝绸之路建设过程中，也可以在很大程度上振兴当地的需求，从而开发出巨大的市场。

从2007年美国次贷危机到2017年，10年时光流逝，但经济危机的影响犹在。特别对美国、欧洲这些发达国家来说，经济结构没有出现大的变革，修补金融体系虽说可以防止危机的继续深化，但却无法消除造成危机的根本结构性因素。在这种情况下，很多发达国家已经无暇顾及崛起的新兴地区和新兴国家。中国现在已经成为世界第一制造业大国，不仅有完备的工业制造体系，还有充裕的资金、丰富的生产技术，并且有能力和愿望。所以，当中国以一种合作的姿态加入这些地区的经济重建和经济开发时，就容易受到大家的欢迎，发展潜力也非常大。所以说，中国重振丝绸之路也为处理乱世难题提供了解决之道。

中国为何要选择重振"丝绸之路"的方案呢？那是因为从地缘政治上讲，开拓向西发展的道路，符合中国这个大陆国家的发展战略。

中国传统上讲是一个地缘大国，也是一个地权大国。所谓地权大国，就是土地的边界及其延伸对于中国自身安全和经济发展来说都特别重要。但是，进入现代社会以来，中国受到的威胁都来自东南方，来自于海上。鸦片战争、甲午战争、日本侵华战争等，在各种各样的战争中，中国只要有巩固稳定的大后方，也就是中国的西部中部稳定，就不会有什么问题，就能抵御住来自东南部、来自海上的压力。比如，第二次世界大战的时候，日本军队迅速占领了中国沿海地区，国民党政府不断往中部地区撤，最后撤到了重庆，因为西面有滇缅公路和印度的供应，所以当时尽管有巨大的来自日本军队的压力，国民党政府也抵御住了。从这个经验可以看出，丝绸之路经济带建设是可以巩固中国的大后方的，通过这个大后方，中国可以把广大的欧洲大陆连接起来，把向西发展的整个大陆当作继续发展的依托。这是中国地缘政治的优势，是中国的地理优势。

中国是全球最大的外汇储备大国，有3万多亿美元的外汇储备。如何更好地利用这个资源是中国面临的一个难题，也是中国手里的一张王牌。如果中国继续购买发达国家的债券，美欧日等经济体的债务从长久来看都是不可持续的。比如，日本政府的债务已经是其经济总量的两倍多，美国联邦政府的债务占GDP比例也已经达到了105%以上。而在欧盟，虽然欧元区国家的债务占总体GDP的比例还没有超过100%，但也已经超过了90%，而有一些成员国的债务非常高，占GDP的比重已经超过了120%，甚至是140%。所以，前些年在欧洲爆发了好几次主权债务危机。根据历史的经验，当一个主权国家的债务太高，终极解决办法就是依靠通货膨胀，通货膨胀是冲销债务的，也就是某种程度上和平赖账的最好办法。如果发生通货膨胀，我们手中这些所谓硬通货的购买力就会大幅度下降。从这个角度上来讲，如果未来这些发达国家都通过通货膨胀来减少债务，而我们手里拿的多数都是这些发达国家货币定价的债务的话，那么我们拥有的债权等于在慢慢缩水，它的购买力不断下降。所以，这个前景会使我们感到不安，怎么样来对冲这种前景？唯一的办法就是，利用手里现有的外汇储备来更好地进行对外投资来分散未来依靠通货膨胀来减轻债务的风险。如果我们利用庞大的外汇储备来帮助其他国家发展，直接投资这些国家的经济，可能是一种更好的选择。因为直接投资的收益要远远大于债券投资的收益。另外，中国现在已经成为一个对外直接投资的大国，我们对外直接投资的数额已经超过了接收的外来直接投资，而中国曾经是最大的吸引外来直接投资国。我们有了这么大的外汇储备，如果我们能够拿这些外汇储备去进行直接投资，而这些直接投资的收益又大大好于我们拿这些钱去买一些发达国家的债券，那么我们不仅可以帮助其他国家更好地发展起来，同时也培育了自己的出口市场，这样才可以使我们和这些国家的关系进入一种双赢、多赢的局面，才会对我们的发展和它们的发展都有更好的推动作用。所以，利用中国巨大的外汇储备力量来推动海上丝绸之路以及丝绸之路经济带沿线国家的经济建设，是中国推动世界经济发展、解决世界经济需求不足的一个重大战略选择。

当今，中国面临的威胁仍然来自海上，美国前政府主导了回归亚太的战略，而回归亚太战略主要是依托与日本、韩国的军事同盟，加强与澳大利亚等南太平洋国家的军事同盟来保持美国在这个地区的存在。在中国感觉到东南方更多压力的同时，如果通过丝绸之路经济带的建设把发展重心向西推进的话，某种程度上可以化解来自东南亚的这种压力。毛泽东当年有一句话叫作"你打你的，我打我的"，也就是说我们在战略上不见得一定要跟别人对着干，而是通过发展自己独立的战略来化解别人的进攻势态。从地缘政治上讲，丝绸之路经济带建设和海上丝绸之路的建设都是这样一种思路，可以从某种程度上化解来自东南方的地缘政治的压力。

国际金融危机爆发以来，新兴经济体团结起来共同制定一些发展规划的势头越来越明显。新兴经济体国家做出了许多决定，他们都表示了要重塑国际经济秩序的愿望，而且他们都在团结一致想找到促进自己发展的道路。所以在2014年巴西召开的金砖国家峰会上，金砖国家领导人就决定要成立一个新的开发银行，首先保证这些新兴经济体发展的基础设施投资的项目，同时要设立一种榜样，要为这些发展快的发展中国家提供融资。

后来中国又提出了新的倡议，要成立一个新的亚洲基础设施投资银行，因为亚洲的基础设施投资需求巨大，而现存的国际开发机构——无论是世界银行，还是亚洲开发行——都远远无法满足亚洲国家在基础设施投资方面的需求。在这种情况下，中国就提出，我们要建设新的国际开发机构——亚洲基础设施投资银行。这个倡议也并非一帆风顺的，但当中国真正提出这个倡议之后，不仅是亚洲国家，欧洲国家也积极申请加入，一时间 50 多个国家都成了亚洲基础设施投资银行的创始国，其规模和热情不亚于第二次世界大战结束时美国倡议成立的布雷顿森林体系，如果从数量上讲，甚至要超过成立布雷顿森林体系的时刻。从这个角度可以看出，现在中国在国际经济舞台上的号召力还是很大的，也可以看出，中国提出的这个想法大大迎合了这些国家的需求。实际上，从国际金融危机爆发以来，大家都期待有谁能在世界经济上提出一个新倡议，找到走出现在这种低迷氛围的手段、道路。在这种情况下，当中国提出倡议时，马上就得到了许多国家的支持。虽然美国持怀疑态度，而且对其亚太地区的盟友施加了大量的压力，想劝阻他们参加亚洲基础设施银行的倡议。但除了日本以外，美国最主要的盟国，包括欧洲各国、澳大利亚、加拿大都纷纷加入了中国提出的这个倡议，成为亚洲基础设施投资银行的创始国。

这说明中国提出的这些加强基础设施建设的倡议，是有广大的民众基础的，他们都认为，只有通过一些大的基础设施项目建设，才能使世界经济有比较大的发展，使世界经济脱离现在萎靡不振的状态。他们的热情与中国提出"一带一路"建设的规划实际上是不谋而合的。

俄罗斯曾经对中国提出的建设"丝绸之路经济带"的倡议满腹狐疑，认为它有可能与俄罗斯建设欧亚联盟的计划相悖，会在中亚国家抢了俄罗斯的风头。然而，从 2013 年年底乌克兰危机开始，俄罗斯与美欧国家彻底闹翻了。美欧对俄进行经济、金融制裁，俄罗斯不得不向东寻找帮助，在中国找到了经济发展所需的投资与金融援助。在这个背景下，中俄加强了合作，包括各方面的技术合作，给中俄各自的发展奠定了更好的基础。比如，习近平主席 2014 年在塔吉克斯坦首都杜尚别出席上合组织峰会期间，与俄罗斯总统普京敲定了在高铁及卫星导航系统方面的合作，加上原有的中俄在联合研制远程宽体客机、重型直升机，以及共同开发能源等大项目上面的合作，中俄技术、科学和经济合作已经进入了更宽的领域。种种迹象表明，中俄在丝绸之路经济带建设中会有更多的合作，丝绸之路经济带建设会给从中国到欧洲的整个北纬30°上的沿线国家带来丰厚的经济效益，从而大大改变世界经济的发展格局。

奇怪的是，当年热衷于重振欧亚大陆桥的德国却对中国的"一带一路"倡议不那么热心。除了口头上不反对"一带一路"倡议外，德国从未公开支持过这个倡议，而且还为此给中国带上了一些"大帽子"，比如说中国企图"分裂欧洲"。为何如此呢？打通欧亚大陆桥难道不是德国人几百年来的梦想吗？试想从莱布尼茨开始，德国的多少有识之士曾为建成欧亚大陆桥而振臂高呼过？

这是因为，"一带一路"倡议广受中东欧国家的欢迎，而中东欧国家又是打通丝绸之路经济带的重要环节，中国与中东欧16国建立起了固定的"16＋1"机制，每年中国的总理都要与这16国的领导人聚集一堂，商讨并解决在合作投资及贸易往来中遇到的各种发展问题。但从20世纪80年代末90年代初东欧剧变开始，德国就积极插手中东欧事务，是欧盟内部积极推动东扩的最主要力量。而且，从中东欧那些国家加入欧盟后不久，德国与这些国家的贸易额就迅速超过了与"老欧洲"那些长年合作伙伴的贸易额。应该说，德国一直把中东欧国家看成是自己的"后院"，对中国"插足"自己的"后院"颇有微词。

其实，不客气地说，当今的德国战略家们就是比自己的祖辈差一些，眼界短小了些。且不说，中东欧国家之所以那么愿意跟中国合作，也跟西欧国家这些年的表现有关。继美国爆发的金融危机后，2010年欧元区也爆发了主权债务危机，希腊、西班牙、葡萄牙、意大利等南欧国家纷纷陷入危机。一些东中欧国家的金融机构前些年完全被西欧国家的金融企业兼并，成为法德等大国金融机构的分支机构。危机中，法德等银行机构手中掌握的希腊等国的债权也影响到它们的资产质量，它们不得不从中东欧国家撤回资本以自保。这使中东欧国家一下子陷入了困境。投资发展没有资金，基础设施落后无以改善本国吸引外资的条件，而自身的公务财务状况由于缺乏发展而每况愈下。

这是一个恶性循环的逻辑。在这种背景下，许多中东欧国家向中国发出召唤，希望中国能助它们一臂之力。中国的银行机构随后帮助了这些国家，恢复了这些国家的正常投资与经营。后来，随着"一带一路"倡议的提出，中国政府和企业与这些国家的政府签署了一些基础设施建设的协议，帮助这些国家恢复了经济。特别在巴尔干地区，东欧剧变后的内战及北约在这个地区的军事干预曾让这一地区弹痕累累，基础设施遭到巨大破坏，中国的"一带一路"倡议帮助它们恢复并改善了基础设施，让这一地区重新恢复了对经济发展的信心。

如果德国的战略家们能换一种心态，摆脱"零和游戏"的思维来看中国与中东欧国家的合作，就会发现这其实是个对整个欧亚大陆国家都十分有利的局面。从 2008 年国际金融危机爆发后，德国的经济发展在欧洲一枝独秀，而德国对中国的出口也是一路飙升。英国《金融时报》的副总编马丁·沃尔夫评论道，德国的经济表现好没什么值得骄傲的，看看德国对中国出口的增长就可以知道，这一切都应该归功于中国。他说，中国从德国进口的商品每年都以 10% 以上的速度增长，为德国提供了巨大的经济增长动力。我们可以认为，英国人嫉妒德国经济的表现，才说出"吃不到的葡萄都是酸的"的话，但沃尔夫的观察却是千真万确的。也就是说，中国经济越发展，对德国制造的机械设备的需求越大，德国对中国的出口就越多，也就促进了德国的投资与经济增长。这一逻辑不仅适用于中国经济发展，也适用于中国企业在海外的投资。中国在中东欧国家的投资提高了当地基础设施的质量，不仅能改善当地居民的生活质量，也能营造更好的投资环境，为将来的发展奠定更坚实的基础，也就是说为德国未来扩大在中东欧的消费品市场打下了基础。而且，中国企业在基础设施中需要大量的建筑机械，而德国的建筑机械又举世闻名，中国企业并不陌生，也在施工中大量使用。这些都是创造"双赢"局面的有利因素。因此，抱着固有的思维定式去看中国的"一带一路"倡议，可能会使德国企业失去宝贵的发展机遇，却无法阻止中国在中东欧国家继续扩张的势头。

当年写《丝绸之路》一书时，斯文·赫定曾预言："可以毫不夸张地说，这条交通干线（丝绸之路）是穿越整个旧世界的最长的路。从文化历史的观点看，这是联结地球上存在过的各民族和各大陆的最重要的纽带。……中国政府如能使丝绸之路重新复苏，并使用现代交通手段，必将对人类有所贡献，同时也为自己树起一座丰碑。"①中国正借助着"一带一路"倡议，在实现着这一伟大梦想，为重振丝绸之路，为构建更好的欧亚大陆桥做出自己的贡献。

---

　　①　[瑞典]斯文·赫定：《丝绸之路》，江红、李佩娟译，新疆人民出版社1997年版，第220页。

第三章　欧洲与中国的科技交往

中国与欧洲的科技交往可上溯好几个世纪。古代中国在科技上曾大幅领先世界，许多中国的技术都通过不同的途径传到了欧洲。但历史上，交流的手段有限，技术传播往往是通过战争，通过俘虏别人的工匠等方式实现的。因此，许多技术，比如火药或印刷术都是经过上百年或几百年才从中国传到了欧洲。

近代以来，信奉天主教的西欧国家开始向世界各地传教，殖民主义对天主教传播起了很大作用。但西欧国家的传教士在向中国传教时，却遇到了在世界其他地方都不曾遇到的困难，那就是他们很难说服信奉理性的中国儒生，这些在官场上和民间都有着重要影响力的知识分子去信奉天主教。明朝末期，意大利的利玛窦作为欧洲第一位传教士进入中国。他很快便发现，要想吸引中国的儒生注意，必须在科学知识上展现出比他们更胜一筹的能力。从他以后，欧洲的传教们便开始用他们的知识来吸引中国儒生的注意，把欧洲一些最先进的科技发明拿出来"显摆"，以此来获得中国儒生的好感。清朝入主中原后，有些传教士凭借着自己的科技知识，获得了康熙皇帝的好感，得以进入皇宫，并在清朝政府中任职，用自己的科学知识替清朝服务。真可谓是阴差阳错，这些传教士没有能说服中国皇帝信奉天主教，在中国民间传教的成绩也差强人意，却把欧洲的科学知识引进了中国。

晚清时，被坚船利炮打败了的清朝决心学习欧洲，开创了洋务运动：一方面培养中国的人力资源，大力翻译欧洲的书本知识；另一方面引进欧洲的现代技术，办起了一批官办企业。洋务运动开创了中国工业化的先河，但中国的工业化很快就被一连串的战争与动乱打断了。

从洋务运动开始，清朝、民国、改革开放后的中华人民共和国都先后向欧洲派遣了大量留学生。这些中国留学生在欧洲学习现代科学知识，一些人学有所成，并在回国后把学会的知识贡献给了中国的现代化建设。若不是有这些留学生源源不断地把科技知识传回中国，中国的科技现代化肯定还要等上漫长的历史时间。

一　中国古代科学技术传入欧洲的影响

从13世纪的马可·波罗到18世纪的传教士，到过中国的欧洲人普遍认为，中国国内的贸易量远远大于整个欧洲的总和。中国南海到东南亚及周边贸易都很兴旺，主要出口中国先进的产品，包括瓷器、纺织品和铁器，以交换初级产品。

从唐代到19世纪初，中国的技术创新不断发展，包括船尾舵与水密舱，水手用来导航的指南针，运河及闸门，造纸与印刷术冶金在高炉中使用水力双作用活塞波纹管，改进后的窑炉技术提高了瓷器的质量，纺织机与布料的改善，火药的应用及管状铁制武器的发展大大提高了军队的作战能力，采矿业的进步明显，使用了通风井和爆炸物，深井钻井技术可以开采深层盐矿与煤矿。18世纪初，中国制造业的产出已占全球的三分之一，而整个欧洲的制造业占全球不到四分之一。

18世纪前的1500多年，中国是世界技术进步的中心，远超世界其他地区。通过国际贸易的途径，中国的新技术被传播到中东与欧洲，对欧洲在文艺复兴后的科技突飞猛进的发展起到了重要作用。

剑桥大学教授彼得·诺兰认为，如果说蒸汽机标志着欧洲第一代"工业革命"的话，那么欧洲没有人可以称为"蒸汽机之父"，没有一种文明可以独揽发明蒸汽机的大功，因为公元 1800 年发明的往复式蒸汽发动机基本上由两种结构模式组成：双作用活塞风箱和旋转运动转移为直线往复运动。而有确凿证明表明，公元 1200 年前后，这些结构模式就在中国广泛并有效地被使用。①

　　其实，中国古代的四大发明（火药、造纸、活字印刷和指南针）对人类文明的进步起了至关重要的作用。欧洲近代的崛起与后来的科技创新都与中国技术的传入有密切的关系。

　　欧洲人喜欢说，中国人发明了火药，却只是用火药制成焰火来取乐。而欧洲人引进了火药后，却把它变成了枪炮，到外面去占领殖民地。这种说法虽然表面上是在赞赏中国人的和平主义，却掩盖了中国人是最早把火药用于军事的事实。

　　唐朝晚期，中国人已经发明了火药。但真正把火药用于军事发生在北宋时期。北宋开宝三年（970 年）至咸平五年（1002 年），冯继昇、唐福、石普等人创制了世界上最早的火球与火药箭，借助弓箭与抛石机投射。天圣元年（1923 年），开封设立"火药作"，官家作坊开始大批生产火药类武器。在 1126 年的开封保卫战中，任京城四壁守御使的李纲指挥宋军用火球与火药箭打退了金军。

　　金军后来也获得了制造火药的技术，制造出了震天雷——铁壳爆炸弹，并用它打败了蒙古的攻城部队。后来，蒙古军队也获得了火药技术，并在蒙古大军西征时用到了战场上。

　　蒙古人占领中原后，建立了元朝。元朝时期，发明了具有现代枪支性质的火铳。

　　明朝嘉靖年间，火器迎来了大发展时期：多管火铳、火炮、喷筒、爆炸弹、地雷、水雷等热兵器纷纷面世，并在万历年间明朝援朝抗倭的战争中发

---

① ［英］彼得·诺兰：《资本主义全球化的双刃剑》，《参阅文稿》，No. 2017—26。

挥了重要作用。①

宋、元、明三朝，中国创造了燃烧、爆炸、管射三大类热兵器，而且这些火器技术得到了不断的完善。明朝末年，中国又从葡萄牙引进了欧洲的火炮技术，制造出了佛郎机火枪和"红衣大炮"，广泛应用于明清战争中。

清代，由于火器制造复杂，造价较高，无力大量制造，枪炮技术走下坡路，故而中国热兵器出现了一个小冰河期。

北宋时期，中国火药由辽传入伊朗，被称为"中国盐"。南宋理宗时期，阿拉伯人从伊朗引进火硝或硝石合成火药，称其为"中国雪"，用于制造焰火；后又用于管状兵器中作为发射药。

13 世纪，蒙古崛起，成吉思汗率队西征。蒙古军队使用了火药兵器，公元 1260 年元世祖的军队在与叙利亚作战中被击溃，阿拉伯人缴获了火箭、毒火罐、火炮、震天雷等火药武器，从而掌握火药武器的制造和使用。阿拉伯人与欧洲的一些国家进行了长期的战争，在与阿拉伯国家的战争中，欧洲人逐步掌握了制造火药和火药兵器的技术。14 世纪中叶，欧洲人从阿拉伯人那里获知火药的知识，并学会了制造火器的方法，火药才正式传入欧洲。②

火药和火药武器传入欧洲后，不仅对作战方法本身，而且对欧洲城邦、国家之间的统治和政治关系起了变革的作用。随着火药和火药武器的广泛使用，世界兵器史上出现了一个划时代的进步，使整个作战方法发生了翻天覆地的变革。某种程度上，正是火药的发明和传播推动了世界历史的进程。

造纸技术传到欧洲后，也对欧洲产生了巨大影响。纸张从中国向全球传播经历了很长一段时间。

东汉元兴元年（105）蔡伦改进了造纸术。蔡伦用树皮、麻头及渔网等原料，经过挫、捣、抄、烘等工艺，制造出了现代意义上的纸。这种纸，原料容易找到，又很便宜，造出的纸质量大大提高，被大家普遍使用。为纪念蔡伦的功绩，后人把这种纸叫作"蔡侯纸"。

---

① 《玄铁剑并不神奇》，《科技日报》2015 年 2 月 7 日。
② ［德］弗兰克：《白银资本》，刘北成译，中央编译出版社 2000 年版，第 270 页。

根据考古发现，西汉时期（公元前206年至公元前8年），中国已经有了麻质纤维纸。质地粗糙，且数量少，成本高，不普及。

远古以来，中国人就已经懂得养蚕、缫丝。秦汉之际，以质量差些的蚕茧作丝绵的手工业十分普及。这种处理次茧的方法称为漂絮法，操作时需要反复捶打，捣碎蚕衣。这一技术后来发展成为造纸中的打浆。此外，中国古代常用石灰水或草木灰水为丝麻脱胶，这种技术也给造纸中为植物纤维脱胶以启示。造纸术是在这些技术基础上发展起来的。

最迟在公元前2世纪时的西汉初年，纸已在中国问世。最初的纸是用麻皮纤维或麻类织物制造成的，由于造纸术尚处于初期阶段，工艺简陋，所造出的纸张质地粗糙，夹带着较多未松散开的纤维束，表面不平滑，还不适宜于书写，一般只用于包装。

东汉和帝时期，经过了蔡伦的改进，形成了一套较为定型的造纸工艺流程，其过程大致可归纳为四个步骤：第一是原料的分离，用沤浸或蒸煮的方法让原料在碱液中脱胶，并分散成纤维状；第二是打浆，就是用切割和捶捣的方法切断纤维，并使纤维帚化，而成为纸浆；第三是抄造，即把纸浆渗水制成浆液，然后用捞纸器（篾席）捞浆，使纸浆在捞纸器上交织成薄片状的湿纸；第四是干燥，即把湿纸晒干或晾干，揭下就成为纸张。

汉代以后，虽然工艺不断完善和成熟，但这四个步骤基本上没有变化，即使在现代，在湿法造纸生产中，其生产工艺与中国古代造纸法仍没有根本区别。造纸技术的发展主要体现在使用的原料越来越丰富。魏晋南北朝时，已经开始利用桑皮、藤皮造纸。到了隋朝、五代时期，竹、檀皮、麦秆、稻秆等都已作为造纸原料，先后被利用，从而为造纸业的发展提供了丰富而充足的原料来源。唐朝利用竹子为原料制成的竹纸，标志着造纸技术取得了重大的突破。竹子的纤维硬、脆、易断，技术处理比较困难，用竹子造纸的成功，表明中国古代的造纸技术已经达到相当成熟的程度。

中国历史上有关造纸的著作非常多。宋代有苏易简的《纸谱》、元代有费著的《纸笺谱》、明代有王宗沐的《楮书》，明代宋应星的《天工开物》第十三卷《杀青》中，记载了竹纸和皮纸的详细制造方法，书中还附有造纸操作图，是当时世界上关于造纸的最详尽的记载。经过元、明、清数百年岁月，到清代中期，中国手工造纸已相当发达，质量先进，品种繁多，成为中华民族数千年文化发展传播的物质条件。

在蔡伦改进造纸术后不久，造纸术就传到了朝鲜和越南。大约公元4世纪末，朝鲜还处于三国鼎立时期。百济在中国人的帮助下学会了造纸，不久高句丽、新罗也掌握了造纸技术。西晋时，越南人也掌握了造纸技术。公元610年，朝鲜和尚昙征渡海到日本，把造纸术献给日本摄政王圣德太子，圣德太子下令推广全国，后来日本人民称他为纸神。

向西，造纸技术也传播到了中亚的一些国家，并通过贸易传播到了印度。

10世纪造纸技术通过阿拉伯人传到了叙利亚的大马士革、埃及的开罗和摩洛哥。

欧洲人是通过阿拉伯人了解造纸技术的，在摩尔人统治西班牙的时期。公元1150年，阿拉伯人在西班牙的萨迪瓦（Xàtiva）建立了欧洲第一个造纸场。公元1276年，意大利的第一家造纸场在法布里亚诺（Fabriano）建成，生产麻纸。法国于公元1348年在巴黎东南的特鲁瓦（Troyes）附近建立了造纸场。此后又建立几家造纸场，这样法国不仅国内纸张供应充分，而且还向德国出口。德国到14世纪才建起了自己的造纸场。英国因为与欧洲大陆有一海之隔，造纸技术传入比较晚，15世纪才有了自己的造纸厂。瑞典1573年建立了最早的造纸厂，丹麦于1635年开始造纸，1690年建于奥斯陆的造纸厂是挪威最早的纸厂。到了17世纪欧洲各主要国家都有了自己的造纸业。①

然而，欧洲造的纸张一直赶不上中国纸的质量。直到18世纪，为了解决欧洲纸张质量低劣的问题，法国财政总监杜尔阁（Jacques Turgot）还利用驻北京的耶稣会教士刺探中国的造纸技术。乾隆年间，供职于清廷的法国画师、耶稣会教士蒋友仁（Michel Benoist）将中国的造纸技术画成图寄回了巴黎，

---

① 转引自：http://www.docin.com/p-13218954.html。

中国先进的造纸技术才在欧洲广泛传播开来。①

造纸术传入欧洲，大大改变了欧洲人的生活。纸张方便了书写和书籍印刷，改变了欧洲人的文化习惯，与此同时也改变了他们的生活习惯。欧洲人原来如厕时用石头、毛绳、木片等方法清除肛门的残留物，直到引进了中国的造纸术，才彻底放弃了比较难堪的做法。

中国发明的活字印刷技术被传到欧洲后，也带动了欧洲社会巨大的变化。

北宋年期，大约在1041—1048年，毕昇发明了活字印刷术。毕昇创造发明的胶泥活字、木活字排版是中国印刷术发展中的一个根本性的改革。

在此之前，只有摹印、拓印和雕版印刷，既笨重费力又耗料耗时，不仅存放不便，有错字又不易更正。毕昇发明的活字印刷方法既简单灵活，又方便轻巧。其制作程序为：先用胶泥做成一个个规格统一的单字，用火烧硬，使其成为胶泥活字，然后把它们分类放在木格里，一般常用字备用几个至几十个，以备排版之需。排版时，用一块带框的铁板作底托，上面敷一层用松脂、蜡、纸灰混合制成的药剂，然后把需要的胶泥活字一个个从备用的木格里拣出来，排进框内，排满就成为一版，再用火烤。等药剂稍熔化，用一块平板把字面压平，待药剂冷却凝固后，就成为版型。

印刷的时候，只要在版型上刷上墨，覆上纸，加一定的压力就行了。为了可以连续印刷，就用两块铁板，一版加刷，另一版排字，两版交替使用。印完以后，用火把药剂烤化，用手轻轻一抖，活字就可以从铁板上脱落下来，再按韵放回原来木格里，以备下次再用。

毕昇的活字印刷技术先后传至朝鲜、日本、越南、菲律宾、伊朗等国，15世纪，活字版传到欧洲。

公元1456年，德国的戈登堡用活字印《戈登堡圣经》，这是欧洲第一部活字印刷品，比中国的活字印刷晚了四百年。活字印刷术经过德国而快速传到其他的十多个国家，促进了欧洲的文字。某种程度上，印刷术传到欧洲后，促发了文艺复兴运动，也促发了基督教的宗教改革运动。

---

① 中国网，http://news.china.com/zh_cn/news100/11038989/20060924/13646400.html。

指南针的使用对欧洲人实现环球大航海起到了至关重要的作用。但指南针的发明与改善在中国却经历了多个世纪。

指南针的起源可以追溯到战国时代（公元前475年—公元前221年），那时的采玉工人到山里"寻宝"，经常要带着一个"司南"来指引方向。东汉王充在《论衡》一书中，记叙了司南的样子。它是以一块天然的磁石雕成勺子的形态，南极位在勺柄。在雕琢过程中要使勺子的重心位于底部，托盘上再刻上"四维"（乾、坤、巽、艮）、"八干"（今之天干）、"十二支"（今之地干）、组成二十四向。使用时，先把托盘放正，再把司南放上，让其旋转，一旦司南停止转动，其柄指向即为南。

11世纪末，北宋的沈括完成了巨著《梦溪笔谈》，其中记载了指南针的制作方法，并阐述了磁偏角现象。北宋开始，指南针被用于航海。

大约在12世纪末13世纪初，指南针技术通过海上丝绸之路传到了阿拉伯，然后再传入欧洲。欧洲人很快开始了海上探险的时代，指南针技术在欧洲被改造成旱罗盘，再加上早些时期传到欧洲的造船技术，大大促进了欧洲人的海外探险活动。

英国科学史专家李约瑟（Joseph Needham）研究了中国古代科技史，并研究了这些技术是如何通过西亚国家和波斯走向欧洲的。他列举了中国古代技术对欧洲的贡献，不仅有众所周知的火药、造纸术、活字印刷术和指南针，还有钢铁冶炼技术、把旋转运动变成直线运动的传动带和传动链、拱桥和铁索桥、深井钻探设备等工程技术，水上航行用的明轮船、前桅帆、后桅帆、密封舱和尾舵等许多其他东西。

李约瑟认为，直到16世纪，中国在技术上大大领先欧洲。中国人比欧洲人早五百年使用十进位制；一千年前，中国就有零的算术概念和负数了。中国比欧洲早一千年就使用带轭圈的前胸马具，而在欧洲要等到菲利普·奥古斯特和弗雷德里克·巴尔帕鲁斯时代才普遍使用这种马具。中国人比欧洲人早15个世纪就观察到了太阳黑子、制造出瓷器、发明了幻灯、使用游标卡尺。中国比世界其他地方早两千年就使用拉线播种，在菜畦里锄草，用金属犁铧耕地。①

英国使节马戛尔尼访华时，对在中国已经存在了20个世纪的旋转风选种机的精巧赞叹不已，但这种机器18世纪才在欧洲出现。中国的活塞鼓风机、生铁炼钢术、钻井提取天然气或悬索桥技术均领先欧洲。②

应该说，中国古代技术传播到欧洲后，大大改变了欧洲人的生活习惯，也改变了欧洲人对于战争和征服的态度。英国人培根（Francis Bacon）在《新工具》一书中谈到印刷术、火药与指南针时说："这三种东西曾经改变了世界事物的面貌和状态，第一种在学术上，第二种在战争上，第三种在航海上，由此又产生了无数变化。这种变化是如此之大，以致没有一个帝国、没有一个教派、没有一个赫赫有名的人物，能比这三种机械发明在人类的事业中产生更大的力量和影响。"③中国人发明了火药和火器，欧洲人拿过去了后，用于殖民主义的扩张，占领了拉丁美洲、非洲和亚洲的大部分地区。中国人发明了罗盘和尾柱舵，但这些技术流到欧洲后，却导致了欧洲的远洋航行和探险。中国人发明了印刷术和纸张，传到欧洲后，被古登堡改造成金属活字印刷，推动了欧洲的阅读和知识爆炸。中国人发明了纸币，却让欧洲人转变成银行体系和贸易的发展。

除了技术外，中国古代的科学也曾有过极大的辉煌。但是，中国古代的科学研究都是少数人的活动，完全出于个人的兴趣，很少得到社会上的认可。官方认同的只是文字方面的成就，诗词歌赋是科举考试不可或缺的基本功，吸引大多数中国知识分子都去过那个"独木桥"。而后来成为现代社会发展最主要基础的科学研究却很少有人问津，成为一小部分知识分子的消遣游戏。

比如，最晚成书于公元1世纪左右的《九章算数》是中国古代第一部数学专著。该书内容十分丰富，系统总结了战国、秦、汉时期的数学成就。《九

①　［英］李约瑟、罗南：《中华科学文明史》（二），上海交通大学科学史系译，上海人民出版社2003年版，第5页。

②　［法］转引自［英］佩雷菲特《停滞的帝国》，王国卿等译，生活·读书·新知三联书店1995年版，第478—479页。

③　转引自［英］李约瑟、罗南《中华科学文明史》（四），上海交通大学科学史系译，上海人民出版社2003年版，第2页。

章算术》在数学上的独到之处，不仅最早提到了分数问题，也首先记录了盈不足等问题。《九章算数》的"方程"一章还在世界数学史上首次阐述了负数及其加减运算法则。它是一本综合性的历史著作，是当时世界上最简练有效的应用数学，它的出现标志中国古代数学形成完整的体系。南北朝时期的数学家祖冲之，在公元 480 年左右用割圆法算出了圆周率的不足近似值在 3.1415926 到 3.1415927 之间。直到 15 世纪阿拉伯数学家阿尔·卡西和 16 世纪法国数学家韦达才得到更精确的结果。祖冲之还有许多其他的贡献，数学上解决了球体积计算问题，对二次方程和三次方程也有研究；天文学上推测出了五大行星会合的周期，修订了中国的农历，等等。唐代时期，中国的数学家已经对高次方程有了完整的解法。

清朝时，当欧洲科学进入中国时，有些官方知识分子在学习欧洲数学等知识时，也开始对中国古代数学的方法感兴趣。无意中，他们发现，中国古代数学成就很大，但有许多断代，使古代中国数学没有得到始终如一的发展，没有转变成欧洲后来各种科学门类发展的最基础工具。

比如，清代编的《四库全书》中有 25 条有关数学的提要，其中有 9 条有关唐代的经典；3 条有关宋元著述；4 条是明清以后的，其中包括利玛窦、徐光启翻译的欧几里得《几何原本》。中国的数学经典证明，元代小官吏李治于 1248 年写成的《测圆海镜》是现在最古老的一个单变量的多项式方程的著作。同时代的秦九韶也有一些多项式代数及其他重要论题的开创性之作。

最重要的还属元代数学家朱世杰，在数学科学上，全面地继承了秦九韶、李冶、杨辉的数学成就，并给予创造性的发展，写出了《算学启蒙》《四元玉鉴》等著名作品，把我国古代数学推向更高的境界，形成宋元时期中国数学的最高峰。《算学启蒙》是朱世杰在元成宗大德三年（1299 年）刊印的，全书共三卷，20 门，总计 259 个问题和相应的解答。这部书从乘除运算起，一直讲到当时数学发展的最高成就"天元术"，全面介绍了当时数学所包含的各方面内容。

"天元术"是设"天元为某某"，再列出二元、三元甚至四元的高次联方程组，然后求解。在欧洲，解联立一次方程开始于 16 世纪，关于多元高次联立方程的研究还是 18—19 世纪的事了。朱世杰的另一重大贡献是对于"垛积术"的研究。他对于一系列新的垛形的级数求和问题做了研究，从中归纳为"三角垛"的公式，实际上得到了这一类任意高阶等差级数求和问题的系统、普遍的解法。朱世杰还把三角垛公式引用到"招差术"中，指出招差公式中的系数恰好依次是各三角垛的积，这样就得到了包含有四次差的招差公式。但由于朱世杰已经通晓其中各项系数是一系列三角垛的积，实际上可以认为他已通晓任意高次的招差法。这比英国牛顿的同样成就要早出近四百年。中国古代没有数学符号，公式都是用语言文字叙述的，因此很难在汉字文化圈以外的国家传播。

《算学启蒙》后来流传到朝鲜、日本等国，出版过翻刻本和注释本。有美国学者认为，《算学启蒙》传到日本后，引起了日本 17 世纪数学的大发展。[1]

而《四元玉鉴》更是一部成就辉煌的数学名著。它受到近代数学史研究者的高度评价，被认为是中国古代数学科学著作中最重要的数学名著，为中世纪的数学做出了巨大贡献。

近代，日本、法国、美国、比利时以及亚、欧、美许多国家都有人向本国读者介绍《四元玉鉴》。比利时出生的、美国科学史创始人萨顿（George Sarton）是这样评说朱世杰的："（朱世杰）是中华民族的、他所生活的时代的、同时也是贯穿古今的一位最杰出的数学科学家。""《四元玉鉴》是中国数学著作中最重要的，同时也是中世纪最杰出的数学著作之一。它是世界数学宝库中不可多得的瑰宝。"从中可以看出，宋元时期的科学家及其著作，在世界数学史上起到了不可估量的作用。[2]

清朝后期，英国的基督新教也开始向中国派遣传教士。这些新教的传教士也与当年耶稣会的传教士一样，从中国人对西方科学感兴趣这一点切入，

① ［美］本杰明·艾尔曼：《中国近代科学的文化史》，王红霞等译，上海古籍出版社 2009 年版，第 55—63 页。

② http：//www．chinavalue．net／Wiki/朱世杰．aspx。

努力向中国人证明上帝的力量。在英国新教的传教士中有一位叫伟烈亚力（Alexander Wylie）的对西方数学传到中国起了重要作用。然而，他在向中国人介绍欧洲数学进展时，也开始对中国古代数学感兴趣。他研究了许多中国古代数学，1852 年在《北华捷报》（*North China Herald*，《字林西报》前身），发表了一篇影响力极大的论文《中国数学科学札记》（Jottings on the Sciences of Chinese Mathematics）。伟烈亚力在文中详述《通鉴纲目》《书经》《周髀》《九章算术》《孙子算经》《数术记遗》《夏侯阳算经》《海岛算经》《五曹算经》《周髀算经》《五经算术》《张丘建算经》《缉古算经》《数书九章》《详解九章算法》《乘除通变本末》《弧矢算术》《测圆海镜》等中国古代典籍和数学著作。伟烈亚力熟悉西方数学的发展史，能对中国数学和西方数学进行比较，他指出秦九韶作于 1240 年的《数书九章》已经运用十进制和零，指出《数书九章》中的"玲珑开方"法领先于英国数学家威廉·乔治·霍纳（William George Horner）于 1819 年发表的解高次代数方程的方法。伟烈亚力此文深受欧洲学者推崇，1856 年有学者将之翻译成德文，1862 年有了法译本。时至今日，研究中国数学史的书籍，仍然在引用伟烈亚力的《中国数学科学札记》，可见此论文在研究中国数学史方面的里程碑作用。①

中国研究中国古代史的专家中一直有人认为，正是中国这些古代数学成果从东方向西方转移，最后才促成了文艺复兴后欧洲的数学兴盛。但因为缺乏史料证明，这种猜测也只停留在猜测层面。无论如何，中国古代数学家没有受到帝王的重视，没能把自己的知识更多地传授到社会各界。相反，牛顿受到英国国王的顶礼膜拜，牛顿创立的微积分得以通过教育被各种学科、甚至社会学科使用，大大促进了工业化的发展。历史无法假设。但如果中国古代的帝王更加重视数学等学问，中国那些曾经领先于世界的数学等学问会大量进入民间，使中国率先进入工业化社会吗？

---

① 汪晓勤：《伟烈亚力对中国数学的评介》，《中国科技史料》1998 年第 2 卷。

二 欧洲传教士将现代科学引进中国

从发现美洲起，欧洲的传教士在欧洲列强的海外扩张中就起了重要作用。他们先热衷于在美洲传教，然后又跑到亚洲来传教。从 16 世纪末起，欧洲开始向远东传教，传教士从葡萄牙出发，先到了印度的果阿，然后到了中国的澳门，再从澳门进入中国内地。

但在向中国传教的过程中，欧洲传教士遇到了前所未有的困难。

中国在历史上曾经非常开放，唐朝时，天主教的一支就到了长安，并被允许传教。元朝时，各种宗教都可以在中国并存。明朝末年，中国的士大夫推崇宋朝时的儒家传统——程朱理学，对一切外来的文化和宗教都持排斥的态度。欧洲的传教士很难施展他们的才华，很难开展传教活动。为此，有一支天主教的传教士——耶稣会士想到了一招吸引中国士大夫阶层的办法。

从文艺复兴开始，欧洲兴起的不仅是文艺，还有科学和技术。耶稣会的传教士认为，要说服中国人信奉天主教，首先要让中国的知识分子——士大夫阶层感兴趣，引诱他们信天主教，然后民众也会跟随着相信。因此，他们开始展示欧洲国家在近代科学、技术方面取得的进步，让传教士展示中国人尚不熟悉的欧洲在地理学、天文学方面取得的最新进展，以吸引中国人的好奇心。与此同时，欧洲的传教士也开始学习中文，学习中国的古典文化，并尝试用中国文化中的一些概念来与中国知识分子沟通。

科学在欧洲传教士的传教事业中起了几个重要作用：首先，通过显示传教士在科学、特别是天文学领域的知识，使中国的知识阶层和皇帝都觉得他们必不可少，然后再慢慢地容忍他们在中国的传教活动，中国的一些知识分子因而成为天主教徒。其次，借助科学，可以减少中国人对耶稣会士的偏见，让中国人意识到外国人也可对中国的知识和学问做出补充和贡献。最后，通过向中国人显示欧洲人在地理和天文学方面的知识，可以打开中国人的眼界，破除"中国中心论",进而为传播基督教的福音奠定基础。这些想法和做法也得到了欧洲科学界人士的支持。比如,德国科学家莱布尼茨就说过:"(在中国)传教活动是我们这个时代最伟大的。它不仅有利于上帝的荣耀、基督教的传播,亦将大大促进人类的普遍进步,以及科学与艺术在欧洲与中国的同时发展。这是光明的开始,一下子就可完成数千年的工作。将他们(中国)的知识带回这儿,将我们的介绍给他们,两方的知识就会成倍的增长。这是众所能想象的最伟大的事情。"①

当欧洲传教士把现代科学引进中国时,遇到了两股反对的力量:一方面是将欧洲文明视为文明终结,将一切非天主教民族都视为魔鬼的"欧洲中心论"者和狭隘的亚利安"民族主义者";另一方面是将宋明理学当作唯一真理、主张"宁使中国无好历法,不可使中国有西洋人"的顽固"中国传统"卫道士。

使东西方两大文明越过"万丈深渊"相遇的,是耶稣会传教士的"文化适应"策略和中国知识分子的"开明开放"精神,是他们构建了超越鸿沟的桥梁。

意大利的传教士利玛窦(Matteo Ricci)显然是这些耶稣会传教士中最有代表性的人物。

为了容易被中国人接纳,利玛窦开始试穿中国服装,先把自己打扮成一副佛教和尚的样子。后来,他发现中国人并不认同他的这种身份。利玛窦意识到,要使中国皈依基督教,必须把在这个国家社会文化生活中占主导的士大夫变成基督徒,而不是去学被士大夫轻视的和尚。他又开始穿长衫,把自己打扮成一副古代儒生的样子。穿上儒服的利玛窦努力与有影响力的士大夫结交,他刻苦学习汉语,用汉语同中国儒生们交流,努力学习儒家经典,以增加士大夫对他宣讲基督教义的认同感,并试图用中国人的思维逻辑去阐述基督教的一些原理。

他用汉字书写了许多著作,用儒家的思维方法来解释西方基督教文化,

① [美]邓恩:《从利玛窦到汤若望》,余三乐、石蓉译,上海古籍出版社 2003 年版,第 16 页。

并企图在两种文化中找到共同点，来搭建某种桥梁。利玛窦在中国生活了30多年，竟写出了20多种著作，除了科学译著外，还涉及宗教、哲学、伦理等领域。①

利玛窦很快就发现，能引起中国人兴趣的并非基督教的"福音书"，而是欧洲的科学技术。1595年11月4日，他在给罗马耶稣会总长的信中，陈述了中国人来拜访他住所的5个原因：一，看看他这个从欧洲来的外国人；二，来看他惊人的记忆力；三，人们都认为他是个大数学家；四，来观看他带来的新鲜物件，棱镜、地球仪、浑天仪、世界地图；五，听听教会的事情，并与他交换有关宗教的问题。而因为最后一个原因来拜访他的中国人最少。因此，他已经感到，中国人对他感兴趣，是因为他向中国人展示了欧洲的科学技术。②

在与中国文人的接触中，他逐渐与徐光启等人建立了友谊，获得了他们的同情与理解，并最终说服他们信奉了天主教。

徐光启在与利玛窦交往中，屡次听他谈到欧几里得的《几何原本》。但利玛窦也坦言，这本书很难翻译，他个人几次尝试不成，最终放弃了。徐光启求知甚切，他决定迎难而上，与利玛窦合作翻译《几何原本》。徐光启每天下午都布衣徒步到利玛窦住所，请利玛窦口释，他以笔录。经过一个冬天的合作，其中三易其稿，次年春天译完了前六卷。徐光启想译完全书，但利玛窦却认为目的已经达到，便停止了翻译。最后，前六卷被交付印刷。

此后，徐光启又与利玛窦合作，翻译了《测量法义》，不仅介绍了西方的测量方法，还详细论述了其数理基础。正当徐光启想与利玛窦合作，翻译更多的欧洲科学著作时，徐光启父亲去世了。按照中国传统，徐光启必须在家中居丧三年。他便回到上海，完成他的义务。在上海期间，徐光启在《几何原本》与《测量法义》的基础上，又写成了《测量异同》与《勾股义》两本书。当徐光启再回北京时，等待他的只有利玛窦的葬礼和车公庄利玛窦的孤坟。

___

① 孙尚扬：《利玛窦与徐光启》，新华出版社1993年版，第24页。
② 同上书，第27页。

利玛窦之后，徐光启又与另一位意大利籍的传教士熊三拔（Sabbatino de Ursis）合作，翻译了《泰西水法》，介绍欧洲水利工程，最后被收录进徐光启的《农政全书》。

徐光启认真地研究了欧洲天文、历法、数学、工程、农学等领域里的知识，不断地向中国介绍这些知识。他还倡导在翻译、介绍"西洋科学"的基础上，进行会通中西的工作。他认为，中国古代的《周髀》《九章算数》中也有勾股测量之法，但却没人能明确解释此两法的原理。所以，他针对传统的中国数学中有法而不能言其立法之意的特点，在《勾股义》一书中力图会通中法与西理。他认为，中国古代数学或象数之学很重视数量关系，但对事物的空间形式及其关系注意得不够。因此，他倡导以图像思维来弥补中国科学之不足。

后来，徐光启与李之藻等人在共同的科学研究实践中，提出了一种与西方竞争的观念。这在当时非常难得。从明朝到清朝初期的很长时间，华夏中心主义盛行，中国人认为，中国即天下，华夏文明就是世界文明。承认异质文明的存在，并认为不同的文明有中国本土文明尚未达到的成就，这在当时实属振聋发聩之声。

清朝建立后，欧洲传教士这种努力汉化的赤诚最终感动了清朝皇帝。欧洲传教士们被允许进入宫廷，给康熙皇帝讲授天文、地理、数学等当代西方知识。

康熙时期，欧洲传教士与清廷中的天文官开始了一场为了捍卫自己天文学的争斗。最终，欧洲传教士胜出，康熙决定让欧洲人执掌中国政府天文学的最高职位。

第一个欧洲人担任清朝掌钦天监事是德国传教士汤若望（Johann Adam Schall von Bell）。汤若望1611年10月加入了耶稣会，宣誓终生安贫、贞洁、服从。随后，他搬到了罗马耶稣的圣·安德烈奥修道院，当一名见习修士，接受严格的修士训练。并加入了灵采研究院，探索着不断发展着的新科学，尤其是天文学和数学。安德烈奥修道院有一座图书馆，馆里藏着许多经过印刷，装订成册的海外耶稣会士写给总会的年报、报告和信函。

汤若望经常到图书馆翻阅这些材料。早期传教士在东方在中国的所作所为让他激动不已。他钦佩利玛窦在中国采取的适应中国文化习俗的，所谓"合儒"的传教策略，竭力把天主教义与中国的儒家文化相结合。当他听说利玛窦神父以其数学天文学的智慧，惊倒了中国人，并且受到皇帝的优礼和敬重，为上帝的教会开拓了新的、非常大的信仰领域时，他为西方的数理天文学在中国获得这样的价值而欣喜若狂。

1613年10月，他进入了罗马学院。开始了为期四年的神学和数学研究。罗马学院是罗耀拉于1551年创办的，虽说是一所"基督精神的神学院"，该学院的课程设置除宗教内容外，还有数学、天文学、地理学、机械力学、化学等科目。

伽利略也担任过该院的教师，他曾在学院的报告厅里展示过经他改良后的望远镜，受到热烈欢迎。汤若望听过他的演讲，对伽利略的学说产生浓厚的兴趣。

1617年，他以最优秀的成绩完成了在罗马学院的学业，晋升为神父。1618年4月16日，在金尼阁（Nicolas Trigault）的带领下，汤若望、邓玉函（Johann Schreck）、罗雅谷（Giacomo Rho）等22名传教士从里斯本启航，被以葡萄牙政府的名义派往中国传教。

1619年7月15日，汤若望和他的教友们抵达了澳门，被安置在圣·保禄学院里。传教士们一踏上中国土地，便开始精心研习中国语言文化，甚至以掌握北京官话为目标。这些西方修士入乡随俗，脱下僧袍，换上儒服，住进中式房屋，并潜心研究中国经史和伦理，寻找其中东西方文化的融合点。在同朝野名流交往的过程中，这些上通天文，下知地理，又熟读汉文典籍的西方传教士，自然赢得了中国文人士大夫的好感和信任，从而达到其传播信仰的目的，这就是利玛窦开创的"合儒超儒"的传教策略。

1622年夏天，汤若望换上了中国人的服装，把德文姓名"亚当"改为发音相近的"汤"，"约翰"改为"若望"，正式取名汤若望。

汤若望1623年到达北京后，仿效当年的利玛窦，将他从欧洲带来的数理天算书籍列好目录，呈送朝廷。又将带来的科学仪器在住所内一一陈列，请中国官员们前来参观。汤若望以他的数理天文学知识得到朝廷官员们的赏识。

清朝顺治元年（1644），清军进入北京，明亡。汤若望以其天文历法方面的学识和技能受到清廷的保护，受命继续修正历法。汤若望多次向新统治者力陈新历之长，并适时进献了新制的舆地屏图和浑天仪、地平晷、望远镜等仪器，而且用西洋新法准确预测了顺治元年农历八月初一丙辰日食时，初亏、食甚、复圆的时刻。他说服了当时的摄政王多尔衮，决定从顺治二年开始，将其参与编纂的新历颁行天下。他用西法修订的历书（就是《崇祯历书》的删节版）被清廷定名《时宪历》，颁行天下。

同年11月，汤若望被朝廷任命为钦天监监正。次年，他将《崇祯历书》压缩成《西洋新法历书》一百零三卷，进呈摄政王多尔衮，封太常寺少卿。

1651年，清政府允许欧洲传教士在宣武门内原天主堂侧重建教堂。汤若望将利马窦建的一座经堂扩大，建成了北京城内的第一座大教堂（南堂），也成为汤若望等神父的起居地。汤若望在如今北京建国门附近的古观象台工作，在古观象台工作的传教士有50多人，汤若望是其中最主要的传教士，还担任台长，即钦天监监正。

顺治皇帝临终前议立嗣皇，曾征求汤若望意见。当时顺治帝因得天花，而当时朝廷中只有汤若望一人知道天花如果流行会造成什么样的后果，于是他就说一定要找一位得过天花的皇子来继王位，于是顺治皇帝便选了康熙。

汤若望在钦天监有一位助手，是比利时人南怀仁（Ferdinand Verbiest）。南怀仁1623年10月9日生于布鲁塞尔附近的一座叫作"彼滕"（Pittem）的小镇。12岁起进入耶稣会办的学校读书。1640年10月1日，离17岁生日还差几天，南怀仁开始了鲁汶大学艺术学院的学习。鲁汶大学是世界上最古老的天主教教会大学之一。南怀仁在鲁汶大学学习期间，开始系统地接触亚里士多德的学说，尤其是逻辑学和哲学体系。在学习宇宙论的内容时，涉及天文学、数学、历法计算、地理学等方面的知识。他亲自听到一些新的思想，亲身感受到一些新的理论对传统学说的挑战。

1641 年，18 岁的南怀仁离开了母校，前往梅赫伦加入耶稣会，开始了为期两年的修道士的见习期。1643 年 10 月，南怀仁见习修士期满，他回到了鲁汶，在耶稣会的学院中继续学习哲学。他只用了一年的时间，便完成了耶稣会学院的哲学课程的学习。1644 年，南怀仁顺利地通过了考试。之后，南怀仁继续在鲁汶的耶稣会学院学习了一年的数学和天文学。1654 年恰逢卫匡国（Martino Martini）返欧，访问鲁汶耶稣会神学院，在他的影响下，南怀仁要求前往中国传教，次年获准。

南怀仁 1660 年 6 月 9 日抵达北京，开始做汤若望的助手，供职钦天监协助治理历法。汤若望年长南怀仁 30 多岁，当时已取得了卓越的成就，享有崇高的威望。南怀仁对这位长辈非常敬重，尽心竭力地协助他工作。汤若望对南怀仁也很满意。

顺治十五年（1658）汤若望受一品封典，耶稣会传教士影响因而扩大，一时各地教徒增至十万人，终于引起了一场"文明冲突"。

康熙四年（1665）南怀仁与汤若望一起遭到了杨光先等人的举报，遭遇了著名的"历狱"事件。杨光先代表的是儒家正统的一派，他们担心欧洲基督教在中国不断扩大的影响，认为基督教最终会取代中国知识界的儒家正统。然而，杨光先却想把这场"意识形态"之争包上一层学术争论的外衣。杨光先在顺治十六年至十七年（1659—1660 年）撰写了一系列反天主教和西洋历法的文章并广为散布，然而终顺治一朝也并未对汤若望的地位造成实质性的威胁。康熙初年四辅臣秉政时期，历制复古的政治气氛上升，杨光先抓住时机再向朝廷控诉西洋历法之非与传教士治历之误，取得了明显的打击效果。康熙三年（1664）九月，杨光先复上《请诛邪教状》，言汤若望等传教士有罪三条：潜谋造反；邪说惑众；历法荒谬。经议政王会议审议，在北京的传教士汤若望、南怀仁、利类思（Ludovic Bugli）、安文思（Gabriel de Magalhes）被关押审讯。原本，这些人被判了死刑，但因北京发生了地震，欧洲传教士都被大赦。随后，各地拘押传教士达 30 多人，之后被遣送广东。

"时宪历"遭到废止。杨光先乃出任钦天监正，吴明烜（明炫之弟）为监副，"复用大统旧术"。行之数年，误差日大。坚持新法的南怀仁等与坚持旧法的杨光先等争吵不已。1668 年 11 月，康熙派特使察勘并实际观测，证明新法优于旧法。杨光先被革职，任南怀仁为钦天监副，于 1670 年复行时宪历。

1666 年 8 月 15 日，汤若望病死于寓所。康熙亲政后，即开始为汤若望平反。南怀仁在天文历算方面的知识对"冤案"的平反起来了重要的作用，同时也确立了他自己在天文历算方面的威望。从此，南怀仁又被任用，从事天文历法工作。

南怀仁得到康熙皇帝的信任后，不失时机而又审慎地请求皇上让流放在广州的传教士们回归内地，并在全国各地自由传教。皇帝又出谕旨，保证凡在他幼年辅政时期遭受磨难的神父可安心向他呈诉。于是南怀仁和两位同会会士奏请追究杨光先等僭越大权，假公济私进行诬陷，禁止宣扬真教并驱逐传教士一案。经有关各部及王公大臣等会同审议后，皇谕公布：天主教教义教规曾被不公正地查禁，今查明并无违反国家利益庶民职守之道。为此，凡被逐教士可回原堂从事本职。谕旨并为汤若望公开平反昭雪，恢复原赐荣衔，又拨巨款为其修建坟墓。1675 年，南怀仁又为清朝做出了巨大贡献。当时吴三桂叛乱，并挫败清军。因吴三桂叛军盘踞山区，非大炮就无法进攻。南怀仁当时把汤若望所铸火炮修复，帮助清朝平叛。除此之外，南怀仁还从事于其他有利国计民生的大量工程：如开掘运河，疏通河道，等等。

南怀仁认为，要加强耶稣会士在清廷里的作用，必须引进更多的有科技知识的耶稣会成员。1681 年，南怀仁就派了柏应理（Philippe Couplet）回欧洲，企图招聘更多的耶稣会懂科技的会员来华传教。1682 年，柏应理回到罗马觐见教皇英诺森十一世，献上了 400 余卷传教士们编纂的中国文献，这批书成为梵蒂冈图书馆最早的汉籍藏本。

1684 年，柏应理在凡尔赛宫觐见了法王路易十四，向他陈述派传教士去中国的好处，说明此举不仅有利于基督教的传播，而且也可获得更多的中国科学知识。法国主管科学院的新任首相德卢布瓦侯爵（Marquis de Louvois）罗列了一张有关中国的 35 个问题的清单给柏应理，包括中国的历史、科学、植物、饮料、鸟类、家禽、武器、军队、纺织品、节日、瓷器、运输、建筑、矿产、妇女、奴隶、法律及刑罚、宗教、长城、要塞、国税、气候、地理及澳门的情况。柏应理一一做了答复。这坚定了法王路易十四向中国派遣传教士的决心。路易十四 1685 年派出了白晋（Joachim Bouvet）、张诚（Jean - Francois Gerbillon）、李明（Louis Le Comte）、洪若翰（Jean de Fontaney）、刘应（Claude de Visdelou）等耶稣会士来华。这批传教士被法王路易十四隆重地冠以"国王的数学家"。后来，这些人都成了汉学家，为中国文化在欧洲的传播起到了重要作用。

在巴黎，柏应理还会见了巴黎天文台的总监卡西尼（Giovanni Domenico Cassini）和法国科学家德拉依尔（Philippe de la Hire），德拉依尔是德国科学家莱布尼茨的通信好友。这些人都对中国的古代天文学感兴趣，因为中国的历史源远流长，要长过圣经里说的地球的历史。那么，要证实中国对自己历史的记录，就必须知道中国古代天文的那些记录，并拿来跟西方的现代天文学比较，以此来判断中间那段历史究竟有多长。德国科学家莱布尼茨也对此很感兴趣，很希望能从这些派往中国的法国传教士那里得到有关中国古代天文学的消息。

1689 年，莱布尼茨动身去罗马，到教廷打听从中国传回来的消息。他与从中国回来的传教士闵明我（Claudio Filippo Grimaldi）谈了几次话。莱布尼茨对闵明我讲述的清朝康熙皇帝的故事很感兴趣。莱布尼茨问了闵明我许多有关中国的问题，中国人如何制造蚕丝？如何制陶瓷？如何印染？如何治病？中国人知道不知道陆地有尽头？中国人了解北冰洋地区吗？他们如何用风力来推磨？如何开矿？如何航船？农田技术如何？等等。他还对中文特别感兴趣，一直想弄懂汉字的原理。

闵明我不久就回中国了，因为担任天文台总监的南怀仁在一次执行公务时，不慎从马上摔了下来，突然去世。康熙决定让闵明我代替南怀仁担任天文台总监一职。

此后十几年，莱布尼茨与闵明我一直保持着通信联系，企图从东西方这种"光明的贸易"中获得更多的灵感。他不仅对欧洲传教士把西方的科学知识传播到中国感兴趣，也对他们把东方的"智慧"传到西方感兴趣。特别是，当莱布尼茨听到康熙亲自跟耶稣会士学习几何和天文，他特别激动。他给北京的耶稣会士写信说，他发明了一种计算器，不仅会加减，还会乘法。他可以把计算器送给康熙大帝。他认为，如果中国皇帝对他发明的机器感兴趣，皇帝也许会让他去北京，他就可以给中国皇帝出主意了。然而，这一邀请始终没有来到，他发明的计算器也一直没能运往中国。[①]

在当年与汤若望一同来华的欧洲传教士里，德国传教士邓玉函（Johann Schreck）值得特书一笔。邓玉函在青少年时代受到良好的教育，他聪颖过人，敏而好学。他先入纽伦堡（Nürnberg）附近的阿尔特道夫（Altdorf）大学学医，后就读于意大利的帕多瓦大学，此时就与伽利略相识。1611 年，由于邓玉函在医学、天文学、植物学等领域学识卓著，被由贵族费德里科·切西（Federico Cesi）创建的猞猁科学院（Accademia dei Lincei）吸收为第七位院士，此举仅略晚于伽利略几天。该荣誉"为当时第一流科学家方能获得的殊荣"。可见，邓玉函的学术造诣非同一般。他精于医学、博物学、哲学、数学，并且通晓德、英、法、葡、拉丁、希腊、希伯来、迦勒底等多种文字。1611 年 11 月 1 日加入耶稣会。邓玉函在来华之前已名满日耳曼，是明末来华传教士中学识最渊博的。

邓玉函在明清之际的中西文化交流中，最大的贡献要数他与中国官吏学者王征共同完成的《远西奇器图说录最》一书了。明朝末期，王征赴京候任，结识了龙华民（Nicolas Longobardi）、邓玉函、汤若望三人，并受他们的引导与启发，逐渐对"远西奇器"产生兴趣，于是萌发出要把西方书籍翻译成中文的念头。最后，王征跟从邓玉函学习测量、计算、比例等数学知识，终于"信笔疾书"写下邓玉函的口授。

① William Jones，"Leibniz's Community of Common Destiny"，in EIR，March，3，2017，pp. 10 – 20.

《远西奇器图说录最》全书共分四卷。第一卷为绪论，介绍力学的基本知识和原理，并分别讨论了地心引力、各种几何图形的重心、各种物体的比重等，阿基米德的浮力原理也首次被介绍到中国；第二卷为器解，讲述了各种简单机械的原理，如天平、杠杆、滑轮、轮盘、螺旋和斜面等；第三卷为机械原理应用，共绘有 54 幅图，包括起重、引重、转重、取水、转磨等，每幅图后均有说明；最后一卷为"新制诸器图说"，共载九器，包括虹吸、自行磨、自行车、代耕、连弩等，这一卷实际是王征自己的研究，可以说是中国人第一部近代物理学著作。据德国汉学家弗里茨耶格尔（Fritz Jaeger）后来考证，该书分别引用了比利时人西蒙·史蒂文（Simon Stevin）用荷兰语写成的《静力学基础》和《液体静力学基础》，意大利人吉塔提（Ghetaldi）的《阿基米德原理》（1603 年罗马出版），以及乌伯提（Ubaldi）的《机械装置》（1577 年），等等。这本书在中西文化交流史上的意义在于，"直接把 1600 年前后在欧洲获得的机械学基础知识传授给了中国人"。

邓玉函还撰译了《泰西人身说概》这部书，是最早在中国介绍西方生理学、解剖学知识的书籍。该书上卷分述骨部、脆骨部、骨筋部、肉块筋部、皮部、亚特诺斯部、膏油部、肉细筋部、络部、脉部、细筋部、外面皮部、肉部、肉块部、血部；下卷采用问答体，分述总觉司、附录利西泰记法五则、目司、耳司、鼻司、舌司、四体觉司、行动及语言。全书论述了人体骨骼系统、肌肉系统、循环系统、神经系统、感觉系统等的构造、生理与功能。该书译成后，1634 年由毕拱辰为该书润定并作序，得以出版。

清朝末年，鸦片战争后，欧洲人在中国传教没有了朝廷的阻碍，天主教与基督新教都加强了在中国的传教活动。与之前到中国的传教士一样，许多英国新教的传教士也积极把西学介绍给中国人，并反过去把中国的知识传播到西方。

1850 年后，英国新教在上海设立了一家伦敦传道会出版社，名叫墨海书馆，成为最有影响力的西学出版机构。1857 年，墨海书馆开始发行一份由英国传教士伟烈亚力（Alexander Willie）主编的中文月刊《六合丛谈》，主要介绍最新的西方科学知识。《六合丛谈》在介绍欧洲的时事、文化、科学，甚至基督教伦理时，一律采用中国的文言文，其主要的中文主笔为 1849 年加入墨海书馆的王韬和 1852 年加入的李善兰，这两人都是在科举考试失利后辗转来到上海的。

1853 年，伟烈亚力在他的中国学生帮助下，编译了《算数启蒙》（*Compendium of Arithmetic*）一书。这本书包含了算术的基本法则、对数知识等。在《算术启蒙》中，他们以解答一元至四元未知方程为例，说明中国传统的"天元术"和"四元术"都比耶稣会士的"借方根"更为优越。他还认为，西方学者应该对这两种传统的方法进行更深入的研究。尽管如此，伟烈亚力与李善兰都不同意代数学起源于中国的说法。1855 年，伟烈亚力还与李善兰合作，翻译了欧几里得《几何原本》的后九卷，完成了徐光启与利玛窦的未竟事业。[①]

墨海书馆对欧洲数学传入中国最大的贡献是把从牛顿以来的微积分方法介绍到了中国。微积分的传入对醉心于数学研究的中国文人产生了巨大震撼，因为中国的传统数学中没有这类方法。1865 年后，中国有三类潜在的读者群关注微积分知识：一是研究数学知识的文人；二是各地的制造局和官办学堂里那些需要用西方知识指导工作的技师；三是各类教会学校里的学生。

然而，微积分传入中国也走了一小段弯路。

英国人傅兰雅（John Fryer）与华蘅芳及江南制造局翻译馆合作，翻译出版了《微积溯源》（*Origins of the Differential and Integral Calculus*），这是根据华里斯（William Wallace）1810 年撰写的一篇关于牛顿的"流数术"（The Flow Number）的论文而写成的。虽然牛顿的"流数术"的诞生被认为预示着微积分的产生，但剑桥大学的改革者早在 19 世纪 20 年代就知道，由于采用的牛顿"流数术"隐匿了微分和积分的一致性，英国数学家们自 18 世纪 40 年代后在数学领域一直不断败退，以致他们用了一个世纪才赶上法国数学家。

---

① ［美］本杰明·艾尔曼：《中国近代科学的文化史》，王红霞等译，上海古籍出版社 2009 年版，第 109 页。

法国人运用德国人莱布尼茨创立的符号形式，成功地开发出一套关于微积分方程的准法则，大大方便了工程师的应用。①

后来，伟烈亚力与李善兰合作，翻译了一本名为《代微积拾级》的书，把法国数学家笛卡尔的代数符号介绍到了中国。伟烈亚力与李善兰最大的贡献在于，他们把表达罗密士微积分理论的数学符号、概念和理论转化成了一套符号体系，而这套体系在中国人看来与本土的"四元术"符号兼容。伟烈亚力与李善兰都强调，微积分是解决动态数学问题的有效方式，使数学家能够处理关于曲线、曲面以及曲面体的问题，而它们只有与运动联系在一起才能准确作答。②

傅兰雅是英国"圣公会"的传教士，他倡议创建的《格致书院》在传播欧洲科技、发展中国现代科技方面起过重要作用。傅兰雅曾当过北京同文馆的教习以及上海英华学堂的校长。为推广西方的科技知识，傅兰雅在 1874 年与英国驻上海领事麦华陀（Sir Walter Henry Medhurst）磋商在上海建立一个科普教育机构，得到了麦氏的支持，遂于同年 3 月 12 日在上海英文《北华捷报》上发表了出麦华陀署名的倡议书。此举得到了社会各阶层的响应，3 月24 日由傅兰雅主持召开筹备会议，按照傅兰雅的建议，格致书院从事提倡科学，不宣传宗教，并推举麦华陀、福勃士（Francis Blackewll Forbes）、伟烈亚力、博兰雅和中国的唐景星（即唐廷枢，轮船招商局总办）、徐寿、王荣为董事。1876 年 6 月 22 日在上海正式成立格致书院。

与中国传统的学校设置不同，格致书院是中国教育史上第一座专门研习"格致"之学的教育机构。其主旨是：使"中国便于考究西国格致之学、工艺之法、制造之理"。而学生在书院中掌握了"格致机器、象纬舆图、制造建筑、电气化学"等科学技术，便能够"有益十时、有用于世"，达到"为国家预储人才，以备将来驱策"的目的。

---

　　①　［美］本杰明·艾尔曼：《中国近代科学的文化史》，王红霞等译，上海古籍出版社 2009 年版，第 113 页。
　　②　同上书，第 115 页。

格致书院的课程类目文要有六：一是矿务，二是电学，三是测绘，四是工程，五是汽机，六是制造。这六类专业，皆以数学为基础课程，在精熟几何、代数、三角等学说的基础上，才可研习专门功课。如测绘这一专业，其全部课程是：数学、代数学、几何学（几何学、三角学、量法学）、重略法学、水重学（静水学、动水学）、气学、运规画图法、测量各法（测量总理、指南针测量法、经纬仪测量法、水平仪测量法、细测小地面法、测水面法）、测国分界法、画地图各法等。可见，这种专业课程的设置是将明清之际启蒙教育思想家的"学一技一艺"的主张付诸实践，而且内容都是西方的近代科学。

1904 年后，格致书院取消了教学项目，但它的藏书楼在 1905 年重新开放。1911 年，原格致书院的所有置业被上交给上海市政府，1917 年被改造成为格致中学至今。

在格致书院开办第三年，徐寿与傅兰雅合作创办《格致汇编》（*The Chinese Scientific Magazine*），这是中国出版的第一种科学技术期刊，开始为月刊，后改为季刊。

傅兰雅从一开始就对《格致汇编》寄予了很高的希望，把它当作全球科学界的一份中文刊物。杂志第一期出版后，他就把它寄给了《科学美国人》杂志的编委会。他在信中表示，《科学美国人》影响力遍及所有英语国家，他的目标就是要把《格致汇编》打造成中国版的"科学美国人"。

当然，除了向中国读者介绍西方科学知识外，英国传教士也没忘了借机向中国读者表明基督新教相对天主教的优势。英国传教士慕维廉（William Muirhead）翻译的《格致理论》和《格致新法总论》先后被分为三期和五期连载于《格致汇编》，主要谈科学方法论问题。他通过列举天文学、物理学和植物学中的一些周期性现象，提出"所有事物都可以用一定的规律来解释"的科学见解。这一见解在长期接受自然哲学熏陶的中国文人中引起了共鸣。中国文人一直不太接受耶稣会传教士的创世说，在他们看来世界是原始存在的，而非任何人或神创造的，而慕维廉把世界的形成归于一个无所不知、无所不能的原动力，这种说法更容易被中国人接受。慕维廉从 1877 年 4 月起分五次在《格致汇编》上发表了系列文章《格致新法总论》，精心梳理了从亚里士多德到培根、牛顿和拉瓦锡的西方科学发展史。他想让中国读者知道，基督新教关于现代科学起源的论说远比他们的天主教前辈更高明。①

三　洋务运动的是与非

两次鸦片战争，清朝都被欧洲列强打败了。此后，太平天国在南方崛起，并一路打到南京，清朝政府军用了欧洲的枪炮才勉强挫败了几次太平军的攻击。这时，清朝的官僚意识到，为了解除内忧外患，维护清朝统治，他们必须学习欧洲的文化及先进技术。有这种意识的清朝官员被称为洋务派。

应该说，在此之前一些学者已经提出了学习西方国家的优点以增强国力，例如魏源在《海国图志》中主张"师夷长技以制夷"，冯桂芬在《校邠庐抗议》中主张"以中国之伦常名教为原本，辅以诸国富强之术"。但从洋务派崛起开始，学习欧洲、启动中国的工业化进程才进入了清朝政府的议事日程。

咸丰十年十二月初一日（1861 年 1 月 11 日），恭亲王奕䜣会同桂良、文祥上奏的《通筹夷务全局酌拟章程六条》，推行了一项以富国强兵为目标的"洋务运动"。

1861 年辛酉政变以后，慈禧太后登上了权力的中心舞台。她对洋务派采取了扶植的政策。洋务派登上清朝的政治舞台后，大规模引进西方先进的科学技术，兴办现代化军事工业和民用企业，中国的"现代化"运动迅速开展起来。

洋务运动前期，洋务派以"自强"为旗号，采用西方先进生产技术，创办了一批近代军事工业。在李鸿章等人的主持下，江南机器制造总局、金陵

---

①　[美] 本杰明·艾尔曼：《中国近代科学的文化史》，王红霞等译，上海古籍出版社 2009 年版，第 124—125 页。

制造局、福州船政局、天津机器局等一批大型近代化军事工业相继问世。短短几年中,中国就已经具备了铸铁、炼钢以及机器生产各种军工产品的能力。产品包括大炮、枪械、弹药、水雷和轮船等新式武器和设备。清朝用这些新式武器装备了一些军队,还开办了天津北洋水师学堂、广州鱼雷学堂、威海水师学堂、南洋水师学堂、旅顺鱼雷学堂、江南陆军学堂、上海操炮学堂等一批军事学校。

洋务派认识到,强大的国防基础在于整个国家经济的发展,要求能源、钢铁等工业与之配套。同时,为了维护民族利益,也必须发展民族经济,与洋人"商战""争利"。于是,他们提出了求富的口号,民用工业和新式交通运输业也发展起来了。洋务运动后期,洋务派为解决军事工业资金、燃料、运输等方面的困难,打出"求富"的旗号,兴办了一批民用工业。1872 年,李鸿章在上海建立了轮船招商局。这是洋务派创办的第一家民用企业。招商局开办仅三年时间,就为清政府回收了一千三百多万两银子,还将业务发展到外国,打破了外国航运公司的垄断局面。

随后,矿业、电报业、邮政、铁路等行业相继出现。轻工业也在洋务运动期间得到大力发展。1880 年,左宗棠创办兰州织呢局,成为中国近代纺织工业的鼻祖。中国近代纺织业、自来水厂、发电厂、机器缫丝、轧花、造纸、印刷、制药、玻璃制造等等,都是在 19 世纪七八十年代开始建立起来的。在洋务运动的推动下,中国的民用工业得到了迅速发展,奠定了中国近代化工业的基础。①

洋务派除了办工商业外,还开始了文化革新,新型的报纸开始出现。19世纪 70 年代到甲午中日战争前,国人自办了约 20 种近代报刊。除福州、厦门各地外,其余主要在上海、香港、广州和汉口。洋务运动时期主要报刊有《申报》和《万国公报》,两者均为该时期创刊。其他报纸有:1873 年 4 月创

---

① 详见凤凰资讯: http://news.ifeng.com/history/special/cixi/200904/0401_6068_1087417.shtml,最后查询: 2018.5.7。

刊的《西国近事汇编》、王韬主持的《循环日报》等。①

　　洋务派还开办了一些新式学堂。1862 年，恭亲王爱新觉罗·奕䜣首次创办京师同文馆，开创了中国近代化教育的篇章。

　　洋务运动中创办的新式学堂的主要涉及外文教育、军事教育与技术教训。如 1862 年创办的京师同文馆开始以教授外国语教育为主（1866 年后增设算学馆，成为综合性学堂），教授军事技术的学堂，如福州船政学堂、北洋水师学堂等，还有技术学堂，如上海机械学堂、天津电报学堂等。与传统官学相比，这些新式学堂培养了一批新式人才，如翻译人才、军事人才、技术人才等；教学内容有西学，如西文、西艺等；采用了新的教学组织形式，实施分年课程和班级授课制等。

　　洋务派还发起了留学运动，遴选了一些少年派到欧美国家去学习。较有影响的主要有两次：幼童留美和福建船政学堂学生留欧，即 1872—1875 年清政府派遣了四期共 120 名幼童赴美留学；1877—1897 年先后派出四批福建船政学堂的学生赴欧留学。②

　　在洋务运动存续的 35 年里，翻译西洋书籍达到了高峰。京师同文馆、上海广方言馆以及江南制造局的译书馆，是当时翻译西方著作的中心。译书经历了由单纯的西方科技著作，向自然科学和社会科学、人文科学等著作并重，甚至后者略占上风的过程。京师同文馆曾翻译西书 36 种。其中具代表性的有：中国第一部国际法中译本：惠顿的《万国公法》（1864 年）；第一部外交学中译本：马登的《星招指掌》（1876 年）；第一部经济学中译本：福赛特的《富国策》（1860 年）。江南制造总局翻译馆是晚清翻译西方著作数量最多，成绩最著名的机构，它聚集了众多的学者、翻译家和一些外籍传教士。

　　洋务运动在西方思想东传的过程中起了重要作用。不仅通过翻译把大量西方经典著作都翻译成了中文，培养了一批中国的新人才；还给那些在科举

---

　　① 详见搜狐新闻：http://news.sohu.com/s2011/9470/s320522988/index.shtml，最后查询：2018.5.7。
　　② 详见《西藏大学学报》：http://www.tibet.cn/periodical/xdxb/2000/04/200507/t20050726_44474.html，最后查询日期：2018.5.8。

考试中名落孙山的中国文人提供了一条新的出路。

后来当了江南制造局翻译馆翻译的英国人傅兰雅（John Fryer）写道，1871 年以来，江南制造局出版了 98 种译作共计 235 卷。其中，关于数学的有 25 种，关于海军和军事科学的有 15 种，关于工艺和制造的有 45 种。傅兰雅还说，还有 45 种著作共 142 卷已经翻译完正在等待出版，还有 13 种著作正在翻译且已经完成了 34 卷。①

这些欧洲传来的著作为中国领导未来新思潮的人物提供了重要的参照。比如，清末思想家康有为 1882 年路过上海时，就购买了制造局出版的全套书籍。他的弟子梁启超 1890—1892 年也买了许多制造局出版的书籍，并购买了许多册《格致汇编》。

这些书籍也被当作 19 世纪地方上的兵工厂、制造厂和技术学校的指导书籍。这些兵工厂、制造厂与技术学校在中国 20 世纪的工业革命中发挥了重要作用。

那些新设的制造局及它们办的翻译馆也给一些不参加科举考试的文人提供了另一条出路。比如，严复就毕业于神州船政局海军部，后来又在欧洲接受了高级训练，回国后翻译了大量欧洲思想家的著作，成为一代翻译名师，1902 年被任命为译书局的总办。

洋务运动时期，清朝引进了许多外国人才。这些外国人对洋务运动起了重要作用，无论是新式教育，还是翻译馆，还是创办传播知识及新闻的报纸杂志，这些新鲜事物都是清朝从欧美引进来的。

李鸿章在上海建立的制炮局邀请英国人马格里（Macartney Halliday）主持；1865 年，李鸿章在上海成立江南制造局，开设了翻译馆，英国人傅兰雅成了翻译馆第一名专职外国译员；福州船政局则由原宁波税务司的法国人日意格（Prosper Marie Giquel）和法国军官德克碑（Paul‑Alexandre Neveue d'Aiguebelle）为正副监督，还雇有几十名法国技师和监工；天津机器制造局

---

① ［美］本杰明·艾尔曼：《中国近代科学的文化史》，王红霞等译，上海古籍出版社 2009 年版，第 182—183 页。

以英国人密妥士（J. A. T. Meadows）为总管。

"京师同文馆"建成后立即设立各种学习馆并着手网罗师资。1863 年 4 月，俄罗斯文馆被合并进来。不久，法文馆也同时开办。丁韪良（William Martin）是美国长老会的传教士，在自然科学、国际公法等方面有良好的素养。1869 年 11 月 26 日，总理衙门聘请他出任同文馆总教习，他一干就是 25 年。丁韪良采取了一些改进措施，添设了德文馆，并正式规定，除了英、法、俄、德等外语以外，学生要兼学数学、物理、化学、天文、航海测算、万国公法、政治学、世界历史、世界地理、译书等课。这一变革使同文馆由先前单纯的外语学校变成以外语为主，兼学多门西学的综合性学校。当时来华执教的外国教师共 54 名。这些人除了在同文馆授课外，大部分还在其他领域发挥了很大作用，成为洋务运动时期在华活动外国人的代表人物。

1863 年，丁韪良开始着手翻译美国人惠顿的《万国律例》（即《国际法原理》）。不久，《万国律例》由恭亲王奕䜣拨专款付印出版。在这本书中，中国人见到了这样一些字眼：权利、主权、人权、自由、民主等。1869 年，丁韪良辞去长老会的教职，受清廷三品文官衔任同文馆总教习。1898 年，在李鸿章推荐下，光绪皇帝授丁韪良二品顶戴官衔，任京师大学堂首任总教习。

19 世纪末，外国人在华创办的中外文报刊近 170 种，约占同时期中国报刊总数的 95%，其中大部分是以教会或传教士个人名义创办的。

1815 年 4 月 17 日，英国传教士马礼逊（Robert Morrison）和米怜（William Milne）来华，带领中国雕刻印刷工人从广州出发，至马六甲（今属马来西亚）筹建英华书院及其印刷所，同年 8 月创办《察世俗每月统记传》月刊。1865 年 2 月 2 日，英国人约翰·查尔默士（John Chalmers）在广州创办报刊《中外新闻七日录》，报道内容遍及天文、气象、数学、物理、医学、工业技术等领域。1874 年 3 月，英国传教士傅兰雅在上海创办格致书院；1876 年 2 月又创办《格致汇编》，它是中国最早的自然科学类的综合性期刊。该刊旨在介绍西方科技成就，登载科技新闻，评介或摘译西方新出版的科技书籍，凡西方科学技艺均有涉及。1885 年，他又创办当时唯一的科技书店———格致书室，书室被称为"中国青年学生学习西学的'麦加'（圣地）"。傅兰雅在华 20 余年，翻译、出版过逾百种科学著作，产生了巨大影响。清廷为表彰傅兰雅，特赐他三品头衔。1868 年 9 月，美国传教士林乐知在上海创办中文周刊《教会新报》，1874 年 9 月改为《万国公报》。该刊介绍过哥伦布、哥白尼、牛顿等的传记，还介绍天文、地理、医学、农业、化学、技术等内容。此刊在维新运动时期影响最大，发行量一度达到 4 万份。

与此同时，外国人还广泛建立书局和学会。英国教士麦都思（Walter Henry Medhurst），于道光二十三年（1843）在上海创办了"墨海书馆"，除印行布道宣传品外，也翻译出版过一些科技书籍。最著名的有《续几何原本》，此书系接续明末徐光启和利玛窦所译《几何原本》的后 9 卷。

"广学会"是教会在中国设立的比较大的出版机构，光绪十三年（1887年）成立于上海，初名"同文书会"，后改名"广学会"。创办人是英国教士韦廉臣（Alexander Williamson），他和李提摩太（Timothy Richard）先后任督办主持会务。广学会出版的书籍，自光绪十六年（1890 年）到宣统三年（1911 年）共约 400 种，初版、重印合计共达 100 多万册。广学会的书籍对维新运动产生很大影响。光绪皇帝为了参考西法和了解西学，找来阅读的 129种新书中，广学会出版的就占了 89 种之多。①

19 世纪初，要到中国来的传教士开始考虑在中国兴办学校。英国传教士马礼逊来华之初，便立志要培养一批华人的宗教人才。因当时中国尚处于禁教时期，马礼逊于是先以华侨聚居较多、又邻近中国的南洋马六甲作为基地。洋人在华兴办学校由此引燃了火种。

鸦片战争以后，清朝不得已只好让外国人进入中国办教育。马礼逊学堂和英华书院迁至香港，两校分别由美国教士布朗（Samual Robbins Brown）和英国教士理雅各（James Legge）主持。学校规模不断扩大，课程设置也日趋正规。中国著名的新学人物容闳和著名西医黄宽都是该校的学生。后来他们又由布朗带到美国留学。19 世纪 60 年代以后，教会学校明显增多。到 70 年

---

① 刘作奎：《外国人帮中国办洋务》，《环球时报》2003 年 6 月 2 日第 11 版。

代中期的十几年间，教会学校的总数增加到 800 所，学生达 2 万人，以小学为主，但开始有少量的中学。

19 世纪末，教会学校总数增至 2000 所左右，学生达 4 万名以上。中学的比例提高到 10%，并开始出现大学的雏形（此时尚属在中学的基础上加设大学班级）。后来国人创立的天津北洋大学、上海交通大学、浙江大学等，都是在外国人支持或影响下建立的。

随着来华的外国人增加，西医悄然兴起。道光十五年（1835 年）冬，一位年轻的美国传教士、医学博士伯驾（Peter Parker）在广州开办了眼科医局。前来就诊的人络绎不绝，有看眼疾的，也有诊治其他疾病的。伯驾医局设立的第一年，收治病人 2100 多人次，慕名前来访问参观者不下六七千人次。到鸦片战争爆发时，经伯驾诊治的病人已有近万人次，且都免费。特别值得一提的是，林则徐在广州主持禁烟期间，也曾间接地接受过伯驾的诊治。

伯驾于咸丰五年（1855 年）出任外交官后，由另一美籍传教士、医生嘉约翰（John Glasgow Kerr）接办医局。咸丰九年（1859 年）医局迁至广州南郊，重建后改称"博济医院"，嘉约翰担任院长直到 19 世纪的最后一年。嘉约翰在医务、医学方面的成绩颇为突出。他在主持博济医院期间，门诊病人达 74 万人次，曾为 4.9 万名患者动过外科手术，还培养了 150 多名西医人才。

到 19 世纪末，像博济这种规模和水平的教会医院已有很多。从教会当时在华医疗机构的规模看，基督新教所属的大小医院、诊所有 40 多家，天主教所属者也有数十家，主要分布在一些较大城市。教会在华办医，不免带有浓重的宗教气质和殖民色彩。对病人的"肉体拯救"最终是为了"灵魂拯救"，其直接目的就是博取人民的信任，令其逐渐接受基督教，使医疗成为福音事业的从属。在教士医务人员当中，基于宗教真诚信仰所要求的人道主义而来华从医者还是不乏其人。他们不但为诸多患者解除了病痛，还传播了西医西药知识，培养了一批西医人才。

外国人在中国从事的这些活动，对中国进行文化渗透和精神渗透是其重要目的之一。传教士李提摩太在《给英驻上海领事白利兰的信》中说，只要控制住中国出版的"主要报纸"和"主要杂志","就控制了这个国家的头和脊椎骨"。普鲁士人郭士立（Karl Friedlich Gutzlaff）是《东西洋考每月统记传》的创办者，他曾坦诚地说："出版意图，就是要使中国人认识到我们的工艺、科学和道义，从而清除他们那种高傲和排外的观念"，"让中国人相信，他们需要向我们学习的东西还很多"。① 但这些活动同时也让中国人开阔了眼界，接受了新知识。

四 留欧学生对中国现代科技发展做出了巨大贡献

从洋务运动起，清朝便开始向欧美国家输送青少年学习"洋务"。这些留洋的学生归国后，为清朝建立海军和现代工业做出了巨大贡献。

1877 年 3 月 31 日，第一批留欧船政学生 30 人，在留学监督日意格（Prosper Marie Giquel）和官员李凤苞的率领下从福州启程，经海路抵法国马赛港。学习驾驶的 12 名学生赴英国留学，刘步蟾等 6 人先上英国军舰实习。严复等 6 人则进入格林尼茨海军学院学习。学习造船的 18 名学生加上两年前抵法的 2 名在法国留学。第一批留欧船政学生在 1880 年前后陆续回国。

1882 年又派出第二批福州船政学堂留欧学生 10 名。留学法国的有 5 人，1 人进巴黎土木工程学校，3 名就读于枫丹白露炮兵学校，1 人到火药厂实习。留学英国的 2 人进入皇家海军学院学习，并到英国军舰实习。另有 3 名学生派到德国柏林施瓦茨科夫工厂学习武器制造。

1886 年，由于海军发展的需要，又派出第三批船政留欧学生 34 人。其中不仅有福州船政学堂毕业生 29 人，还有天津北洋水师学堂毕业生 5 人。14 名学造船的学生赴法国留学，补习一年法语和理科课程后，分别进入工程技术学校和巴黎大学法学院。另外 19 名学驾驶的学生则赴英国留学，有的入格林尼茨海军学院学习，有的直接随英国海军舰队实习。

---

① 刘作奎：《外国人帮中国办洋务》，《环球时报》2003 年 06 月 02 日第 11 版。

晚清留欧船政学生与晚清留美幼童有许多不同。首先是他们出国时年龄较大，一般在 20 多岁，比较成熟。而且都是从福州船政学堂和天津北洋水师学堂选拔的优秀学生，文化、专业素质与外语基础比较好。其次是派遣的目的较明确具体，就是为了发展中国的海军和造船事业，派学生去当时认为世界上海军最强大的英国和造船工业最发达的法国留学，以培养中国自己的海军人才（"良将"）和造船人才（"良工"）。清政府对船政留学生留欧期间所进学校、所选专业、所学课程以及具体的实习程序均有明确严格的规定。第三是留学期限较短，学用结合，成效显著。留美幼童预订学习期限为 15 年，而留欧船政学生一般为 3—5 年。多数能如期学成归国服务。在留学期间除了在各类学校学习专业知识、技术外，还安排到英国军舰或法国工厂实习，力求理论与实践相结合，再加上他们自己刻苦努力，因此多数留欧学生学习成绩优良。

晚清留欧船政学生回国后成为中国早期海军和造船工业的骨干，为中国近代海军发展和工业化做出了重大贡献。有些留欧学生还在反侵略战争中血洒疆场英勇献身。北洋舰队的主要海军将领和大部分军舰的舰长（当时称管带）几乎都是留欧船政学生。他们在北洋海军建设和甲午海战中充当了极其重要的角色。如北洋舰队的左右翼总兵（相当舰队副司令）是第一批留欧船政学生刘步蟾和林泰曾，他们不仅负责舰队的训练、管理和作战指挥，而且兼任北洋舰队两艘最大的铁甲主力舰定远舰和镇远舰的舰长。在黄海海战中沉着指挥，英勇奋战。在威海卫海战中，血战到最后，拒绝投降，自杀殉国，保持了民族气节。留欧船政学生经远舰长林永升、超勇舰长黄建勋在黄海海战中，勇猛作战，壮烈牺牲。靖远舰长叶祖珪、来远舰长邱宝仁等也表现英勇。民族英雄、黄海海战中指挥军舰冲向日舰吉野号而为国捐躯的致远舰长邓世昌也是福州船政学堂毕业生，曾赴欧洲英国与德国学习、考察过一年。清末，留欧船政学生萨镇冰曾任海军大臣。民国以后，船政学生刘冠雄、萨镇冰、李鼎新先后出任北京政府的海军总长或海军总司令等职，成为清末民初中国海军建设的核心人物。

在造船和工程技术、武器制造等方面，晚清留欧船政学生也有许多贡献。第一批留欧船政学生魏瀚等人回国后，负责福州船政局工程处，自行设计制造了一批军舰和轮船。魏瀚后来还做过铁路会办和汉阳机器厂总办。留欧学生陈兆翱归国后任船政局蒸汽机制造总工程师。陈才瑞从德国留学回国后，创建了船政局的鱼雷车间。有些留欧船政学生还投入了兴建矿山、建设铁路、电报等现代化事业。如池贞铨勘探发现并开采山东招远银矿和安徽马鞍山煤矿。

晚清留欧船政学生中还有一位杰出人物，那就是中国近代著名思想家、翻译家严复（原名严宗光）。他因家境贫寒考入官费的福州船政学堂，在后学堂学习航海驾驶和英文。5 年后以优异成绩毕业，还曾登军舰出海实习。与其他留欧船政学生不同的是，他除了学习军事技术外，还注意观察和研究英国的政治与社会。他曾经到英国国会和法院旁听，访问英国工厂、学校和商店，研读各种西方名著，还与当时驻英公使郭嵩焘讨论时事和学问。1897 年回国后，被李鸿章委任为天津北洋水师学堂总教习（教务长），后升总办（校长），为培养海军人才做出了贡献。但他对中国现代化的最大贡献还是翻译了英国赫胥黎的《天演论》、亚当·斯密的《原富》、斯宾塞的《群学肆言》和法国孟德斯鸠的《法意》等十多部西方名著。

此外，还有留欧船政学生陈季同，进入法国政治学院学习法律和文学，后任驻法使馆翻译、参赞，成为一位出色的外交官。他用法文撰写了《中国人的自画像》《中国人的戏剧》等介绍中国文化的著作，并首次把中国古典名著《红楼梦》《聊斋志异》的部分篇章译成法文，还把雨果的《九三年》等 6 部作品译成中文。他在法国享有很高声誉。

民国初期，又有一批中国青年学子赴欧洲留学。这些人目睹了第一次世界大战后的欧洲满目疮痍，又见到了欧洲各国为重建家园而做的努力，再想到远在万里之外的祖国的深重灾难，有一种奋发学习知识，认真报效祖国的赤子之心。这些人中大多数都回到了中国，成为中国现代史上举足轻重的人物。有些名字如雷贯耳：傅斯年、陈寅恪、俞大维、罗家伦、毛子水、赵元任，等等。

许多留欧的学子回国后开创了一代科学研究的先河,如陈省身、杨钟健、贝时璋、李宗恩等人,涉及数学、地质学、生物学、医学等。

1949年中华人民共和国成立后,又有许多留学生回国,为新中国的科学技术发展做出了巨大贡献。参加中国两弹一星工程的有许多科学家都是原来的"留欧学生"。在被定为两弹一星元勋的23位科学家中,只有于敏和钱骥没有留学经历。从21位元勋的留学国来看,美、英、法、德、苏是他们的主要留学地。其中去美国者最多,达11人,居半数以上。其次是英国,有5人。到德国留学的2人。到苏联留学的2人:周光召和孙家栋,都是中华人民共和国成立以后派出的。去法国的有钱三强1人。

从这些当年留学欧洲的新中国科技人员当中,我们随便选几个看看,就能感受到他们对中国科技事业的贡献。

比如,对中国玻璃业做出巨大贡献的王大珩。他1936年毕业于清华大学物理系,1938年考取留英公费生,赴英国伦敦帝国理工学院攻读应用光学,1941年转入雪菲尔大学,在世界著名玻璃学家 W. E. S. 特纳(Turner)教授指导下进行有关光学玻璃的研究。1942年受聘于伯明翰昌司(Chance)玻璃公司,专攻光学玻璃研究,直至1948年回国。

王大珩在英国学习期间,发表了第一篇光学研究论文,论述了光学系统中各级球像差对最佳像点位置和质量的影响,创造性地提出用优化理论导致以低级球差平衡残余高级球差并适当离焦的论点。该文所阐述的一些思想,至今仍是大孔径小像差光学系统(如显微镜物镜)设计中像差校正和质量评价的重要依据,多次被国内外有关著作引用。

王大珩在英学习和工作期间,大部分时间从事玻璃研究,亦是一种机遇。当时正是第二次世界大战期间,光学仪器在战争中的应用,受到交战各国的重视,光学玻璃的制造技术是保密的。王大珩所在的昌司玻璃公司,是世界上极少数也是最早从事光学玻璃生产的厂家之一,他在此所做出的许多研究结果都没有公开发表。他是英国最早研究稀土光学玻璃的两人之一,曾获得专利。他因多项研究成果获英国科学仪器协会第一届青年仪器发展奖。这些成果后来应用到国内，至今仍被用于许多光学玻璃实验室和工厂的基本测量仪器。

黄纬禄是我国导弹与航天技术的奠基人之一。他 1916 年 12 月 18 日出生于安徽芜湖市。1940 年毕业于中央大学（1949 年更名为南京大学）电机系，1943 年赴英国实习，1945 年在伦敦大学帝国学院攻读无线电专业，获硕士学位。中华人民共和国成立后，他在重工业部电信局上海电工研究所、通信兵部电子科学研究院任研究员。1957 年转入国防部五院二分院，先后任研究室主任、总工程师、高级技术顾问，曾当选中国共产党"十三大"代表和全国人大第六届、第七届代表。航天科技集团和航天科工集团高级顾问。我国著名的火箭与导弹控制技术专家和航天事业的奠基人之一，中国科学院院士，国际宇航科学院院士。有"巨浪之父""东风－21 之父"之称，中国"航天四老"之一。

为新中国的核武器开发做出巨大贡献的程开甲 1941 年毕业于浙江大学物理系并留校任助教，开始研究相对论和基本粒子。1945 年，在李约瑟先生的推荐下，程开甲获得英国文化委员会的奖学金。1946 年 8 月，赴英国爱丁堡大学留学，成为物理学大师波恩教授的学生。在此期间，程开甲主要从事超导电性理论的研究，与导师共同提出了超导电的双带模型，认为超导电性来源于能带中的空带，由于布里渊区角出现电子的不对称奇异分布。1948 年秋，程开甲获哲学博士学位，任英国皇家化学工业研究所研究员。1950 年 8 月，程开甲购买了所需的书籍，整理好行装，回到浙江大学物理系。

1952 年，全国高等学校院系调整时，程开甲被调到南京大学物理系任副教授，一直从事理论物理的教学和研究，投入金属物理教研室的筹建和金属物理专业的建设，编写金属物理和固体物理等教材。1958 年，程开甲再一次改变专业，与施士元一起创建南京大学核物理教研室，又接受任务创建江苏省原子能研究所。程开甲带领几个年轻教师研制出双聚焦 β 谱仪，成功地测量了一些元素的电子衰变能谱。接着又研制出直线加速器。1959 年，他出版了中国第一本《固体物理学》专著。该书对中国固体物理的教学与科研起到了重要作用。

1960年，程开甲接到命令，任第二机械工业部第九研究所（院）副所（院）长，参加原子弹的研制，分管状态方程理论研究和爆轰物理研究两大块工作。从此在不为外界所知的情况下工作20多年。1960—1962年，程开甲仍兼任南京大学教授，为南京大学核物理专业的建立做了大量工作。

有中国"原子弹之父"之称的钱三强是留学法国的科学家，他少年时代随父在北京生活，曾就读于蔡元培任校长的孔德中学。1936年毕业于清华大学。1937年赴法国留学，师从居里夫人的女儿女婿。1940年获法国国家博士学位，1946年获法国科学院亨利－德巴微物理学奖金。钱三强曾任法国国家科学研究中心研究员、研究导师，并获法兰西荣誉军团军官勋章。1948年回国后历任清华大学物理系教授，中国科学院近代物理研究所（后为原子能研究所）副所长、所长，中国科学院学术秘书处秘书长，二机部（核工业部）副部长，中国科学院副院长兼浙江大学校长，中国科协副主席、名誉主席，中国物理学会副理事长、理事长，中国核学会名誉理事长，中国科学院特邀顾问等。1955年被选聘为中国科学院院士（学部委员）。

钱三强早年从事原子核物理研究，发现重原子核三分裂和四分裂现象，并对三分裂机制做了合理解释，深化了对裂变反应的认识。他为中国原子能科学事业的创立和"两弹"研究，为中国科学院的组建和发展，特别是建立和健全学术领导，培养科学技术人才，开展国际学术交流，组织和协调重大科研项目等方面，做出了重要贡献。中国原子能事业的主要奠基人，被誉为"中国原子能科学之父""中国两弹之父"。钱三强与钱学森、钱伟长被周恩来总理合称为"三钱"。

说起钱三强对中国核物理事业的贡献，就不能不谈谈法国物理学家居里与中国的联系。说起法国科学家"居里夫妇"可谓无人不知没人不晓，皮埃尔·居里与玛丽·居里曾共同获得过诺贝尔物理奖，居里夫人后来又单独获得了一次诺贝尔化学奖。居里夫妇的长女伊雷娜·居里和法国核物理学家弗雷德里克·约里奥结婚后，本应该按照习惯改姓约里奥。然而，因为居里这个名字太有吸引力了，他们决定把自己的名字前面也都加上居里，所以他们就成了约里奥－居里夫妇。1935 年，约里奥－居里夫妇也共同获得了诺贝尔化学奖。他们两人经过实验，证明了核裂变产生的中子能够产生链式反应，成为实际利用太阳能的依据，为人类开发新的核能开辟了广阔的前景。

1937 年 9 月，在严济慈的引荐下，钱三强到巴黎大学镭学研究所居里实验室攻读博士学位，导师是伊莱纳·约里奥－居里夫人，并跟随化学师葛勤黛夫人做钋的放射源研究，还在约里奥－居里先生主持的法兰西学院原子核化学研究所学习。1946 年春，钱三强与他的同行合作，经过反复实验，终于发现了铀核的三分裂和四分裂。这一发现不仅反映了铀核特点，而且使人类能进一步探讨核裂变的普遍性。

除了钱三强外，约里奥－居里夫妇还通过另一位中国科学家杨承宗对中国核能的研究与开发提供了物质的帮助，还提供了道义上的支持。

杨承宗经钱三强推荐，1947 年师从约里奥－居里夫人，获得了法国国家科学研究中心经费，到居里实验室工作。他对常量载体物质的基本化学性质潜心研究，成功地用离子交换法分离出放射化学纯的镁 233、锕 227 等放射性同位素。1951 年，杨承宗通过了题为《离子交换分离放射性元素的研究》的博士论文答辩，获得博士学位。杨承宗决定回国报效祖国。回国之前，他接到先期回国的钱三强的来信。钱三强要他买一些和原子能有关的书籍、仪器和一台计数进位器，并设法带回国。当时，苏联给中国的是二进位的计数器，而法国已经有 100 进位的了，但对中国禁运。杨承宗在法期间一直跟随约里奥－居里夫人做研究，约里奥－居里夫人恰好与法国原子能委员会主任白朗熟识。一天，趁白朗到约里奥－居里夫人办公室谈事之际，杨承宗直接闯了进去。白朗不认识杨承宗，约里奥－居里夫人不仅把杨承宗介绍给了他，而且说服他同意把世界上最先进的计数器卖给眼前的这个中国人。当时朝鲜战争正打得不可开交，法国是以美国为首的联合国军的一员。要没有约里奥－居里夫人，杨承宗当然不可能拿到白朗的签条。

杨承宗拿着钱三强托人带来的美元，展开了"疯狂大采购"，把开展原子能研究需要的仪器、图书买了一堆，并如愿买到了 100 进位的计数器。但这一切只有得到联合国军总部的批准才能把它带出法国。思来想去，没别的出路，他只能闯关偷运。约里奥－居里夫人猜到他一定会这么做，便让她的助教法国人布歇士送杨承宗上船。开往中国的轮船从马赛港起航，杨承宗和家人在布歇士陪同下从巴黎乘火车到马赛，好在巴黎火车站对行李检查得并不严格，他们成功地登上了去马赛的火车。可在马赛港的检查就严格多了，旅客的行李要逐一检查。杨承宗看到有个法国人专用通道，便让布歇士拎着装有计数器的箱子从那里登船。布歇士心领神会，帮杨承宗把箱子拎上了船。分手前，布歇士递给杨承宗一张纸。展开后，杨承宗才看清这是一封以约里奥－居里夫人助教名义写的证明信，证明杨承宗行李物品是他自己做实验的仪器，还特地加盖了法国第五区警察局的图章。凭着这封信，杨承宗才得以顺利上船，他所带的行李一件不落全都带回了中国。这里面还包括 10 克碳酸钡镭的标准源。

其实，杨承宗深知搞铀矿离不开镭的标准源，于是私底下去找实验室管镭源的同事。可他要的数量太多了，引起人家的怀疑，那人向约里奥－居里夫人做了汇报。居里夫人问杨承宗："你要那么多干吗？"杨承宗回答说："中国大，地方多，你用一点他用一点，分开来就没多少了。"居里夫人笑了笑，没再说啥。要是换成别人，仅凭杨承宗这一两句话肯定无法蒙混过关。杨承宗的用意，居里夫人肯定心知肚明，只是揣着明白装糊涂罢了。

当杨承宗决定回国之后，约里奥－居里夫人暗示他去找一找约里奥－居里先生。他那时在法兰西学院做核物理实验室主任。得知杨承宗要回国，约里奥－居里先生直言不讳："你回去告诉毛泽东，要保卫世界和平，要反对原子弹。你们要反对原子弹呢，必须自己先要有原子弹。原子弹的原理不是美国人发明的，你们自己有自己的科学家嘛，钱，你啊，还有他的夫人啊，还有王啊……"①

约里奥－居里先生所说的"钱"是钱三强，"他的夫人"指的是何泽慧。钱三强是约里奥－居里夫人的学生，也曾在居里先生的实验室工作过。约里

---

① 梁元东：《要反对原子弹，自己先要有原子弹》，《中外书摘》2007 年第 4 期。

奥－居里夫妇跟钱三强夫妇自然很熟。回国后，杨承宗把居里先生的这番话转告给了钱三强。钱三强认为约里奥－居里先生有资格说这样的话，最早发现核裂变的第一步正是居里家族，但他嘱咐杨承宗别再外传了。20 世纪 80 年代中后期，时任中共中央宣传部副部长的龚育之曾专门找到杨承宗核实此事，原来钱三强早就向中央做过汇报了。人们后来知道，这个口信对新中国领导人下决心发展自己的核武器起了积极作用。直到 30 多年之后，杨承宗才向原子能所的领导谈到了这件事。1988 年 10 月，二机部老部长刘杰才正式公布了当年约里奥·居里请杨承宗向毛主席传话的事。

五　欧盟应该放弃零和博弈的思维

2017 年以来，欧盟国家的媒体不时地放出一些信息，声称在法、德、意等国的要求下，欧洲委员会正在考虑要出台严格审查外国对欧投资并购高技术企业的制度，而且许多媒体都直言不讳地表示，这些考虑实际都是针对中国企业近些年来对欧投资猛增、特别是用企业并购的方法涉足高新技术企业的做法。甚至有媒体透露了未来欧盟要重点审查的投资领域，包括能源、电信等基础设施，以及人工智能、机器人技术、半导体及网络安全等关键领域。

其实，欧盟对中国投资欧洲的担忧与一个西方国家很长时间来一直在做的事情一脉相承，那就是管制对华技术出口。

第二次世界大战结束不久，东西方的冷战就开始了。1947 年 12 月 17 日，美国国家安全委员会决定，对苏联及其盟国实行无限期的禁运，禁止出口对美国短缺的产品和有可能帮助苏联增加军事潜力的产品。1948 年 3 月 1 日，美国开始执行新的贸易管制制度，禁止向苏联、东欧国家出口在管制清单上的产品。1949 年 2 月，美国国会通过了第一个"出口管制法"，正式对共产党国家的出口实行管制。

美国这个单边主义的贸易管制法很快就与西欧国家产生了矛盾。西欧国家对苏联、东欧国家的市场依赖很大，一直希望能不断向苏联、东欧国家出口机器设备，再从这些国家进口需要的能源及原材料。机器设备的价格比原材料的价格高许多，西欧国家从这种贸易中可以获得巨大的利润。

美国便想到在"马歇尔计划"的框架内来运作对共产党国家的技术禁运。美国把参与美国复兴欧洲计划的西欧国家都组织起来，形成了一个基本与北大西洋公约组织成员国相同的经济协调组织，名叫欧洲合作与发展组织。这个组织后来发展成了经济合作与发展组织，成为发达国家进行宏观经济研究与政策协调的"俱乐部"。此为后话。

1950年1月9日，一个技术出口管制的协商组织在美国驻法国大使馆成立了，名曰"对共产党国家出口管制统筹委员会"，（COCOM），因总部设在巴黎的美国驻法使馆，所以又被称为巴黎统筹委员会（以下简称"巴统"）。美国、英国、法国、意大利、比利时、荷兰是巴统的创始国。在朝鲜战争结束前，卢森堡、挪威、丹麦、加拿大、西德、葡萄牙、日本、希腊、土耳其先后加入。1985—1989年，澳大利亚与西班牙也加入了巴统。至此，巴统包括了17位成员国。北约成员国中，只有冰岛一国不是巴统的成员国。巴统制定了"国际安全清单"，有144种物品列在其中。

1952年8月，巴统组织在亚洲的分支机构"中国委员会"成立，美国、英国、法国、日本、加拿大为成员国。中国委员会制定的管制清单将巴统IL//II中的25种物品和IL//III中的63种物品，以及根本不属于巴统管制的207种物品，统统对中国、朝鲜等亚洲共产党国家禁运。西方集团认为，它们都是已经进入工业国的发达国家，管制它们生产的技术产品流入工业尚不发达的东方集团国家，可以阻止或迟滞它们的技术进步，从而让西方集团获得竞争的优势。

中国与西欧国家的贸易迅速萎缩，与苏联、东欧国家的贸易迅速上升。

针对西方国家的技术封锁，毛泽东主席早就说过："封锁吧，封锁10年8年，中国的一切问题都解决了。"果不其然，西方国家的技术封锁并没有阻止中国崛起为核大国，也没有阻止中国实现自己的航天梦。

冷战结束后，巴统解体，然而新形式的对华技术管制并未消失。1995 年9 月，包括巴统 17 国在内的 28 个国家在荷兰瓦森纳召开高官会议，决定加快建立常规武器和双用途物资及技术出口控制机制，弥补现行大规模杀伤性武器及其运载工作控制机制的不足。

在美国的鼓动下，1996 年 7 月，33 个国家在奥地利维也纳签署了《瓦森纳协定》（简称"瓦协" Wassenaar Arrangement），决定从 1996 年 11 月 1 日起实施新的控制清单和信息交换规则。与巴统一样，"瓦协"同样包含两份控制清单：一份是军民两用商品和技术清单，涵盖了先进材料、材料处理、电子器件、计算机、电信与信息安全、传感与激光、导航与航空电子仪器、船舶与海事设备、推进系统等 9 大类；另一份是军品清单，涵盖了各类武器弹药、设备及作战平台等共 22 类。中国同样在被禁运国家之列。

"瓦协"现有 33 个成员国：澳大利亚、比利时、加拿大、丹麦、法国、德国、希腊、意大利、日本、卢森堡、荷兰、挪威、葡萄牙、西班牙、土耳其、英国、美国（以上 17 国为原"巴统"成员国）、阿根廷、奥地利、保加利亚、捷克共和国、芬兰、匈牙利、爱尔兰、新西兰、波兰、罗马尼亚、俄罗斯、斯洛伐克、韩国、瑞典、瑞士，乌克兰。

"瓦协"是一种建立在自愿基础上的集团性出口控制机制。其根本目的在于通过成员国间的信息通报制度，提高常规武器和双用途物品及技术转让的透明度，以达到对常规武器和双用途物品及相关技术转让的监督和控制。"瓦协"声称不针对任何国家和国家集团，不妨碍正常的民间贸易，也不干涉通过合法方式获得自卫武器的权力，但无论从成员国的组成还是该机制的现实运行情况看，"瓦协"具有明显的集团性质和针对发展中国家的特点。

欧盟实施"瓦协"，主要体现于 2000 年 6 月欧盟理事会通过的"1334 号法令"。该法令详细列举了军民两用品和技术清单，以及武器清单，其基本内容与"瓦协"的清单没有太大差别。在军民两用品和技术清单方面，该法令涉及核材料、技术与设备、新材料、化学品、"微生物和有毒物品"、材料处理、电子、计算机、电信和"信息安全"、传感和激光、导航与电子、船舶、推进系统、航天器及其相关设备等共 10 大类。这项法令后来经过多次修订，目前成为对华高科技出口管制的主要"指导性文件"。

"瓦协"大大阻碍了中国加入全球生产体系的节奏。经济全球化催生了一个全球价值链，生产活动不再局限于某个跨国企业在不同国家的布局，而是多个企业之间交换各种产品，互相为上下游企业，互相提供半成品。全球价值链的结构降低了生产成本和交易成本，大大促进了经济全球化，对各国经济的发展都有利。参与全球价值链有两大好处：其一可以迅速进入世界市场，参与经济全球化进程；其二可以迅速实现工业生产的技术水平升级和经济增长。发达国家参与全球价值链的企业，一般都控制着生产链的两端：一边是产品的营销，另一边是产品的研发、设计。这就是所谓"微笑曲线"的道理。

根据"瓦协"，对于敏感的产品或技术，成员国之间的交易无须通报，如果成员国要将这些产品卖给非成员国，就要视情况向其他成员国进行通报（也可以选择不通报）。但实际上，成员国在重要的技术出口决策上还是受到美国的影响，因为美国总可以用它的威力逼迫盟友让步。

比如，2004 年捷克政府曾批准捷克武器出口公司向中国出售 10 部总价值为 5570 万美元的"维拉"雷达系统，但在美国的压力下，取消了这一合同。2006 年，中国与意大利阿莱尼亚空间公司曾签署了发射意卫星的合作协议，但由于美国的干预，意方不惜经济和信誉损失而最终取消了合作协议。

在微电子，精密仪表仪器，传感器，高档数控系统，数字化工具系统及量仪，高档 DCS、FCS 和 PLC，涡扇发动机智能控制系统、高精度、高稳定性、智能化压力、流量、物位、成分分析仪表与高可靠执行器，智能电网先进量测仪器仪表（AMI），材料分析精密测试仪器与力学性能测试设备，新型无损检测及环境、安全检测仪器，国防特种测试仪器、高可靠性力敏、磁敏等传感器，新型复合、光纤、MEMS、生物传感器，仪表专用芯片、色谱、光谱、质谱检测器件；高参数、高精密和高可靠性轴承、液压/气动/密封元件、齿轮传动装置及大型、精密、复杂、长寿命模具；高档（尤其是军品级别）电子器件及变频调速装置等领域，"瓦协"就是套在欧美国家对华出口企业上的一副枷锁。

在半导体领域，受限于"瓦协"，从芯片设计、生产等多个领域，中国都不能获取到国外的最新科技。比如，光刻机是制造微机电、光电、二极体大规模集成电路的关键设备，可以说是半导体芯片之魂，光刻机的精度直接决定了芯片的制程。因此，光刻机的价格昂贵，一台要一亿人民币以上。在光刻机领域中，日本的尼康、佳能和荷兰的 ASML 公司基本占领了中高端市场，特别是荷兰的 ASML，基本上占了高端市场的八成。ASML 每年的产能只有 12 台，每一台的去处都被美国牢牢地盯住。

高端光刻机基本是不会对中国出口的。中国的芯片产业之所以发展进度缓慢，很大程度上就是因为光刻机对中国禁售。而我国国产的光刻机主要集中在中低端，高端市场基本空白。

2016 年底，厦门一家企业向 ASML 购买的光刻机运抵厦门，价值 1.06 亿元人民币，但仍然不是 ASML 的高端机型。

除了不能买到最新的设备以外，受到"瓦协"的影响，华裔工程师还不能进入到欧美等知名半导体公司的核心部门，防止技术泄露。

然而，"瓦协"也有对中国松绑的时候。2015 年，美国商务部建议"瓦协"将某类刻蚀机从出口管控清单中去除。其实，是因为美国发现，中国已经成功开发了类似技术。

中微半导体公司开发了 12 英寸的电感型等离子体 ICP 刻蚀机，达到了刻蚀的线宽均匀性 3sigma 小于 1 纳米的精确程度，已经在中芯国际北京生产线的评价中得到了很好的结果，并将在多个国际一流和生产线试运行；中微半导体还开发了 8 英寸和 12 英寸 TSV 硅通孔刻蚀设备，产品不但占有了约 50% 的大陆市场，而且已经进入了中国台湾、新加坡、日本和欧洲市场，特别是在国际 MEMS 传感器领域，德国的博世公司（BOSCH）和意法半导体 STM 公司都引进了投入生产，比美国的刻蚀设备有更好的表现。美国因此不得不承认继续限制向中国出口高端刻蚀设备已经"达不到其目的了"，并正式声明，从"瓦协"的军民两用出口限制清单中将同类刻蚀设备移除。

可见，随着中国经济的发展，市场的扩大，继续限制高技术产品对中国的出口已经无法限制中国的自身发展，反而会让这些欧美国家失去中国的市场。

美国的麦肯锡咨询公司曾做过一项研究，研究西方国家限制对华技术产品出口对中国技术进步的影响。它的结论是，微乎其微，甚至有相反的作用，因为它促进了中国自主研发的动力。

其实，一个具体的例子可以说明这些事情发生的过程。2003 年，中国曾经想从美国进口超级计算机，因为可以解决许多技术研发的问题。然而，美国国会以国家安全的理由驳回了中国的请求，担心中国进口美国的超级计算机可能会引发新式武器的大幅开发。结果，中国只能自主研发。2013 年，中国造的世界最快、最大的超级计算机"天河二号"正式运行，破了世界纪录。美国发现，天河二号中有一些芯片等零部件是美国出产，便加强了对华技术产品的出口管制，禁止英特尔公司向中国出口用以制造超级计算机的芯片，以期拖延中国的技术进步。没想到，2016 年，中国又造出了"神威·太湖之光"超级计算机，打破了新的世界纪录，成为世界第一。而这一次，包括芯片在内的零部件都是中国制造。

最近几年，中国在高科技领域，特别是人工智能、机器人、半导体技术领域的投资增长迅速，取得了令人瞩目的成绩。无论在专利申请数量，还是在技术使用方面，中国与美国企业在世界上都难分伯仲。欧洲企业其实被甩在了后面。担心中国企业投资欧洲会"偷"了欧洲的技术，使欧洲丧失技术优势，那是一种"冷战"时期的零和博弈的心态。如果换一种心态来看这种趋势，就会发现，中国企业投资欧洲，会带来一种双赢效应，会让双方企业达到优势互补，产生更大的效益，既对中国有利，更对欧洲有利。无论是吉利兼并瑞典的沃尔沃，还是三一重工兼并德国的普茨麦斯特，效果都奇好。中国企业不仅"拯救"了欧洲企业，创造了新的就业机会，还让它们走向了更大的国际市场。

欧洲政坛上近些年来沉渣泛起，民粹主义思潮汹涌。某些欧洲国家的政治家们担当不够，只想迎合这些无济于事的政治潮流，贸易保守主义大有卷土重来之势。管制中国对欧洲技术企业投资也许只是这些表现的其中之一。其实，无论用什么手段，想阻止中国技术进步的努力注定会是"竹篮打水一场空"。如果西方企业不与中国合作，而想通过限制技术出口来推迟中国的技术进步，那就势必逼着中国加强研发某些技术。而等到中国的技术研发成功，凭借中国的价格优势，中国产品势必横扫国际市场，把那些原来在国际市场上称王称霸的西方企业赶下神坛。

其实，随着经济的全球化发展，市场与技术的关系正在发生重大的变化。过去，欧洲人率先实现了工业化，掌握着工业技术的诀窍，可以到全世界市场上去兜售自己的产品。别人模仿的成本太高，或者缺乏适当的人力资源来实现工业化，所以只能购买欧洲的工业制造产品。掌握工业制造诀窍使欧洲企业可以把产品卖得很贵，反过来欧洲国家从全球进口原材料和初级原料，这些国家之间的竞争使初级产品的价格不断下跌，欧洲国家通过国际贸易的"剪刀差"赚足利润，可以再投资于研究与开发，创造出新的技术与新的工业制成品，为市场提供更多花样的工业产品，从而形成良性循环。然而，从美国诞生起，另一个更大的市场开始进入了工业化过程，扭转了这种局面。美国原来也是一个欧洲宗主国的殖民地，是一个为欧洲工业提供原料的产地。随着美国北方工业的崛起，北方要求保护美国的市场，为美国本地的工业提供基础；而南方却满足于利用大量黑奴为欧洲提供原材料，特别是提供棉花等纺织品的原材料。南北方利益与立场的对立引发了南方一些州宣布退出联邦，而林肯总统便直接下令剿灭"叛乱州"。南北战争从 1861 年打到 1865 年，直至北方取得彻底的胜利，统一了市场，为工业化发展提供了必要的条件。欧洲的技术本来比美国更发达，工业制成品质量也更好。但美国利用关税保护自己的市场，庞大的市场作用很快体现了出来。有市场没有技术，可以培养技术；但只有技术而没有市场，再好的技术也会枯萎。到 19 世纪末，依靠比欧洲大的市场，美国的技术发展了起来，很快返销欧洲。从美国崛起开始，市场对技术发展的作用被越来越多的人意识到，国际贸易中保护主义做法盛行。第一次世界大战后，到 20 世纪 30 年代的危机引起的"以邻为壑"的做法导致了市场严重分割，国家集团对立导致了更大的冲突与战争。第二次世界大战后，人们总结了历史经验教训，开始推动贸易自由化，打破贸易保护主义的藩篱，缓解了国家之间的争斗，或者说把国家之间的争斗转变成了一种可以在谈判桌上来解决问题的形式。

然而，中国的工业化对全球经济产生了比美国当时的工业化还要大的影响。从 20 世纪 80 年代以来，中国的改革开放使中国的工业化与经济全球化同步发展，中国的巨大生产力为全球经济提供了大量廉价的工业制成品，中国也经历了工业化的几个阶段，最终成为拥有全球最完备的工业生产链国家。在这种背景下，中国的工业化朝着越来越复杂的技术工艺发展，中国科研单位与企业研发部门的创造性大大释放了出来。工业技术上从学习、借鉴发达的欧洲国家，逐步向自我研发、自我创造的方向发展。这种发展趋势引起了已经工业化的欧洲大国的警惕，它们担心自己的竞争优势，担心未来会丧失已经掌握多年的技术优势，担心中国不断投资欧洲，通过参股与兼并欧洲企业，会把更多的技术转移到中国去。然而，这些担心是与飞速发展的经济全球化相冲突的。欧洲与中国都已经深度地参与了全球价值链，许多工业化生产是相互依赖的。如果要打破这一生产链，欧洲与中国都会遭受难以承受的损失，且不说会对全球经济产生巨大的冲击。

中国是全球最大的市场，又有比较完备的工业生产体系和配套设施。在这种背景下，即使有些技术还不如欧美，自己也可以慢慢发展起来。如果欧洲国家像美国一样，希望用排斥中国参与全球新技术开发的过程去推迟中国的发展，不仅会于事无补，而且会刺激中国更快地开发自己的技术。而一旦中国自己开发某些技术，就会严重缩小欧洲企业的先进技术产品市场，甚至最终会被中国企业从国际市场上排挤出去。

最近十多年来，这种事情发生的并不少，原来许多人们耳熟能详的品牌，现在不是已经完全消失了吗？这些事情背后的逻辑，值得呼唤加强审查中国对欧洲技术企业投资的人好好想一想。欧洲人应该想想，与中国合作可以给欧洲带来的更大好处，欧洲可以向科技的更高端发展，争取在全球价值链上占据更有利的位置。这样，欧洲通过与中国及其他各国间的合作，会给人类带来更多的福祉。

第四章　中欧经贸关系的恩恩怨怨

中国与欧洲的经贸往来已久。据说，古罗马皇帝就以穿中国的丝绸为荣，不惜以黄金等同的价格进口中国的丝绸。在历史的很长一段时间里，中国一直在向海外输出商品。中国出产的丝绸、茶叶、瓷器，一直是其他国家的富人们喜爱的商品。

直到欧洲工业革命前，世界经济是以亚洲为中心的，而中国则处在这个全球经济大循环的中心。中国的产品通过波斯和阿拉伯商人运往更远的欧洲等地。欧洲在发现了美洲后，大量开发美洲的黄金、白银。欧洲国家又通过贸易，购买中国商品，向中国输出白银。从明朝以后，中国的货币制度就是市场上的白银供给，政府不需要做任何事，市场上的白银供给自动维护了价格。当然，中国需要不断进口白银来增加货币供给量，维持经济发展。

然而，清朝输掉了鸦片战争，签署了一系列"不平等条约"，割地赔款。赔款造成白银大量外流，造成经济"大失血"，随之而来的通货紧缩让中国经济陷入了长期的萧条。随后，中国与欧洲列强的关系就陷入了一种极不平等的关系。中国赔不起那么多战争补偿，就要向欧洲列强借贷，沉重的债务包袱压垮了清朝政府。清朝还把海关也抵押了出去，让外国人管理中国海关，替中国收税，再从关税中提取要偿还给欧洲列强的赔款。

中华人民共和国成立，直到改革开放后，中国与欧洲才恢复了正常的经贸关系。应该说，从改革开放起，中欧经贸关系就成了开放中最重要的一环。

很长时间以来，除了个别年份外，欧盟一直是中国最大的贸易伙伴，还是最大的技术进口来源地。中国与欧盟在经贸领域理应是最重要的合作伙伴，因为中欧有广泛的共同利益，在国际经贸体系中有相似的诉求，对维护多边自由贸易框架有相近的立场。但是，中欧的经贸往来还是有一些不和谐音。这些不和谐因素与双方对对方的看法有关，与双方发展的文化背景和历史背景不同有关。只有把这些问题放到更大的历史背景中去分析，我们才能对复杂的中欧经贸关系有一个更全面的理解。

一　中欧之间的贸易不平衡由来已久

很长一段时间以来，欧洲人都奇怪，为何中国不对欧洲开放贸易。中国曾有过辉煌的航海史，曾经能派庞大的船队跨过印度洋一直驶到非洲东部，为何不利用这些庞大的船队进行远洋贸易呢？

其实，很长时间里，欧洲是没什么东西可卖给中国的，直到他们发现了美洲，并从美洲开采出来大量的黄金、白银等贵金属，他们才有了与中国进行贸易的产品。

连鼓吹欧洲中心论的英国学者约翰·罗伯茨也承认"要是没有来自美洲的财富（主要是白银），就很难与亚洲建立贸易关系，因为欧洲几乎不能够生产亚洲需求的任何东西"。正因为欧洲人不能生产足够亚洲人想要的商品，他们才不得不用黄金和白银（主要是白银）来支付从亚洲买回来的东西。[①]在1500年后的300年里，世界上85%的白银和70%的黄金都产自美洲，绝大多数黄金和白银都被运回了欧洲，然而又通过贸易渠道流向了亚洲，主要流向了中国，也有部分流到了印度。这种从欧洲到亚洲的黄金和白银的流动弥补了欧洲大量的贸易逆差。

---

① ［英］霍布森：《西方文明的东方起源》，孙建党译，山东画报出版社2009年版，第154—155页。

中国的生产能力为何一直比欧洲高许多呢？中国为何长期保持了与欧洲之间的贸易顺差呢？中国与欧洲之间的货币制度差异起了很大作用。

英国经济学家亚当·斯密在《国富论》中说过，经济创造的财富来自劳动分工。劳动分工越细致，经济就越发达，创造出的财富就越多。而恰恰从这一角度看，中国古代社会的劳动分工比欧洲发达得多。中国古代社会的劳动分工之所以可以细致，是因为货币制度使然。在很长一段历史时间里，中国社会流通的货币是铜钱，而欧洲社会流通的是以金币为基础的货币。中国社会的铜钱票面价值不高，却使各种性质的劳动得以交换。欧洲社会流通的金币面值要比铜钱大得多，但它却无法让细致的劳动进行交换。

北宋画家张择端的《清明上河图》上，开封城里熙熙攘攘的生活场景已经让人看到了那个时代经济的繁荣与昌盛。开封城里各种店铺鳞次栉比，有餐馆、当铺、裁缝店等。可见，北宋时期，中国已经出现了专业的厨师、专业的裁缝等各种社会职业。让一切细小的劳动可以交换的，正是从汉代开始就流行的"孔方兄"：就是圆圆的铜钱，中间有一个方孔，便于用绳子穿起来携带着行走。

中国在长达两千多年的历史中一直有一个差不多统一的货币制度。"公元前113年，也就是汉武帝元鼎四年，在经过几度减重半两钱、三次改铸五铢钱之后，终于在历史上第一次确立了统一标准形制、重量、铸造权的货币制度。法定铜钱圆形方孔，钱周有郭，币重五铢，约为3.5—4克，由中央政府上林三官统一负责集中铸造。从那时起，到1889年清光绪十五年（机制光绪通宝钱），这一制度在长达两千年被历代统治者所沿袭。形制一样，重量相等，西汉的五铢在清末还在流通。"①

铜钱使各种劳动得以交换，所以很早中国就出现了大型城市。比如，唐朝就可以有长安那样上百万人口的大城市。而在欧洲，中世纪最大的城市威尼斯也就10万人口左右，巴黎与伦敦都只有几万人口。

中世纪的欧洲是封建社会，领主用劳役形式，或用实物交换形式，从农

---

① 李锦彰：《货币的力量》，商务印书馆2004年版，第35、39页。

民那里得到一切。妇女纺织亚麻和羊毛，缝制衣服；男人耕田，儿童放牧。农民向领主交纳谷物、蔬菜、蛋类、奶油、干酪、家禽、幼畜，等等，以换取领主对这些领地的保护。领主有自己的军队，大多由自己麾下的农民组成，有自己的城堡和庄园，可以做到自给自足。

欧洲古代流通的金币，只能在大宗买卖时才用得上，用于诸侯之间的交易，用于大庄园主与大庄园主之间的交易。到了6世纪中后期，银币的铸造在东西罗马帝国完全停止了，铜币的消失比银行还要早。公元650年，金币也消失了。直到公元12世纪，欧洲仍难见到货币的影子。1252年诞生的佛罗伦萨金币，作为交换手段的货币，它的职能只用于对外贸易。普通的欧洲人大概一辈子也用不上一块金币。从技术意义上讲，欧洲的真正铸币要等到17世纪末。①

19世纪欧洲工业化之前，世界经济的中心是亚洲，而不是欧洲。

明朝时，中国某种程度上是最发达的世界生产基地，给亚洲及欧洲国家提供丝绸、瓷器和茶叶。中国出口的丝绸数量令人咋舌。"每年有一千英担丝绸从这里输出到葡属印度群岛，输出到菲律宾。它们装满了15艘大船。输往日本的丝绸不计其数……"②

明代中国还实际上垄断着世界市场上的陶瓷，80%出口亚洲，其中20%出口日本。运往欧洲的瓷器在数量上仅占16%，但都是优质产品，其价值高达中国瓷器出口的50%。

中国从印度进口棉织品，并把一部分转手再出口，中国还从东南亚进口香料、檀香木及造船的木料，当然还进口白银。

日本学者滨下武志（Hamashita Takeshi）认为，那时的亚洲有一个以中国为中心、以内部的纳贡—贸易关系为特征的统一体。它与东南亚、东北亚、中亚和西北亚有一种中心—边陲的关系，与邻近的印度贸易区相连接。

---

① 转引自王小强《最发达的市场经济：只有社会主义才能救中国之二》，载《香港传真》，No. HK2011 – 9.

② ［德］弗兰克：《白银资本》，刘北成译，中央编译出版社2000年版，第163页。

这一体系的基本特点是，它的基础是商业交换。纳贡体系实际上是与商业贸易关系网络并行存在的，或者说它们是一种共生关系。暹罗、日本和中国南方之间的贸易长期以来就是靠朝贡使团获得的利润来维持的，甚至有时许多非朝贡的贸易几乎得不偿失。……中国商人在东南亚的商业渗透及"海外华人"的迁徙，在历史上与这种贸易网络的形成发展相互交织，难解难分。这种纳贡贸易也是欧洲国家与东亚国家之间的中介贸易。

滨下武志指出，欧洲人想与东方人做生意，他们别无选择，只能加入早已在亚洲建立的、"作为该地区一切关系基础的纳贡——贸易网，并在其中建立一个切实可以的据点"。德国学者弗兰克诙谐地说，"欧洲人的唯一选择是把他们的贸易马车挂在亚洲庞大的生产和商业列车上，而这列亚洲火车正行驶在早已修筑好的轨道上。"①

世界经济原本以亚洲为基础，欧洲经济就是嫁接在亚洲经济上的商业经济。比如，威尼斯和热那亚的商业发达，所获得的经济事业和成就也是以亚洲为基础的。这两个城市从它们在亚洲财富和欧洲对财富的需求之间的中介地位中获取财富。它们与西亚的亚洲贸易终点之间的贸易是从黑海开始，经过地中海东部到达埃及。

哥伦布"发现"美洲是因为他要寻找通向东亚的市场和黄金。当时，贵金属货币短缺日益严重，引进非洲——欧亚世界市场黄金价格的暴涨，从而使这种冒险极有诱惑力，而且有利可图。

很长一段时间里，在大西洋存在着一种三角贸易：欧洲，尤其是英国制造业的产品向美洲和非洲出口，欧洲商人再把许多来自印度和中国的纺织品和其他商品转口到美洲和非洲；非洲向加勒比海地区及南美和北美的种植园输出奴隶；加勒比海向欧洲输出蔗糖，北美向欧洲输出烟草、皮毛及其他商品。

西欧和南欧国家是美洲白银和黄金的主要输入者和再输出者，因为它们要以此来弥补与其他地区之间长期而巨大的结构性贸易赤字。欧洲人之所以能接受非洲和美洲的金银而不大量地返回金银，主要是由于它们在转手输出

---

① ［德］弗兰克：《白银资本》，刘北成译，中央编译出版社 2000 年版，第 167 页。

亚洲商品时扮演着中间人的角色。西欧与波罗的海、东欧、西亚有直接的贸易赤字，与印度有直接的或间接的通过西亚的贸易赤字，与中国有间接的通过上述所有地区和日本的贸易赤字，因此把大量白银和一些黄金转手输出到这些地区。

在欧洲的总出口中，黄金和白银所占比例从未少于2/3。例如，1615年，荷兰东印度公司全部出口中实物只占6%，金银则占了94%。实际上，1660—1720年，贵金属出口占了东印度公司出口总额的87%。除了贵金属外，欧洲对亚洲出口的最重要产品仍是金属或金属制品。

欧洲在获得美洲金银时相对容易并廉价，如果没有这种资源，欧洲几乎不可能参与世界经济。

1560年后，日本成为一个重要的白银及铜的出产国，并向中国与东南亚出口白银和铜。日本还向更远的印度和西亚出口黄金、硫黄及樟脑、铁、刀剑、漆、家具、米酒、茶叶和优质大米。日本从中国进口丝绸，从印度进口棉织品，从朝鲜、中国及东南亚其他国家进口各种消费品，如铅、锡、木材、染料、蔗糖、皮毛和水银。日本对亚洲，尤其对中国的态度与欧洲很相似：它们都把从中国进口商品，出口白银作为支付手段。不同之处在于，日本自己出产白银，而欧洲是从美洲掠夺。日本的货物多由中国商船运送，一部分由葡萄牙商船运送，后来改为由荷兰商船运送。葡萄牙人与荷兰人到日本来是购买白银、铜和其他物资的。琉球的商人和货船也经营中国与日本及日本与东南亚国家之间的贸易。趁中国明、清交替之际，日本开始制造瓷器以取代从中国进口，1645年后日本缩减了80%自中国进口的瓷器，并从1658年起，开始向亚洲、波斯湾和欧洲市场出口日本造的瓷器。

历史资料表明，19世纪前，东方的经济规模与利润要比欧洲大许多。例如，日本在16世纪后半期是全世界最主要的白银和铜的出口国，它拥有55000名矿工，白银产量超过秘鲁，铜产量超过瑞典。

南亚和东亚之间的情况也是如此。欧洲的商船仅为中国商船的1/10，而且欧洲商船运送的货物主要不是欧洲产品，而是中国的瓷器和丝绸。

中国出口这两种产品的数量令人瞠目结舌。仅南京一地，众多的陶瓷工厂每年就出产100万件精美的瓷器，其中许多是专门为出口而设计的——出口欧洲的瓷器绘有宫廷图案，出口伊斯兰国家的瓷器则绘有抽象图案。

在印度，17世纪80年代，孟加拉和卡辛巴扎尔城每年生产200万磅生丝，仅西部古吉拉特一地的棉纺织工人每年就生产出300万匹布。相比之下，欧洲最主要的生丝产地墨西拿每年仅出口25万磅生丝；而欧洲最大的纺织业、莱顿的"新布业"，每年仅生产不到10万匹布。①

有欧洲的学者研究证明，1750年亚洲占世界人口的66%，但亚洲的产值占世界的80%。也就是说，占世界人口2/3的亚洲人生产出了世界4/5的产值。而占世界人口1/5的欧洲人仅生产出其余1/5产值中的一部分，而且其中还有非洲人与美洲人的贡献。毋庸置疑，最能干的亚洲人在中国和印度，两国的人口增长得也更快，生产力应该比欧洲强许多。

拜罗克估算，1800年，中国的人均收入为228美元，高于他对18世纪英国和法国若干年份的估算，后者在150美元到200美元之间。②

尽管欧洲人获得了美洲的金银，并用它们买通了进入亚洲的世界经济的道路，但他们一直扮演着一个小角色，而且不得不适应亚洲的世界经济的游戏规则。

据经济史权威专家的估计，从1493年到1800年，世界白银产量的85%和黄金产量的70%来自拉丁美洲。美洲白银生产在16世纪约为17000吨，到17世纪约为42000吨，其中有31000吨运抵欧洲。欧洲又将40%约12000吨运往亚洲，其中4000吨是直接由荷兰东印度公司和英国东印度公司运送的。另外有6000吨运往波罗的海地区和黎凡特地区，其中一部分留在当地，其余部分继续向东到达亚洲。18世纪，美洲白银的产量约为74000吨，其中有52000吨运抵欧洲，其中40%约20000吨运往亚洲。另外留在美洲本土的白银约有3000吨横渡太平洋经马尼拉运抵中国。如果再加上日本和其他地方生产

---

① ［德］弗兰克：《白银资本》，刘北成译，中央编译出版社2000年版，第230—231页。
② 同上书，第240页。

的白银，全球白银产量的一半最终抵达亚洲，尤其是中国和印度。

　　为什么欧洲需要亚洲的商品，却不能用自己的商品同亚洲交换而必须向亚洲贩卖从美洲开采出来的贵金属呢？为什么亚洲可以向欧洲出口商品，却要求用贵金属支付而不进口欧洲的商品？其实，这个问题的答案很简单。除了美洲和非洲外，欧洲与所有其他地区之间都存在着长期的和结构性的贸易逆差，出口美洲贵金属是它唯一的弥补逆差的手段。英国政府当时要求英国东印度公司在其出口总额中至少要有 1/10 的产品是英国制造，但东印度公司发现很难达到这一目标，因为亚洲各地区之间的贸易要比欧亚贸易更有利可图。1615 年，荷兰东印度公司的全部出口中，货物只占 6%，贵金属占了94%。从 1660 年到 1720 年，贵金属出口占了东印度公司出口总额的 87%。①

　　而中国之所以需要进口那么多黄金和白银，也是因为这些贵金属是中国的货币基础。只有不断进口这些贵金属，中国才能扩充自己的货币基础，才能为经济发展提供更多的流动性。

　　中国有句谚语，叫"成也萧何、败也萧何"，说的是有时候，成功与失败都源于同样的道理。中国当年比欧洲发达，货币制度起了很大作用；而后来中国落后于欧洲，货币制度也是根源。中国是全球最早发明纸币的国家，早在宋朝就发明了纸币"交子"，并通行全国。蒙古人占领了中原后，建立了元朝。他们发现了宋朝人的这个发明，继续执行纸币，并强迫外来的商人也必须把其他地方的金银币换成纸币，才能去市场上购买商品。威尼斯商人马可·波罗当年来做生意时，就发现了这个特点，并记录在了他的书中。②

　　元朝初期，忽必烈皇帝的"理财"大臣是不花剌的穆斯林赛夷阿札儿（Sayyid Ajall），他似乎开始还把钞票的发行控制在合理的限度内。随后继任的几个大臣就不那么严格行事了，甚至把发行纸币当成弥补财政亏空的"法宝"。河中费纳客忒人阿合马与畏兀儿人桑哥都当过财政大臣，他们多次采用兑换钱币的办法来减轻财政负担。阿合马 1282 年被暗杀，死后受到

---

①　［德］弗兰克：《白银资本》，刘北成译，中央编译出版社 2000 年版，第 9 页。
②　转引自［法］格鲁塞《草原帝国》，蓝琪译，商务印书馆 1999 年版，第 395 页。

忽必烈的贬责；而桑哥则因贪污于 1291 年被处死。忽必烈后，新钞票的发行替换了旧钞票，但仍然没有摆脱贬值的命运。①明朝建立后，开始也使用纸币，但很快也因为管理不善，引起通货膨胀。民众对纸币失去了信心，所以明朝后来决定放弃纸币。当时，铜钱这个体系还存在，但因为铜钱单位太小，只能做些小笔交易，而通货膨胀已经使货币单位增长了许多倍，所以需要更大的货币单位。白银便成为市场自然的选择，各种碎银都可以成为货币在市场上流通。政府变得很轻松，因为它根本不用负责，货币完全交给市场去运作。

然而，中国是一个银矿极少，白银产量极低的国家。云南大理有个大银矿，直到清朝都是中国最大的自主白银产地。中国幅员辽阔、人口众多，白银产量有限，靠白银作货币使中国的经济常年处于通货紧缩的状态。怎么办呢？还好，中国的生产能力强，中国制造的产品又有无数的需求。那时，欧洲发现了美洲的白银，可以支付中国的大量出口。中国便向欧洲大量出口，出口瓷器、丝绸、茶叶，换回白银。最后，所有的白银转了一圈都回到了中国。

中国对白银有巨大的市场需求，因为当时中国的货币就是白银，需要不断地进口白银才能维持经济的增长。鸦片战争前，英国就抱怨中国搞"重商主义"，除了要英国用白银购买中国物品外，什么都不向英国购买。其实，不是中国什么都不买，而是因为中国亟需白银，所以让英国支付白银就是进口白银。如果不进口白银，中国的货币供给就中断了。那个时候欧洲已经发明了纸币，而且实行了金本位，他们已经不需要储存大量白银了。

鸦片战争后，中国被迫赔款。其实中国这么大的国家，不应该打了一次鸦片战争，赔了一次款就垮了。但是鸦片战争之后，中国的的确确一下子就垮下来了。而垮下来的一个主要原因是中国人根本就没有明白货币在经济中的作用。鸦片战争之后，英国要求中国赔偿，赔偿白银，我们的经济血液。于是乎，大量的白银就流出了中国。鸦片战争赔偿所需的白银是清朝政府好

---

① 转引自［法］格鲁塞《草原帝国》，蓝琪译，商务印书馆 1999 年版，第 377—378 页。

多年的财政收入。白银流走之后，清政府又没有想到其他方法，比如恢复纸币去对付市场流通性的紧缺。因此鸦片战争赔款之后，在中国就出现了严重的通货紧缩。通货紧缩的直接表现就是价格暴跌，使农民不愿种田，商人不愿开铺。越种田越赔，越开铺越赔。经济衰退是由通货紧缩直接引起的，是赔款的后果。然而，清朝政府不知道如何管理货币，任凭价格暴跌，面对经济全面衰退无可奈何。

实际上流动性短缺的问题，美国人在独立战争后也遇到了，美国人就用纸币度过了这次危机。在美国打独立战争的时候，美国还是英国的一个殖民地，当时使用的是英国的货币，它的货币供给是宗主国决定的。当美国人要独立的时候，英国就将美国的货币供给切断了，于是美国也面临着流动性短缺的问题，也面临与中国一样的通货紧缩问题。后来，美国人就想出了发行大陆券（continental currency note）的办法，俗话说就是"打白条"，用印刷出来的纸币来对付流动性不足的危机。当然，纸币开始是非常难管理的，所以在独立战争期间和独立战争后的美国，通货膨胀特别厉害，物价根本就控制不住。人们说什么东西不值钱时，会开玩笑地说："不值一张大陆券（not worth a Continental）"。但是通货膨胀还是要比通货紧缩好得多，而且当时的革命政府确实是靠印钞票度过了经济危机，完成了独立战争。所以纸币是非常重要的，货币的管理是非常重要的。此是题外话。

鸦片战争后，到了19世纪中期，欧洲人对亚洲，尤其对中国的看法发生了急剧的变化。欧洲人过去把中国当作"榜样和模式"，后来则称中国人为"始终停滞的民族"。

工业化的来临及欧洲开始在亚洲推行殖民主义，促成了欧洲思想的转变。欧洲发明了一种虚假的普世主义，欧洲人不仅全盘改写了世界历史，还创造出了一些"普遍性"的"社会科学"。这些"科学"不仅成为一种欧式的学问，而且成为一种虚构的欧洲中心论框架。①

---

① 转引自［法］格鲁塞《草原帝国》，蓝琪译，商务印书馆1999年版，第39页。

二 英国也曾经派人从中国偷茶叶与技术

19 世纪前，欧洲对中国的贸易存在大量逆差。欧洲人不仅喜欢中国的丝绸、瓷器，还喜欢中国的茶叶，他们大量进口中国的产品，却没有什么东西卖给中国。为了扭转长年的贸易逆差，欧洲人想了不少主意，包括从中国偷走种茶的技术。英国就是从中国偷茶叶技术的始作俑者。19 世纪，茶叶已经成为英国国民经济中不可取代的重要因素。英国政府每 10 英镑的税收中，就有 1 英镑来自茶叶的进口与销售，平均每个英国人每年要消费一磅茶叶。"茶税被用来投资铁路和公路建设，用来支付公务员工资，也被用来弥补一个蒸蒸日上的工业国方方面面的需要。"①

据说，英国人喝茶的传统还是从葡萄牙传过去的。1662 年，葡萄牙公主凯萨琳嫁给了英国国王查理二世。她的嫁妆中就有中国茶具和茶叶。这是英国人最早接触到茶。很快，这种东方饮品就风靡英国上流阶层。到了 18 世纪中叶，不仅是上流阶层，就连普通的工人也已经手不释杯。英国人一早到晚都在喝茶，每天的下午茶更是必不可少，就像一首英国民谣里唱的："当时钟敲响四下，世上一切瞬间为茶而停了。"②

18 世纪，只有中国掌握着种茶和制茶的技术，欧洲人甚至不知道红茶与绿茶都只是工艺不同，它们都来自茶树上绿色的叶子。著名的瑞典博物学家林奈（Carl von Linné）发明了动植物命名双名法和生物分类系统。但林奈却犯了一个巨大的错误，认为红茶与绿茶来自两种不同的茶树，一种叫绿茶树，一种叫红茶树。林奈从早期探险者那儿得到了从中国带回来的红茶和绿茶这两种植物的脱水标本，他研究了一番后，得出结论说，它们分别属于陕西青

---

① ［美］萨拉·罗斯：《茶叶大盗》，孟驰译，社会科学文献出版社 2015 年版，第 14 页。

② 何帆：《英国怎样偷走了中国的茶？》，http://www.cssn.cn/index/sy－sqrd/201509/t20150909－2165483.shtml。

茶和武夷山茶两种不同的茶树。按林奈的说法，陕西青茶又名绿茶，是一种拥有交替生长的棕色枝条和互生叶——卵型叶，浅绿色，叶柄很短、叶片外凸，边缘呈锯齿状，叶片两侧色泽光亮，表面为茸毛覆盖，带一个花冠或一个5—9片大小各异的花瓣的花朵。武夷山茶，也称红茶，外形与绿茶接近，但叶片更小，颜色更深。[①]英国人因与中国做贸易时间长了，对茶的认识比其他欧洲人可能更多一些。苏格兰植物学家罗伯特·福钧（Robert Fortune）跑到中国来打探茶叶的秘密，他跑了几个茶叶产区后，发现了红茶与绿茶的区别只是制作工艺的差别。他在英国提出，红茶和绿茶的区别仅仅是工艺不同，原料都是绿色茶叶。然而，即便如此，他的说法刚开始在欧洲也曾备受质疑。[②]

17世纪，茶叶在中国的出口中就超过了丝绸和陶瓷，成为最重要的出口品。中国生产的茶叶，有1/5出口到了英国。英国没有别的东西能卖到中国，只能用白银支付。而在清朝，白银就是市面上流通的货币，只有不断引进白银，才能保证货币的供给，才能有更多的投资与生产。因此，出口商品，换回白银，这是清朝中国经济繁荣的基础。

起初，茶叶贸易进口是由英国的东印度公司垄断经营的。垄断让东印度公司赚得盆满钵满。东印度公司在远东获得的利润上交的税收等于英国全部税收的一半。一箱箱的茶叶、生丝、瓷器登上东印度公司的巨型商船，从广州起帆驶向英国，然后变成一笔笔实实在在的财富。茶叶的盈利高得出奇。在18、19世纪之交，茶叶贸易创造的利润已经相当于来自中国的其他商品贸易利润的总和。[③]

然而，好日子也有到头的时候。1813年，英国国会通过了一项法案，终结了东印度公司对远东贸易的垄断，让其他的贸易公司也可以派船到中国来进口茶叶。东印度公司靠垄断赚钱，也养了一大堆"吃闲饭"的人。庞大的

① ［美］萨拉·罗斯：《茶叶大盗》，孟驰译，社会科学文献出版社2015年版，第122页。
② 同上书，第88页。
③ 同上书，第44—45页。

队伍曾是东印度公司的优势，现在则成了它的包袱。为了找到继续生存的途径，东印度公司想到了在印度这个殖民地种茶，以更廉价的劳动力和土地来获取更大利润的办法。东印度公司派人在印度的喜马拉雅山麓寻找，找到了几株野生茶树，但收集下来的茶叶质量均不理想，无法拿到市场上去卖。该公司便想到了到中国收集茶种、再到印度种的主意。

就这样，东印度公司找到了一个来自苏格兰的园艺师福钧。福钧出身贫寒。幼年时，他的父亲——一名农场雇工手把手地教会了他一些园艺手艺。除了在苏格兰边境一个叫埃德龙的巴掌大的小镇的教区学校上过课外，他没有接受过其他更高级的正规教育。通过各种社会实践及学徒生活，他获得了一张园艺学从业资格证书和一张贸易学资格证书。凭着灵活的头脑，福钧在园艺界的地位不断上升。他最初受雇于爱丁堡的植物园，后来又进入崔西克的皇家园林协会。基于他在兰花栽培及温室观赏植物方面的本领，皇家园林协会在第一次鸦片战争结束时派他到中国考察。1843—1846 年，福钧在中国各地跑了三年，到处搜集植物标本和种子。他把很多中国花卉引入了英国：荷包牡丹、蒲葵、紫藤、栀子花、芫花、金橘等。维多利亚时代，英国举国上下都有对园艺的狂热。从民众来说，这是因为工业革命破坏了田园生活，英国的中产阶级迫不及待地想在阳台后院，种点花花草草，算是寄托了一种怅然若失的乡愁；从大英帝国来说，这是一种极好的殖民地策略，通过植物的移植，比如把橡胶种到东南亚，把甘蔗种到加勒比海，大英帝国找到了很多发财的机会。福钧在中国除了广泛地考察了中国的植物、并详细记录了各种植物的特性外，他还把自己亲身经历的事情写成了《华北各省三年漫游记》一书出版。这本书一出来就洛阳纸贵，被那些异想天开的植物学家、想入非非的殖民主义者和那些只是单纯迷上了这些引人入胜的故事的人疯狂地一抢而空。①

1848 年，东印度公司的农业顾问罗伊尔到福钧府中拜访他，说服了他替东印度公司再闯中国，做一个"茶叶猎人"，把茶叶种子及制茶技术偷回来。此后，福钧三次出入中国冒险，终于将茶种、茶苗和制茶技术都偷到了印度。

---

① ［美］萨拉·罗斯：《茶叶大盗》，孟驰译，社会科学文献出版社 2015 年版，第 31 页。

第一次，福钧在安徽购买了大量的茶苗和茶籽，先运到上海，再运往印度。但第一批茶籽和茶苗经过长时间的海上旅行，最后都发霉烂掉了，没有几株幸免于难。后来，福钧使用了英国医生沃德（Maurice Ward）发明的"沃德箱"来装茶苗，才成功地把茶苗运到印度。沃德箱是一个密闭的玻璃容器，白天植物可以利用土壤里的潮气和二氧化碳完成光合作用，晚上植物释放氧气，潮气在玻璃壁上结成水滴，流入土壤再供给植物。

福钧采购了2万多株茶苗和茶籽，小心翼翼地放进沃德箱。他还购买了制作茶叶需要的全套工具：火炉、炒锅、锅铲，以及种植茶树的各种农具。福钧最为得意的事是他成功地用高价引诱了8名中国茶农，带他们一起去了印度。福钧找的这8个茶农都来自偏僻的山区，因为福钧不信任通商口岸的中国人，觉得他们不够老实。这8个茶农还都来自茶农世家，因为福钧相信，手艺都是世世代代的经验传承下来的。

1851年2月，福钧带着茶苗茶籽和雇工，从上海启程。3月15日，他们到了加尔各答。4月，福钧一行来到萨哈兰普尔的茶园。所有的茶籽都发芽了，长势喜人。此后，不到20年的时间，印度大量种植茶树，培育出了大吉岭等世界一流的红茶。中国对茶叶的垄断从此被打破了。

福钧在中国的几次冒险中还发现了中国茶叶一些秘密。比如，福钧在绿茶厂发现，工人经常往茶叶里面掺和什么东西，之后他们的手会变得发蓝。他发现监工站在一个白色的瓷钵旁边，用捣锤将一些深蓝色的粉末研磨得越来越细，最后再加到茶叶中去。这种物质俗称普鲁士蓝，在欧洲是被用于绘画的颜料。其实，普鲁士蓝是一种氰化物。人如果服用了一定量剂的氰化物，就会发生心脏骤停、猝死。幸运的是，普鲁士蓝是一种复合分子，因此几乎无法释放出氰离子，有毒物质会无害地通过人体后被排出。在烘焙茶叶阶段，他又发现工人往里面加石膏。低浓度的石膏会刺激人的眼睛和喉咙，高浓度则可以使人中毒。他发现，中国人往茶叶里掺和这些东西，只是为了让茶叶显得更绿、更好看，能卖个好价。①他就从茶厂中偷了一些材料，到1851年伦

---

① ［美］萨拉·罗斯：《茶叶大盗》，孟驰译，社会科学文献出版社2015年版，第125—127页。

敦的世博会上去揭露中国茶叶的不可靠，以此作为借口以推动英国自己制茶的运动。

他在红茶厂参观时，发现所谓红茶是"发过酵"的茶叶的说法也不太准确。红茶的制造工艺是，让茶叶在阳光下暴晒一整天，使其包含的茶多酚发生氧化反应、叶片枯萎。经过阳光炙烤后，茶叶紧缩起来，渗出汁液，工人再将汁液搅拌均匀。漫长的加工工序使茶叶不断分泌出单宁酸，变得苦涩异常，叶片颜色开始加深。福钧认为，尽管这道工序被称为"发酵"，但从化学意义上讲，整个过程没有生成任何酵母菌，整道工序中并未产生微生物，并未将茶叶中的糖分分解为酒精和瓦斯。红茶是被氧化催熟的。[①]

福钧发现了绿茶染色剂的秘密，在1851年的伦敦世博会上把它公之于众，一下子改变了英国人喝茶的习惯。从那儿以后，英国人只想喝红茶了。顺便说一句，福钧从中国引诱到印度种茶、制茶的那几位茶农都来自红茶产区。

福钧那几次到中国的冒险其实可算作一次巨大的商业盗窃。那个时代的英国人与其他的欧洲人对世界的看法与今天的时代有很大差别。无论是福钧，还是东印度公司，都不觉得从中国偷出茶叶种子、树苗和技术，有什么不光彩的地方。相反，那个时代的英国人和欧洲人不怕到海外去探险，去开拓，去殖民，因为那是欧洲对外扩张的"光荣时代"。

如果英国人只是偷去了茶叶的秘诀，那也只是占了一点商业的便宜。但英国人为了平衡与清朝的茶叶贸易，想出了另一个更为狠毒的办法，那就是向中国出口在印度生产的鸦片。英国人占领了印度后，一直想办法让印度在经济上自给自足。但19世纪中叶，英国在印度西北边境发动了一系列扩张战争，将它在印度获得的利润消耗殆尽。为了找到更多的财政来源，他们发现印度种的罂粟可以生产鸦片，而鸦片可以做成止痛药的原材料。英国商人开始向中国市场销售鸦片，获得了出奇的效果。那些吸食了鸦片的中国人很快就上了瘾，不得不花巨额资金去满足自己这种癖好，一些人为此倾家荡产。

---

① ［美］萨拉·罗斯：《茶叶大盗》，孟驰译，社会科学文献出版社2015年版，第122—123页。

清朝政府很快发现，过去他们出口大量茶叶、丝绸和瓷器换回的白银源源不断地随着鸦片贸易又流了出去。道光皇帝在 1729 年下令严禁鸦片贸易。可惜，道光皇帝的命令落实不了。鸦片销量仍在稳步上升。从 1822 年到 1837 年，鸦片销量增长了 5 倍。直到 1939 年，林则徐受命清理广州港的鸦片走私。林则徐下令扣押了广州的外国人，要求 300 名英国人用手中价值 600 万美元的鸦片来赎。英国鸦片贩子们被迫妥协，交出了鸦片。林则徐放了那些外国人质后，命令 500 名劳工将 300 万磅鸦片用盐和石灰搅拌后，倒入了大海。①随后，英国发动了鸦片战争，用蒸汽机铁甲船把清朝的木船打得四分五裂，逼着清朝政府让步，恢复了鸦片贸易。

三　清朝政府不得不向欧洲列强借债

如今，国家之间的借贷看似是一种正常的经济现象，在外国发行国债，可以让外国投资者获得利息，而发行国债的国家也可以借到现金，以满足某种需求。

然而，历史地看，国家间的借贷却充满了政治算计，它可以是国家间结盟的条件与工具，也可以是强迫其他国家服从它国意志的工具。法国就曾用替俄罗斯在金融市场上融资为条件，在与德国的外交争夺上，获得了俄罗斯支持。美国也曾用不断抛售英国国债的办法，逼着英国违反与法国及以色列达成的占领苏伊士运河的协议，单独从运河撤军，最终导致英、法、以干预埃及回收苏伊士运河的军事行动失败。

随着工业革命的进展，欧洲列强崛起，它们向全球扩张来寻找商品销售市场和原料产地。主权债务作为资本输出的一种重要方式，成为西方发达国家控制穷国财政的重要手段。很多国家借债不但没有起到促进本国经济发展的作用，反而陷入借新债还旧债、进而越来越受控于债权国的困境。落后国

---

① ［美］萨拉·罗斯：《茶叶大盗》，孟驰译，社会科学文献出版社 2015 年版，第 14—15 页。

家在主权债务关系中，往往处于被动、弱势的地位，处于强势地位的债权国会经常性地利用主权债务来实现自己的经济利益和政治影响力。

清朝后期，中国政府在与欧洲列强的战争中不断被打败。而战败后的清朝政府除了要赔款外，还不起的部分还要继续向这些列强借，结果就陷入了不断还债的恶性循环。

甲午战败之后，清政府对日赔偿数额巨大，不得不依靠对外借款。但是在债权人的选择上，清政府实际上并无自主权。俄国担心中国公开在国际金融市场上举债，从而让占据国际资本市场中心地位的英国占尽先机。不等清政府提出借款要求，俄国沙皇尼古拉二世就亲自召开会议，决定要联合法国，迫使中国向俄法借款。1895 年 5 月 1 日，俄国外交大臣向中国驻俄公使表示，俄国对清政府欲向英国寻求融资的计划不满，要求清政府应先同俄国商量借款事宜。随后，俄驻华大使又向大清的总理衙门施压，条件是如果中国不接受俄借款，俄将把辽东半岛归还日本。英国政府对此高度警惕，5 月 19 日即电令英驻华公使告诫清政府，在俄法借款订约前要先征询英政府的意见。6 月 5 日又警告清政府，如果接受俄国担保借款，将带来严重后果。最终清政府被迫与俄法签订借款条约，条约中不仅规定了此次借款在海关应付款项中享有优先权，并且还列出附加条款：中国不允许他国管理自己的税收，如果中国允许了他国此种权利，那么俄国也必须有相同的权利。这显然是针对英国对中国海关的控制权而言的。①

为了不得罪英国和德国，清政府在同俄法签订借款合同后不久就主动向英、德表示半年后如果再需借款，将向英德政府借款。因此，当 1896 年清政府筹备第二期借款时，英德两国很快达成协议，不断向清政府施加压力，表示如不向英德借款，将"不惜诉诸武力"。1896 年 3 月 23 日，清政府不得已先同英德两国银行草签了借款合同。然而合同墨迹未干，英国就提出在新疆设领事馆、通商自由以及在云南修筑铁路等要求，并且以废约相威胁。而德国也施加压力要中国迅速答应其"借让港湾之要求"。1897 年 2 月，清政府

---

① 马金华：《外债与晚清政局》，社会科学文献出版社 2011 年版，第 236—238 页。

被迫同英国签订《中缅条约附款十九条》，英国逼迫中国割让滇缅边界的工隆、孟仑、科干等地，永租瓦兰陵地区，准许缅甸铁路接入云南，开放西江沿岸若干地区为通商口岸。1897 年 11 月，德国以两名教士被杀为由，派军舰进占胶州湾。最终，德国除强租胶州湾外，还取得了在山东筑路开矿的特权和承办各种工程的优先权。①

除了为支付战争赔款而对外举债外，清政府还为兴办实业而大量对外借款，其中最为重要的就是铁路外债。各国的债权人不仅通过借款给清政府拥有了各线路的修筑权，还控制着该路的行车管理权、行政权。如 1896 年中俄所签订的合办东清铁路公司章程的文件就答应该公司"在铁路地段具有绝对的排他性的行政权，包括管辖所有外侨的司法权与组建警察之权"。部分合同中还规定：在一定区域内中国不得修筑其他路线，不得修筑现有路线的支路或者延长线，甚至禁止修建平行线。这意味着某个国家取得中国某条铁路的投资权后，别国不能再要求投资修筑此路，中国自己也不能兴建。所以，铁路外债成了各国在华划分势力范围、实施政治控制的强有力工具。德国以山东为势力范围，攫取了山东全省的铁路修筑权，此外德国还积极参与湖广铁路借款。英国则垄断了长江流域及西南地区的筑路权，法国以西南地区为主要势力范围，主要控制滇越铁路及广西地区的铁路。1895—1911 年，各列强竞夺中国的铁路修筑权，以英国攫取的路权最多，约计 2800 英里；俄国约1530 英里；德国约 720 公里；比利时约 650 英里；美国约 300 英里。其中英国的铁路贷款额高达 1866 万英镑，德国为 950 万英镑，法国为 500 万英镑，比利时 600 万英镑，日本约 200 万英镑，涉及范围除甘肃、新疆、青海、西藏外，几乎遍布中国各省。②

甲午战争之前清政府共借外债 4667 多万两白银，基本上是随借随还，没有对清政府财政造成很大影响。但是经过甲午战争和庚子赔款，到 1911 年清政府共欠外债 12 亿多两白银，短短 15 年外债猛增 33 倍。巨大的债务负担把

---

① 马金华：《外债与晚清政局》，社会科学文献出版社 2011 年版，第 240—241 页。
② 同上书，第 269—270 页。

中央到地方的国库几乎洗劫一空。外国债权人基本上控制了清政府的财政权，如关税、盐税、厘金等作为借款抵押而被截留，国家财政难以为继。当时，中国国内没有金融市场，也没有现代的主权债务管理方式。外债主要以贷款的方式筹集，清朝也不会用在国内外发行国债的方法来借新债还旧债，无法摊平债务负担。在这种形势下，清政府只能靠增加税收的方式来筹集资金，这就导致民怨沸腾、社会矛盾尖锐，清政府的统治摇摇欲坠。这反而让清政府更加依赖外国势力来巩固自己的政权，从而深陷"大举外债——出让主权——政权动荡——大举外债"的恶性循环中不能自拔，直至最后灭亡。

到 20 世纪初，中国已经陷入了外债的恶性循环，赔款债务成为中国收支平衡上的一个重要项目。清朝的外债有着浓重的政治性质：只要某项借款成立，那个债权国的侵华势力就一定有所增长。人们几乎可以用债务数目的多寡，来衡量欧美列强侵华的尺度。

清朝的外债大概有那么几个特点：一是形成某种恶性循环，不借政府要垮台，借了又无法偿还，只能借新还旧，债务越滚越大；二是政府信用低，债务风险大，借债的利息便很高，大大高于国际市场上的平均水平；三是西方国家利用外钞与白银、黄金之间的汇率兑换差，当清政府借债时少给它钱，还债时又逼它多还钱。

首先，军费、外债和赔款成为中国近代财政史上国家三宗最大的开支，这些开支加起来的总数常占国家开支的 2/3 以上。更重要的是，这三宗开支之间还有某种连带关系。一旦清朝政府需要对内动用武力，或镇压农民起义，或收复新疆，军费开支随之大增，而清朝已经学会了向外国银行借款，就形成外债激增。一旦对外发生战争，军费膨胀，而且，清朝几乎每战必败，战败就要赔款，而赔款又拿不出来那么多银子，只好再度借款，外债因此不断攀升。①

其次，清朝的外债大概算风险高的，因此付出的利息也特别高。当时欧洲国家之间的借款利息一般为年息 3%，最多不过 4%—5%，而清政府的借

---

① 马金华：《外债与晚清政局》，社会科学文献出版社 2011 年版，第 40 页。

款利息在 8%—9%，有的超过 10%。再加上各种经纪人的营私舞弊，清政府的实付利息往往比当时国际上的借贷要高出 4 或 5 倍。比如，1867 年、1868 年的第一次、第二次西征借款年息 18%，第三次西征借款年息为 10.5%；1906 年直隶总督袁世凯向日本横滨正金银行的借款及 1909 年安徽巡抚朱家宝向英国怡大洋行的借款的年息都在 7%—12%。[1]

最后，欧洲列强及其金融机构还利用汇率杠杆，对清朝大肆勒索。当欧洲国家向清朝支付借款时，提高汇率，以少付银两；而当清朝向它们付款还息时，就降低汇率，以多收银两。据估计，仅清朝遭受的汇率损失，也有数千万两之多。

而且，欧洲列强的货币当时都实行金本位，而清朝使用银两。两种贵金属之间的交易取决于金银两种价格的差。当银价下跌时，欧洲列强就要清朝按金价的比例多交银两，这个差额被称为"镑亏"。庚子赔款按条约规定是以中国海关两计算的，以海关两折成金价是为了便于支付。但欧美列强逼清政府在 1905 年向汇丰银行借款 100 万英镑，支付庚子赔款镑亏 120 万英镑，折800 余万两。1911 年，由汇丰、德华、东方汇理、花旗等四国银团经手的币制实业借款 40 万镑，据说每万镑吃亏 1400 两。仅镑亏一项，他们就捞进了5.6 万余两，简直就是赤裸裸的掠夺。[2]

四　欧洲人控制了中国的海关与金融

从鸦片战争开始，清朝就陷入了长期的经济衰退与财政困境。在这种背景下，欧洲列强给清朝提出了一个颇没有面子的建议，那就是用中国的海关来作抵押，以海关的收入来还债。

鸦片战争前，清朝海关的税收基本用于大清的政府开支。但自从第二次

---

① 马金华：《外债与晚清政局》，社会科学文献出版社 2011 年版，第 43—44 页。
② 同上书，第 45—46 页。

鸦片战争后，海关税收的内容就大大改观了，赔款、外债和军饷成为支出的大宗。据统计，咸丰十一年（1861年）到同治四年（1865年），仅赔款一项就占海关税收分配总额的30%—40%；光绪二十三年（1897年）到二十七年（1901年）偿还外债占海关税收分配总额的20%—26%；光绪二十八年（1902年）至宣统二年（1910年），赔款、外债共占海关税收分配总额的30%—35%。海关已经沦为偿还赔款和支付外债的出纳机关。从1895年瑞记银行借款开始，盐税及盐厘也相继成为外债的担保品。后来，中国的部分茶课、茶厘、厘捐，甚至田赋都成为外债的担保。欧洲列强通过外债控制了中国的大宗税收，控制了中国的财政经济命脉。①

然而，在英国"帮助"清朝建立海关之前，中国的海关的确不太灵光。鸦片战争之前，中国本有"土著"海关建制。乾隆二十二年（1757年）确定广州单口贸易制度后，朝廷即令粤海关统一管理行商交易，征稽关税。但此际的中外贸易形式胜于实质，朝廷对"四夷宾服"的满足感大过从贸易中获利的冲动，加之担心洋船蜂集、不便管理，旧海关的技术相当粗糙，收入也较少。乾隆末年粤海关每年账面收入不过110余万两白银，仅占岁入的3%。1842年后，单口通商变为五口，朝廷仍以旧海关负责人在新开埠地区筹建新关，并以两广总督兼任管理，实质仍是老一套。这五个海关人手既不足，又缺乏统一章程，自然难有业绩。

1853年9月，小刀会起义军攻占上海县城，苏松太道兼江海关监督吴健彰弃城而走，江海关衙门也遭洗劫。如此一来，洋商乘机拒纳关税，并向英法等国代表寻求许可。但英国驻沪领事阿礼国认为：取消关税将在各国商人间引起恶性竞争，对市场稳定不利；清政府与欧美各国关系尚处于微妙阶段，明火执仗地侵害中国利权会带来冲突。为体现公允，英法美三国领事决定在租界成立一个具有国际色彩的新机构，"暂代"瘫痪的江海关执行关税征收和缉私任务；作为回报，两江总督怡良批准洋货只缴纳一次进口税，在内地流通不必另行纳税。

---

① 马金华：《外债与晚清政局》，社会科学文献出版社2011年版，第46页。

1854 年 7 月，新的江海关在苏州河北岸挂牌办公，它的章程出自英国驻沪代理副领事、22 岁的李泰国（Horatio Lay）之手。海关章程规定：英法美三国领事每人可推荐一名外籍人士担任税务司（最初为领事代表），由他们组成关税管理委员会，作为单一体联合行动；税务司可以自由调阅、核对海关文书账册，所有公文非经其副署不得公布；任何装卸货物准单、税款收据、结关准单或其他正式文件非经税务司副署，不得签发或使其生效。1855 年，李泰国本人成为江海关英籍税务司。第二次鸦片战争后，因为通商口岸增加到 15 个，李泰国竭力说服新成立的总理各国事务衙门把江海关制度推广到其他商埠，获得恭亲王首肯。1861 年，总理衙门正式委任李泰国为海关总税务司，统领各口岸新设海关。

1859 年，英国人李泰国受命着手筹划办理各口海关行政，自任"总税务司"。1861 年 1 月 21 日，总理衙门领衔大臣奕䜣同意英国人李泰国担任总税务局，"总司其事"。如此，总税务司便由两江总督兼五口通商大臣转属总理衙门，因为各口海关都任用洋员，而且各口海关洋员全部都归总税务司选募，总税务局就成为全国海关洋员的当然首脑。1865 年，总税务司署由上海迁到北京。总税务司署成立的过程，实际上是外籍税务司剥夺和集中海关监督权力的过程。全国各海关普设税务司署，名为总理衙门兼管，但由于正副总税务司各上一人，均由洋人担任，实则为外国使节所掌控。英国人罗伯特·赫德（Robert Hart），从 1863 年到 1908 年担任中国海关总税务司达 45 年之久。海关总税务司成为欧洲列强对中国进行经济剥夺和政治渗透的一个重要阵地。[1]

但李泰国自我感觉过于良好，在上任之初就捅了大娄子：恭亲王委托他在英国购买一批蒸汽舰船、"协剿"太平天国，李泰国却企图搞一个"英中联合舰队"，让中国人出钱雇佣英籍官兵操纵外购舰船，听命于他本人。朝廷当然不能容忍这种野心，1863 年 11 月李泰国被解职，留在北京替他代管日常工作的赫德因祸得福，接替了职务。这一年赫德不过 28 岁，已经由清廷加按察

---

①　马金华：《外债与晚清政局》，社会科学文献出版社 2011 年版，第 248—249 页。

使衔，成为三品大员；1869 年又晋级布政使，官阶从二品。

1854 年，从香港开往上海的飞剪式帆船"艾奥纳"号在南海遭遇了台风。搭乘该船前往上海的有几名英国外交部的实习翻译，其中一位是北爱尔兰人，前一年刚刚从贝尔法斯特女王学院毕业。这个矮小的 19 岁青年其貌不扬，喜欢东张西望，对任何事情都很好奇。遇到了台风，艾奥纳号不得不在海上多漂流几日，平日里几天的航程，它用了三个星期。19 岁的赫德和其他乘客一样只能靠嚼花生度日。此后，他一辈子都不碰这种食品。

赫德的祖先曾是追随威廉三世与法国作战的海军将领，但赫德出生时家道早已中落。某天他意外看到了一张以荣誉校长克拉伦登伯爵（时任外交大臣）名义贴出的布告：英国外交部拟招募一批毕业生前往驻华使馆工作，担任翻译和随员。罗伯特马上报名，并获得家人的支持。临行前父亲塞给他 50 英镑路费：对一个年收入仅有几百镑的家庭来说，这已经是相当慷慨的资助了。罗伯特在香港随港督兼驻华公使包令学习中文，颇受好评，旋即乘"艾奥纳"号前往上海。

刚到中国时，赫德担任英国驻宁波使馆的见习翻译。1858 年前往广州，任驻粤领事馆首席翻译。很快，他辞去了领事馆的职务，参与组建广州海关。1861 年赫德代理上海江海关税务司，两年后升总税务司，开始了 40 余年的海关生涯。

与骄横轻狂的李泰国相比，赫德从少年时代起就形成了谨慎温和的个性，他在上任之初致信各口岸税务司，要他们对中国官员以礼相待，并敦促本国商人服从管理。在注重礼仪和形式的中国官场，这种谦卑的姿态当然吃得开。

不过排除形式上的客气，"中国海关"本质上是一个国际化的独立王国，人事、行政权力都由外籍雇员掌控。1865 年全国 14 个新关共有报检员以上中高级雇员 71 人，其中英国人 46 名，美国、法国人各 9 名，其余德意志人 5 名，丹麦、瑞士人各 1 名。英语是海关内部的工作语言，一切报表、公文都以英语起草。为防止舞弊，赫德对各地分关实行垂直统一领导，进出口货物须按章征税，申报、查验、估税、审核、征税、交款直至验放各个环节都有相应章程作为依据。

清朝政府之所以能容忍赫德大包大揽，这与 19 世纪 50 年代以来国家财政的动荡不无关联。太平天国战争之前，大宗税收来自田赋，每年收支大致相抵。清廷当时不会太留意仅占财政收入 3% 的关税。太平天国起事后，迅速席卷 16 个行省。清朝政府为镇压太平天国，第一年就耗尽了户部存银。而且，作战省份无法解拨京饷，中央财政事实上已经瘫痪。与此相反，伴随通商口岸的增加和管理规章的建立，关税收入逐年见增，成为一项规模可观的财源。和名目繁多、操纵在地方督抚之手的厘金（内地商业税）相比，关税的来源更为清晰，中枢可以更方便地掌控。鉴于赫德"虽系外国人，察其性情，尚属驯顺，语言亦多近礼"（恭亲王语），朝廷也就不打算插手他们完全不熟悉的海关业务，以免引发财政动荡，而让赫德的人马大刀阔斧地开展工作。于是，从 1865 年到 1875 年，海关岁入由白银 830 万两稳步增加到 1200 万两，1885 年更增至 1450 万两；而当时的账面岁入不过银 6000 万两左右，洋税已占近 20%。第二次鸦片战争后赔偿英法的 1600 万两军费亦由关税收入中拨出。

从 1855 年至 1864 年，海关收到的税款从 186 万两增加到 787 万两，占清政府财政收入的 12%，1885 年上升为 18.8%，1887 年达到 24.35%。1894 年，海关关税收入几近 2253 万两，30 年间增长近两倍。此后，在清政府财政收入中的比重一直保持在 25% 以上。但海关税收的增长不是由于中国的贸易正常发展，而是随着欧美列强经济势力的日益深入，洋货进出口贸易不断增长而导致的。海关税收的增长并没有给清政府带来多大好处，反而被列强以外债和赔款的形式夺走了大部分。早在 1858 年的中法《天津条约》中就规定，清政府对法赔款可用关税"会单"偿付；1860 年中美、中法《北京条约》又规定，将先前《天津条约》中规定的赔偿英国、法国的军费和商务"亏损"款项各自增加到 800 万两。这庞大的赔款使清政府觉得有必要把减税交给洋人去统一管理。为保证 1/5 的关税用来摊付赔款，海关记载各口征税情况的账册、档案要由各口的英法领事审查核对。海关就与赔款挂起了钩，中国海关成为偿还赔款、外债的出纳机关,而外籍税务司也就成为债权国的代理人了。①

英国拿走了清朝的关税自主权和海关行政管理权,掌握了中国的大门钥匙;向打了败仗的清朝政府勒索巨额战争赔款,帮清朝举债融资,并以关税和其他税项为贷款担保,进而控制中国的关税和其他赋税的征收、分配大权,扼住了清朝财政的咽喉。自此,中国被欧洲列强控制,形成了半殖民地的体制。

英国哲学家与作家罗素在 20 世纪 30 年代来中国巡讲,还讲到了这个欧洲国家掌控中国海关的不公平例子。罗素讲道,英国与中国第一次战争后,在 1842 年与清朝签订了一个条约,其中规定通商口岸的进口税为 5%,出口税不超过 5%,这个条约是所有关税体系的基础。中英第二次战争后,在 1858 年又签订了一个依照惯例的价格表,英国抽取 5% 的税,这个价格表每 10 年修改一次。后来只被修改过两次,一次在 1902 年,一次在 1918 年。即使修改也仅是惯例价格,5% 的关税保持不变。关税体系是建立在 1842 年所签订的条约之上的,和其他通商条约不同,这一条约没有时间限制,也没有可以废除的条款。

进口税如此之低,它让西方产品可以随意进入中国市场。而清朝政府依赖 5% 的出口税来补充财政,不思进取,所以也不鼓励发展自己的工业。罗素认为,正是外国人控制了中国的海关,又给朝廷提供财政收入,所以阻碍了中国发展自己的工业。②

1866 年后,对外赔款已经付清,六成关税由朝廷分拨给各省,用于中央直辖的自强事业。如江南制造总局、金陵机器制造局、福州船政局及船政学堂、天津机器局、长江口至南京下关等 9 处炮台以及后来的京师同文馆、幼童赴美留学等项目,经费均来自海关。1874 年日本侵台事件后,朝廷又从六成关税中每年拨出 400 万两白银建设海防。

---

① 马金华:《外债与晚清政局》,社会科学文献出版社 2011 年版,第 249—250 页。
② [英]罗素:《罗素论中西文化》,杨发庭等译,北京出版社 2010 年版,第 48—49 页。

当左宗棠领兵西征时，因为朝廷没有足够的兵饷，左宗棠便申请向外国金融机构借款。西征得到了清政府的批准，成为第一批由中央政府对外举债的国债。但这个国债也受到了海关税务司的正式干涉，英国人赫德掌握了清政府对外借款的决定权。此后，清朝借外债都要经过海关税务司批准。程序是：借款先要经谕旨批准，总理衙门遵旨让海关总税务司饬令各省减税务司，对发行之债票盖印签署。①最终，左宗棠在西北用兵所耗 1470 万两白银的英国贷款都以关税作为担保。

晚清政府向外国银行借了不少债，而这些债的抵押品往往又是关税。其实，由外国人掌管的清朝海关早已与外国银行通过外债这一媒介结成了联盟，以操纵中国的借款。

最早与清朝海关结盟的是英国的丽如银行。在 1894 年丽如银行宣布停业清理之前，清朝海关的经费一直存于该行。丽如银行不仅从海关总税务司赫德那里获得有关清政府借款的情报，还千方百计通过赫德揽取清政府的贷款权。如第三次西征时，由于赫德竭力张罗，丽如银行终于击败竞争对手，夺得了贷款权。19 世纪 80 年代后，英国的汇丰银行取代了丽如银行，成为在华外国银行中资本最雄厚的一家。汇丰银行与海关的结盟使它在兜揽清政府的贷款中独占鳌头。据不完全统计，1883—1894 年的 12 年间，汇丰银行向清政府贷款 18 笔，占同一时期清政府借款总额的 56.08%。②

20 世纪初，欧美在华银行势力的增长，主要是由于它们是在这个领域中的唯一国际机构。对外贸易的金融周转、国外汇款的划拨，海关税款和政府债款的经营，所有这些都经由它们之手进行。作为集团，外国银行在外汇市场上形成了实际垄断。此外，外国银行成为中国外债制度中必不可少的关键一环。

①　马金华：《外债与晚清政局》，社会科学文献出版社 2011 年版，第 75—76 页。
②　同上书，第 194 页。

五 民国时期的中欧经济关系乏善可陈

武昌起义后，孙中山没有急于回国，而是转道欧洲，到欧洲列强那儿去寻找贷款。然而，欧洲人很势利眼，不知孙中山的许诺最终能否实现，因此捂着钱口袋始终不松口。最终孙中山仍然空手而归。1911 年 12 月，孙中山抵达上海，他无奈地对记者们说："我空着两手回来，可是我带回来国人最需要的东西，那就是革命精神。"

1912 年 1 月 5 日，孙中山发表《临时大总统宣告各友邦书》，宣示了新政府的八大政纲。其中规定："一，凡革命以前满政府与各国缔结之条约，民国均认为有效，至于条约期满而止；其缔结于革命起事以后者，则否。二，革命以前，满政府所借之外债及所承认之赔款，民国亦承认偿还之责，不变更其条件。其在革命军兴以后者，则否。其前经停借事后过付者亦否认。三，凡革命以前满政府所让与各国国家或各国个人种种之权利，民国政府亦照旧尊重之；其在革命军兴以后者，则否。四，凡各国人民之生命财产，在共和政府法权所及之域内，民国当一律尊重而保护之。"

孙中山之所以对外国的债务与外国人在华资产如此友好，一是因为想获得洋人的支持；二是寄希望洋人能继续借钱给临时政府，以渡过难关。

1912 年 1 月 8 日，南京临时政府发行军需公债，定额为 1 亿元。然而，虽然多方均大力协助，最终也只筹得 730 多万元。孙中山通过美洲洪门筹饷局获得了 140 多万元的筹款，也不过是杯水车薪。孙中山只好以政府的名义，根据"一不失主权，二不用抵押，三利息甚轻"的原则，向海外举债，但效果也并不理想。西方列强均表示"中立"，孙中山借款就碰了一鼻子灰。

临时政府为了巩固革命成果，需要钱粮支持，而临时参议院如何才能收得税赋？临时参议院几次想借外债，都没有得到通过，临时政府没有财力与北洋军继续作战，只好与北洋军妥协，孙中山不得已将总统职位让给袁世凯。

辛亥革命失败。

然而，即使临时政府迁到北京，财政状况仍然无解，中央政府能收上来的税款不及晚清的1/10。

在这一背景下，袁世凯发起了"善后大借款"。1913年，在未经国会授权的情况下，袁世凯以盐税、关税等为抵押，向英、法、德、日、俄五国银团搞了一次大借款，总数2500万英镑，利息5厘，分47年还清。"善后大借款"遭到国民党多数议员的反对，进步党等其他议员也不配合，表决时大借款案暂时搁浅。

在孙中山的授意下，国民党通电全国各省都督，要求不承认政府的借款。此时，宋教仁刚刚被刺杀，孙中山与国民党都怀疑袁世凯为幕后黑手，便指责袁世凯搞"善后大借款"是为了扩军备战，准备镇压革命。孙中山愤而发动了第二次革命。

南京临时政府财政十分困难，北伐军军心不稳，北伐难以为继。黄兴终日为军饷劳碌奔波，口干舌燥，亦无所获。有的军官还扬言："军队乏饷即溃，到那时只好自由行动，莫怪对不住地方。"声势颇大的"直捣幽燕"计划便如此半途而废。

北洋军与北伐军相比强大无比，讨袁运动不到两个月就土崩瓦解了。树倒猢狲散，各地宣布取消独立。孙中山、黄兴、陈其美等被通缉，相继逃亡日本，国民党的二次革命失败。

袁世凯复辟称帝后，孙中山再次组织武力讨袁，护国运动爆发。袁世凯被迫取消帝制，在绝望中死去。此后，中国经历了张勋复辟、段祺瑞执政、北伐战争，直到1927年国民党在南京成立国民政府。

南京国民政府成立初始，即面临着数额巨大的积欠外债。蒋介石表示，北伐完成后，最紧要的工作是外交，而国民党政府将循外交常规和国际公法正常进行，遵正当之手续实行重订新约。对"友邦"以平等原则，依合法手续所负之义务，必相信守。对共产党，亦必不容其存在。对此美国政府率先表示欢迎，并于1928年7月25日先于各国对国民政府给予承认，11月3日，正式承认南京国民政府。德国亦于 8 月 17 日承认国民政府。挪威、比利时、意大利、丹麦、荷兰、葡萄牙、瑞典、西班牙等也相继承认。英国终于 12 月 20 日，法国亦于 12 月 22 日承认了南京国民政府，随之国民政府在国联取得合法地位。

从 1927 年至 1933 年，南京政府对有确实担保的外债实行清偿本息，共达 2.49 亿银圆。南京政府整理并对外清偿债务，使中国的债务信誉有所恢复，但这一切是以中国的债务负担加重为代价的。直到抗日战争前的 10 年间，国民政府所借外债总额约为 7960 万美元。[①]

南京政府建立之初，蒋介石发动了"4·12"政变，投靠帝国主义，屠杀共产党，欧美列强也就在表面上对债务做了一些小让步，以示支持。列强给国民政府的债务利息较低，一般在 1.5% 和 5% 之间，折扣在 9.3 折和 9.9 折之间。

抗日战争期间，国民政府借的外债总额约为 12.29 亿美元。苏联三次易货借款 2.5 亿美元；英国八项借款折合 2.76 亿美元；美国七项借款 6.86 亿美元；法国两项借款 1500 万美元；等等。由于中国与同盟国共同作战，国民政府举债不用提供担保，仅指定由中国运售某些货物以售价抵付，借款额按全额提供，无折扣；利率低，以实际动用额计算利息。

国民政府所借外债，比晚清和北洋政府时期相比，条件优惠得多。

国民政府从 1927 年至 1949 年在大陆执政 22 年，一共举外债 34 笔，总额达 15.7478 亿美元。[②]

在抗日战争之前，国民政府借的那些外债虽然有用于国内战争的一面，而且也的确是帝国主义向中国经济扩张的内容，但国民政府也的确想利用这些资金引进现代技术，促进中国的现代化发展。当然，由于内战与日本的侵略战争，最终国民政府借的钱都被用来战争了，对中国的经济发展并没起到什么根本性的贡献。

---

① 金普森、潘国琪：《民国时期南京政府外债研究概述》，《经济研究参考》2001 年 第 94 期。
② 同上。

巨额军费开支仍是造成民国政府财政大幅赤字的主要原因，国民政府便与西方债务玩起了猫捉老鼠的游戏，一方面拖欠债务还款，另一方面要求西方国家减免债务。有时，国民政府还支付给西方国家一点本金和利息，以使西方国家能尝到点甜头，从而让其他的债务拖欠能有个好借口。由于很大一部分债务来自甲午战争的赔款和义和团运动后的赔款，西方列强对这方面的债务拖欠有时也睁一只眼闭一只眼。

中国从 1929 年起恢复了海关的主权，外国进口商品必须缴纳关税。这增加了国民政府的财政收入，同时也一定程度上保护了国内的工业。然而，西方势力对中国海关控制力的削弱是一个渐进的过程，直到 1937 年，还只有 1/3 的海关行政负责人是华人。中外食盐的经营管理权直到 1938 年才得以分离。①

从经济角度来看，压倒民国这匹骆驼的最后一根稻草来自美国。前面我们讲到，从明、清两朝开始，民众开始放弃了纸币，用碎银当作货币交易。中国成为全球白银最大的进口国，一直需要不断输入白银来支撑货币发行，从而支撑经济增长。民国以后，虽然政府发行了纸币：法币，但民间仍然盛行白银，特别是那些白银制成的货币，如印了袁世凯头像的"袁大头"，或印着老鹰标记的墨西哥银币"鹰元"，等等。从 20 世纪 30 年代开始，中国的白银开始不断外流，而这与美国国会通过了一项法案有直接关系。

1934 年 6 月，美国国会通过了《白银收购法案》。这项法案的主要内容是授予美国财政部在国内外市场采购白银的权力，直到白银价格达到每盎司 1.29 美元，或者财政部储备的白银价值达到美国黄金储备的 1/3。在整个收购过程中，财政部享有广泛的自由斟酌权。表面上看，这是刺激经济走出萧条的决定。让政府采购白银，并采用美元金银复本位制，而不再是单一的金本位制，可以扩张美国的基础货币，达到刺激经济增长的效果。实际上，这是美国的白银集团通过操纵政治来扩大自己集团利益的举动。美国是产银大国，有七个州（犹他、爱达荷、亚利桑那、蒙大拿、内华达、科罗拉多和新

　　① ［英］麦迪森：《中国经济的长期表现》，伍晓鹰、马德斌译，上海人民出版社 2008 年版，第 47—49 页。

墨西哥）都有开采白银的传统产业，而这些州的议员控制了参议院中 1/7 的投票权。白银集团一直是美国国会中举足轻重的院外集团。1929 年的大萧条给白银生产以致命打击。白银价格从 1928 年的每盎斯 58 美分下跌至 1930 年的 38 美分，1932 年又下跌为 25 美分。在这一背景下，白银集团游说政府采购白银作为货币储备。

在白银集团诸多提高银价和推动《白银收购法案》的理由中，"中国市场"也是一个很重要的话题。白银游说集团的论点是，中国是当时仍然坚持银本位的大国，有大量的白银积累。中国是世界上人口最多的国家，美国大幅采购白银会提高银价，等于提高了中国的对外购买力，有利于给美国商品开辟中国市场，可以倾销美国过剩的汽车和小麦，有助于美国摆脱经济危机。还有些人提醒说，提高银价可以打击中国的工业，削弱中国商品与美国商品之间的竞争。这些人的逻辑很像后来指责中国操纵人民币汇率的逻辑。他们说，银价低导致坚持银本位的中国购买力低，中国人便只能购买本国的便宜货，这就促进了中国工业的发展。若银价上扬，中国的货币就会升值，增加中国工业产品的成本，削弱中国产品的竞争力，从而有利于美国的企业家和农民。

《白银收购法案》通过后，中国的法币与美元的汇率迅速上扬，贸易逆差迅速增长，而白银却大量流出中国。特别在日本统治区，日本人大量搜刮中国人家中的白银，卖到国际市场上赢利。民国的货币基本是银本位，白银的外流导致中国货币政策严重畸形，出现了前所未有的通货紧缩。国际白银涨价意味着中国货币的大幅升值，加上白银大量出境，结果中国物价下降，国内白银流通量减少，信用收缩，利率上升，出现了严重的通货紧缩。当时，民国政府驻美公使馆向美国务院陈言："种种迹象证实，上涨的通货价值，就中国来说，实为灾难，因为它带来了通货紧缩"。[①]中国的批发物价指数 1934 年比 1931 年下降了 23%，当年下降了 6.5%，1935 年又再次下降 2.5%，农

---

① 《中国政府驻美公使馆 1935 年 2 月 1 日致美国国务院的备忘录》，《中华民国货币史资料》第二辑，第 116 页。

产品价格 1934 年下降了 6.9%，1935 年再下降 3.7%。

民国政府为了阻止白银外流，曾采用严刑峻法以杜绝白银走私。但一切都无济于事。1935 年，民国政府迫不得已进行货币改革，放弃了传统的银本位制，实行信用货币——法币。

法币就是政府信用的货币，是中国货币进入现代化的标志。法币是由中央银行、中国银行、交通银行发行的纸币。在废除了银本位后，法币采取了先后与英镑和美元挂钩的固定汇率制度。当时，英镑与美元都可以自由兑换黄金，因此法币实际上也属于金汇兑本位。然而，民国政府没能控制住法币的发行，导致法币滥发，通货膨胀严重，最终导致了国民政府的倒台。

据记载，1937 年的法币发行额是 14 亿，到 1945 年抗战结束增加了 400 多倍。而随之而来的内战中，法币发行与 1937 年相比，增加了 47 万倍，同期物价上涨了 3492 万倍。[①]

在这一背景下，国民政府决定铤而走险，搞货币改革，实行金圆券制度，就是金本位制度，并于 1948 年 8 月 19 日实行。金圆券制度只用了 3 个月即完全失败，原来应该有十足黄金储备或美元作抵押的金圆券的发行量一下子就突破了 20 亿的限额，而且到 1949 年 5 月达到了 80 万亿，货币贬值幅度之大，几乎成了废纸。人们开始迅速用金圆券兑换黄金或美元，国民政府实行管制、禁止兑换后，人们又到黑市上抢购黄金和美元，金圆券于是彻底崩溃。

随着金圆券纸币大幅贬值和恶性通货膨胀的到来，国统区的人民迅速转而支持共产党。国民政府只好灰溜溜地拉着数船的黄金逃亡台湾。

六　改革开放与中欧经济合作

建立中华人民共和国后，中国才有了正常的经济发展基础。第一个五年计划的成功，受益于苏联援建的 156 项计划，建立了基本的工业体系框架。

---

① 范泓：《历史的复盘》，广西师范大学出版社 2013 年版，第 225 页。

但很快又被中国一系列的政治运动所打断，与苏联的决裂使中国不得不依靠自己的力量，自力更生发展经济。当然，由于国际贸易受限，技术引进受限，中国经济的腾飞还要等到改革开放以后。

其实，从与苏联决裂后，中国已经开始考虑从日本及西欧进口发展急需的成套工业设备了。经毛泽东批准，在周恩来的主持下，从20世纪60年代后期开始，中国从日本、西欧引进了84个项目，使用了2.7亿美元外汇，填补了一些行业技术设备方面的空白，如北京维尼仑厂、太钢50吨氧气顶吹转炉、洛阳单晶硅厂等项目。

20世纪70年代初，美国总统尼克松访华后，包括日本和西欧国家在内的第二世界国家纷纷与中国建立正式外交关系，中国与这些国家的经贸关系也出现了一波高潮。应该说，1971年的美元危机引起的通货膨胀及后来1973年第一次石油危机引起的滞胀让西欧、日本等国家急于想找到新的投资市场，他们对同中国做生意非常热情，这也为中国引进成套技术设备提供了良好机遇。

1971年"九一三事件"后，中国的政治气候发生了很大变化。在毛泽东的支持下，周恩来着力调整政策，包括干部政策、经济政策及其他政策，来消除"文革"对经济发展的破坏性后果，以恢复国民经济的正常秩序。周恩来领导的批判极"左"思潮，得到了民众的热烈欢迎，国内局势明显好转。

1971年8—9月，毛泽东到南方视察，在长沙看到服务员穿着漂亮的"的确良"衣服，就问从什么地方买的。一位服务员说，千辛万苦才从北京买来的。毛泽东听后很感慨，并记在心里。回到北京后，有一天毛泽东把周恩来找去，在谈到这件事时，问我们能不能也搞点化纤，还诙谐地说，买一件"的确良"衣服不要千辛万苦、百辛百苦行不行？周恩来说：我们没有这个技术，还不能生产。毛泽东又问：能不能买？周恩来说：当然可以。事后周恩来向李先念、余秋里传达了毛泽东"我们也搞点化纤"的指示，要他们研究办这件事情。①

---

① 《李先念传》（下），中央文献出版社2009年版，第763—764页。

1973 年 1 月，国家计委向国务院建议在 3 至 5 年内引进价值 43 亿美元的成套设备，通称"四三方案"。此后，又追加了一批项目，计划总额 51.4 亿美元。这是继 20 世纪 50 年代引进苏联援助的"156 项工程"之后，中国第二次大规模的技术引进。中国利用"四三方案"引进的设备，结合国产设备配套，兴建了 26 个大型工业项目，总投资约 200 亿元人民币，至 1982 年全部投产，成为 80 年代中国经济发展的重要基础。

"四三方案"是继"一五"计划后第二次引进国外先进技术设备四个方案中规模最大、种类最多的。当时，西方国家对中国引进项目表现出极大的热情。时任轻工业部计划组副组长兼轻工业部成套设备引进办公室副主任陈锦华在《国事忆述》中回忆："辽阳化纤项目是从法国引进的，在谈判过程中，因为 1000 多万美元的价格分歧，合同迟迟签订不了。法国总统蓬皮杜访华时，亲自出面做工作，在法国驻华使馆宴请周总理，谈这件事情。蓬皮杜说这个项目的签订，会在全世界引起轰动，希望中国政府在价格上让步。最后周总理从大局考虑同意了，中法双方终于把这个合同签了下来。这个合同的签订，的确在国际上引起很大的反响，很多西方国家由此看准了这个机会，纷纷要和中国做生意。"[①]于是在周恩来领导下，国务院业务组便积极着手对整个技术设备引进工作进行通盘考虑与综合平衡，研究制定更大规模的引进方案。

当时，中国国民经济面临许多问题，其中影响面最大的是 8 亿多人的吃饭、穿衣问题得不到满足。"四三方案"中用于解决吃、穿、用问题的化肥、化纤和烷基苯项目，就占了全部引进项目 26 个中的 18 个；总投资 136.8 亿元，占"四三方案"全部投资的 63.84%。

新中国的化纤工业没有基础，1957 年只有一个试验性的小厂，年产量仅 200 吨，是做人造丝的。通过多年的努力，到"四三方案"引进这批设备之前的 1972 年，中国的化学纤维产量只有 13.7 万吨，仅占当年国内纺织原料的 5.5%，和当时西方发达国家化学纤维在纺织原料中占 40% 相比差得太远。

---

① 陈锦华：《国事忆述》，中共党史出版社 2005 年版，第 12 页。

通过这次引进，4套化纤项目起到了"老母鸡"的作用，加上后来改革开放大环境的推动，中国化纤工业迅速发展，到2003年全国化纤产量达到1161万吨，占全世界化纤产量的1/3，中国已成为世界第一化纤大国。从"衣被甚少"到成为世界第一纺织大国，中国仅用了20来年的时间，创造出世界纺织史上的新纪录。①

随后，就要解决粮食产量不高的问题。中国的耕地面积有限，因此要提高单位面积产量，而化肥是提高粮食单产的重要条件之一。中国化肥工业每年大概生产2000吨，即通常所称的"小化肥"，全国共建了1500多个。小化肥的数量可观，但质量不行，其肥效即有效养分最高仅为17.7%。而当时国外大型化肥厂生产的尿素，有效养分高达46.3%，肥效接近"小化肥"的3倍。在"四三方案"13套大化肥基础上，中国又继续引进，结合国内的国产化设备配套，"大化肥"总数达到33套，年产尿素1593万吨。农业科学资料表明，施用1公斤尿素至少可增产稻谷4公斤。按此计算，1593万吨尿素至少可增产稻谷近6500万吨，增产效果十分显著。中国农业增产，以全球近7%的耕地解决了占世界22%人口的吃饭问题，引进化肥项目的作用功不可没。

20世纪70年代这次大规模引进成套设备的工程，到1979年基本完成，对中国国民经济产生了重要作用和深远影响。它为解决中国人民吃、穿、用的问题奠定了物质基础。13套大化肥的引进，为改变化肥生产面貌、大幅提高等农作物产量创造了条件。此外，这些引进项目培养了人才，造就了一支对外经济工作的队伍，为以后的对外开放和参与经济全球化的合作与竞争，创造了比较好的条件，积累了同西方发达国家打交道的经验，特别是如何利用国际资本市场筹措资金、怎样引进软件、怎样开展更高层次的合作问题等。②

① 牛建立：《20世纪70年代前期大规模引起成套技术设备论述》，载中华人民共和国国史网。详见：http://www.hprc.org.cn/gsyj/yjjg/zggsyjxh_1/gsnhlw_1/d13jgsxsnhlw/201411/t20141105_300662.html。

② 《李先念传》（下），中央文献出版社2009年版，第777—778页。

第二次大规模成套设备的引进，是在"文革"的特殊历史背景下，发展国民经济所取得的重要成果。从那以后，中国经济的开放正式转向西方发达国家，为改革开放时期的探索奠定了重要基础。

　　然而，大规模引进成套设备需要外汇，而中国当时外汇短缺，借外债成本高不说，还有一定的风险。当时，中国的领导层已经注意到一些国家外债太多、引发危机的教训。如巴西等国欠得外债太多，虽然买了大量设备，但一时难以发挥作用，致使负债累累。债权国又加紧逼债，造成债务国经济严重困难。李先念是主管经济与外贸的副总理，他提出了借外债的三项原则：一是不可不借，也不可多借；二是要用得好，发挥比较好的效益；三是要还得起，要考虑偿还能力，量力而行。①

　　1978 年 12 月，中国共产党中央委员会召开了第十一届三中全会，决定进行改革开放，以加快中国的现代化进程，进一步提高生产力。要迅速提高生产力，就要改造旧的生产设备，大力提升工业生产的能力。而在这方面，西欧国家是中国的首选。

　　以汽车工业为例。1978 年，中国机械部一个代表团到了德国大众集团总部的沃尔夫斯堡。他们还不太清楚大众公司是个什么样的公司，问门卫能不能参观这个汽车企业。门卫只好给企业领导的秘书处打了一个电话。大众集团负责国际业务的施密特副总裁正在值班，于是就接待了中国代表团。

　　中国代表团商议要与大众共同建立一个整车厂，当时他们实际上有一个非常完整的方案：要建立一个年产 3 万辆车的整车厂，需要合作方大众汽车提供现金投资，并转让技术。当时，这个代表团不仅和大众在谈合作，也去了其他欧洲国家、日本和美国，与各家汽车厂商商谈合作的事。但只有德国大众集团完全接受了中方提出来的设想，大众在上海建厂。后来，在上海汽车厂试装了好几百台桑塔纳，最后确定了首款车型桑塔纳。

　　随着首款引入车型的敲定，德国大众为试探诚意，提出先在中国以 CKD 的方式组装一批桑塔纳轿车。而中方为表达诚意，同意了如上要求。1983 年，

---

　　① 《李先念传》（下），中央文献出版社 2009 年版，第 1202 页。

第一台在国内组装出的桑塔纳正式下线。1984 年 10 月 10 日，由中德双方各出资 50% 组建上海大众汽车有限公司的合资协议在人民大会堂签署，最初的期限定为 25 年，合同包括有关生产项目和至 20 世纪 90 年代初期合作第一步生产能力的具体约定。1985 年，上海大众汽车有限公司正式成立。

中方领导人早在 1983 年投产之初就表示，桑塔纳 CKD 组装不是引进的目的，而是要实现国产化，形成自己的轿车制造体系。1987 年，桑塔纳国产化项目启动，成立了上海桑塔纳轿车国产化共同体，并提出一个著名的口号："桑塔纳国产化要 100% 合格，降低 0.1% 我们都不要。"

1992 年 1 月，随着普桑 10 万辆车型的下线和普桑旅行车在国内的陆续推出。于同年 6 月，上海大众与德国大众正式启动联合研发桑塔纳 2000 工程。仅用 3 年的时间，桑塔纳 2000 车型便于 1995 年正式下线。在中德联合研发期间，德国总理施罗德也多次访问上海大众，并为上海大众题词：上海大众是中德合作的成功典范！2004 年 1 月 31 日，桑塔纳 2000 系列车型停产，而其继任车型便是桑塔纳 3000（超越者）。在桑塔纳 2000 停产后的第二天，2004 年 2 月 1 日，桑塔纳 3000 正式上市，而随着价格的逐渐走低，桑塔纳也从原先的"官车"逐渐变为适于"公私"两用的车。同时，桑塔纳车型不断进行技术创新，桑塔纳 3000 停产后，2008 年初上海大众推出了桑塔纳品牌的又一力作桑塔纳志俊。

大众公司除了与上汽合作外，还在 20 世纪 80 年代末 90 年代初与一汽集团展开了合作。当时，一汽正在与美国的克莱斯勒公司商谈合作，但谈判的过程非常艰难。结果，大众公司从中插了一杠子，给的条件优厚。一汽集团与大众集团谈了一个多月，就把框架定了下来，又花了几个月做完了可行性报告，就开始成立一汽大众公司了。一汽大众走的是高档路线，上来就组装奥迪车 A6，接下来，一汽大众开发了一系列的品牌，为北京奥运会提供专车服务，又与江淮汽车公司成立第三家合资企业，生产新能源汽车。

20 世纪 90 年代后，全球主要的汽车厂商都进入了中国，除了德国外，日本、美国、法国、意大利、韩国等国的汽车制造商都进入了中国，形成了国有企业、民营企业、合资企业在市场上充分竞争的格局。

改革开放开始时，中国还没有现代意义上的汽车工业，每年只能生产1000辆差不多是纯手工制造的轿车。经历40年的发展，中国的轿车市场有2800多万辆，成为全球最大的汽车市场。

从1979年7月中国颁布了第一部关于引起外国直接投资的法规《中华人民共和国中外合资经营企业法》后，外国企业开始进入中国投资，欧洲国家也不例外。但很长一段时间里，欧洲国家对在中国大陆投资并不那么积极，排在中国香港、美国、日本之后。从1979年至1991年，欧盟国家在中国大陆投资规模很小。每年只有项目100个左右，许多年份还不到100个。从实际利用外资额来看，每年的规模也只有2亿美元左右。①

从20世纪90年代开始，欧洲大型跨国公司开始进入中国，对中国的投资逐年递增。与美国及日本对华投资相比，欧洲对华投资的特点是技术含量较高。中国从欧盟国家引进的技术占引进资本金额的45.1%，这一比重高于同期美国与日本企业对华投资的项目。同样，欧盟企业对华转让先进技术的做法也带动了其他国家对华投资中的技术转让。欧盟企业对华投资主要瞄准的是中国本土市场的消费，这与20世纪80年代来华、把中国当作加工基地的外国直接投资不同。当时还是国家计委的投资研究所的一份调查表明，直至1998年初，欧盟在华投资的企业主要以中国国内市场为主，占欧盟来华企业的59%；投资以返销欧盟为主的企业占19%，以出口亚太为主的企业占15%，以出口北美市场为主的企业占7%。②

欧盟国家在对华投资中提供了大量的先进技术与设备。在某些新技术领域，欧盟企业甚至采取了与它们本国市场几乎同步的新技术开发战略，以充分享受新技术与新产品的超额利润。相比之下，日本对华投资的技术含量就不如欧盟国家多。欧盟国家在原材料、航空航天、汽车、电子、化工、农业

① 蔡畅：《20世纪90年代以来欧盟对华直接投资研究》，东北财经大学硕士毕业论文。详见：http://www.doc88.com/p-900973768673.html。

② 同上。

等领域里技术领先，在投资中又倾向于把设备投资与技术出口紧密结合。欧盟企业在对华投资中，资本、技术密集型占有很大比重。据统计，欧盟对华投资中有75%的项目技术水平属于当代的国际先进水平。[1]

总体来说，欧盟国家与中国的经济合作提升了中国工业的技术水平，如民用核能、高铁、通信设备等。在改革开放初期，欧洲国家企业无疑是中国各部门都争宠的投资者。

七　欧洲成为中国最大的贸易伙伴

中国1975年与欧共体建立外交关系。当时，双边的贸易额只有24亿美元。2004年，欧盟扩大为25国后，欧盟超过日本和美国，成为中国的第一大贸易伙伴，而中国则是欧盟的第二大贸易伙伴（仅次于美国）。

改革开放初期，中国对欧洲的贸易中存在大量逆差，因为中国需要从欧洲国家进口先进的机器设备，以改造第一个五年计划时从苏联引进的、已经开始老化的工厂。

但随着经济的发展，中国对欧洲的出口商品从数量到种类上都不断增长。1995—2003年，中国在欧盟域外贸易中的比重逐年上升，从1995年占2.8%上升为2003年的5.7%，其中，中国对欧盟出口占欧盟域外进口的比重也由1995年的2.7%上升为2003年的6.5%。从1997年起中国对欧洲的贸易出现了顺差，此后顺差额一直不断扩大。

从2004年来，欧盟在贸易总额上超过日本，成为中国的第一大贸易伙伴。欧盟还是中国重要的外来直接投资来源，多年保持着第一大技术转让来源的地位。[2]

---

① 蔡畅：《20世纪90年代以来欧盟对华直接投资研究》，东北财经大学硕士毕业论文。详见：http://www.doc88.com/p-900973768673.html。

② 李钢、姚铃：《要素互补——中国与欧盟经贸关系发展潜力分析》，《国际贸易》2004年第9期。

2011 年，中国对欧盟国家的顺差高达 1448 亿美元。但受欧洲某些国家主权债务危机的影响，2012 年起，中国对欧洲的出口顺差开始缩小，2011 年降为 1219 亿美元；2013 年降为 1189 亿美元。[①]

2017 年，中国是欧盟最大的进口贸易伙伴（占欧盟自非欧盟国家进口总额的 20%）和第二大贸易出口对象国（占欧盟向非欧盟国家出口总额的 11%），仅次于美国（占欧盟向非欧盟出口总额的 20%）。中国与欧盟 27 国的货物贸易量 2017 年已经超过 6000 亿美元。

从 2007 年至 2017 年，欧盟对中国进出口贸易一直存在逆差，逆差额虽小范围幅动，但整体呈上升趋势。2017 年欧盟对中国的贸易逆差大约有 1760 亿欧元。

经过改革开放以来的发展，中国对外贸易结构产生了巨大变化。出口结构从改革开放初期的初级产品为主，到 20 世纪 80 年代末的低附加值、低技术含量的粗加工的工业制成品为主，到 90 年代末进一步提升为高附加值、高技术含量的精加工制成品为主的出口格局。

很长一段时间以来，中国的对外出口贸易中加工贸易占的比例非常大，主要是由外资企业以合资企业形式或独资企业形式实现的。加工贸易虽然能促进中国国内的就业和增加税收，但对中国产业价值链的升值作用不大。然而，对美、欧、日三方对华投资和加工贸易出口的结构比较之后，却能发现它们之间有很大的差距。日本企业对华投资主要是利用中国的廉价劳动力，中国是日本企业的大型组装车间，中国只能赚一小部分加工费，中国生产创造出的价值并不高。美、欧企业更注重中国庞大的市场本身，因而投资的规模和技术含量相当要高一些。2000—2003 年，中日加工贸易年均净出口 32.06 亿美元，而中欧加工贸易同期净出口达 211.79 亿美元。因此，欧洲在华企业的加工贸易质量高于日本在华企业。中国的研究人员认为，就一般贸易的水平及加工贸易的质量而言，中欧贸易的互补性优于中美贸易和中日贸

易，这意味着中欧贸易的潜力要大于中美贸易和中日贸易。①

中欧贸易的另一个特点是，中国与几个欧盟国家的贸易额很大，但与其余国家的贸易往来并不多。比如，2012 年，中欧双边贸易总额 5460 多亿美元，而中德双边贸易则达到了 1611 亿美元，占了 29.51%，其余分别是荷兰、英国、法国和意大利。中国与这 5 个国家的贸易占了中欧贸易总额的70.43%，而其余 22 国与中国的贸易额仅占 29.57%。

中国对欧出口主要是机电产品，占 45% 左右，其次是纺织品原料及纺织品，占 14% 左右，剩余的种类出口额相对较小，每种都不足 10%。而中国从欧盟国家进口最多的也是机电产品和运输设备，然后是化工产品等。中国从欧盟进口的产品多属于高科技、高附加值的产品。这说明，中国和欧盟进出口产品具有较强的互补性，中欧双方均具有一些比较优势明显的产品。如欧盟在汽车、航空器、船舶等资本技术密集型、附加值较高的产品上比较具有优势。而中国则在机电产品，纺织品，革、毛皮及制品，箱包等劳动密集型附加值较低的产品上比较具有优势。中国出口欧洲的多是劳动密集型产品，因为中国有劳动力资源丰富的优势。而欧洲向中国出口的是技术含量较高、资本含量较高的产品，欧洲国家还享有品牌优势、技术优势和资本优势，中国的消费者仍倾向于购买欧洲的高档商品，包括名牌轿车等。

随着欧盟向东扩大，中国对欧盟的贸易顺差不断扩大。然而，从 21 世纪以来，欧盟对华搞的反倾销调查越来越多，也许是对中国贸易顺差不断扩大的一种机械反应。2006 年一年，欧盟发起的对华反倾销调查就有 12 起。2010年，欧盟发起了对华无线宽带网络调制解调器的反倾销调查，涉及中国 1000多家企业。2012 年，欧盟展开了对中国光伏产业进行反倾销、反补贴调查。2013 年，欧盟对从中国进口的光伏产品加征 11.8% 的临时反倾销税，此后又上升为 47.6%，牵扯到中国 200 多亿美元的对欧出口，关系到中国上千家光伏企业和 40 多万人就业。②

---

① 李钢、姚铃：《要素互补——中国与欧盟经贸关系发展潜力分析》，《国际贸易》2004 年第 9 期。
② 王樾：《中欧贸易发展的现状特征及对策分析》，《中国经贸杂志》2014 年第 11 期。

根据《中国加入世界贸易组织协定书》第 15 条规定，欧洲在展开针对中国出口产品的反倾销调查中，不用依据中国国内价格和成本，而是采用"替代国"的方法计算中国产品的"正常价值"和"倾销幅度"，也就是采用与中国该产品有着类似或者相似生产条件的国家的产品数据作为计算依据。这种方法非常武断，因为中国的工业生产体系很成熟，所以工业制成品生产有较大的成本优势。而其他的发展中国家，因为没有全套的工业生产体系，许多元器件需要进口，所以生产成本无法跟中国相比。

前商务部长高虎成认为，据初步测算，在采用"替代国"计算的反倾销案中，中国企业遭受的反倾销税平均比正常企业高出 20% 以上。[①]为此，当2016 年中国进入世界贸易组织的过渡期 15 年后，中国政府便向欧盟及美国提出，要承认中国的市场经济地位，不再拿"替代国"的价格来衡量中国出口商品是否存在倾销问题。然而，无论是美国还是欧盟都对中国的要求虚与委蛇，没有正面答复。欧洲议会否决了中国的要求，公开宣布不承认中国的"市场经济地位"。但欧洲议会不是欧盟负责国际贸易的机构，它的决定没有实质意义。未来，还需要看欧盟委员会在裁决中国商品的"反倾销"案例中使用什么方法。如果仍然使用"替代国"价格的方法，中国就可以向世界贸易组织申诉，要求仲裁机构仲裁。而因为中国已经过了 15 年的过渡期，欧盟要想继续用这种方法，在世界贸易组织中胜诉的可能性并不那么大。

中国与欧盟的贸易关系非常复杂。一方面，欧盟对中国的出口"虎视眈眈"，经常要"鸡蛋里面挑骨头"，不仅经常用"反倾销"的大棒敲打中国企业，给中国企业戴上"反倾销税的笼头"；还要经常用标准来限制中国企业的出口，外包装标准、颜料标准、材料标准等，不一而足。另一方面，中国又从与欧盟的贸易中获得了巨大好处。欧盟一直是中国最大的技术引进供应方，很多欧洲技术进入中国都是通过贸易与投资实现的。20 世纪 80 年代以来，每年中国从欧盟引进技术约占中国技术引进总额的 50% 。

中欧双方在众多领域展开了非常广泛的合作，中欧经济技术合作逐步机

---

① 王樾：《中欧贸易发展的现状特征及对策分析》，《中国经贸杂志》2014 年第 11 期。

制化，中欧双方在经贸、科技、环保、能源和信息通信技术 5 个方面成立了专门的工作组，双方的经济技术合作机制化程度不断加强，不断深入。

2018 年 7 月，欧洲理事会主席图斯克、欧盟委员会主席容克率领着欧盟代表团访问北京，举行中欧之间的第 10 次领导人会晤。会晤后，中国政府总理李克强与图斯克和容克共同会见了记者。李克强表示，中欧共同致力于推进贸易和投资自由化便利化、反对单边主义和保护主义，支持以规则为基础的多边贸易体制。

图斯克和容克表示，欧中双方应共同承担责任，抵制保护主义和单边主义。欧方愿同中方一道维护以规则为基础的国际秩序，呼吁各方加入世界贸易组织改革进程并做出积极贡献。

作为此次峰会的重要成果之一，中欧双方一致同意发表《第二十次中国欧盟领导人会晤联合声明》。在声明中，中欧承诺就世贸组织改革开展合作，以迎接新挑战，并为此建立世贸组织改革副部级联合工作组。①

近年来，中欧经贸合作越发紧密，双方对彼此合作的需求也日渐增长。李克强在 2018 年 7 月访问德国期间，中德双方签署了近 300 亿美元的多份协议。此次中欧领导人会晤也签署了涉及投资、环保、循环经济、蓝色伙伴关系、海关等领域多项合作文件。

中国和欧盟之间接触频繁，加强合作也有着深刻的国际形势变化的背景。从特朗普总统入主白宫后，美国政府不仅对中国发动贸易战，也大幅提高了欧盟国家对美出口的关税，并把欧洲对美出口汽车当作美欧之间最大的贸易矛盾。与此同时，特朗普政府还在北约经费方面向欧洲国家施压，要为美国军火工业拓宽北约的市场。特朗普毫不讳言，他的政府就要将"美国利益放在第一位"。

中国和欧洲都支持经济全球化，支持多边自由贸易体系，它们对未来世界经济的发展有着相同的利益和相似的看法。因此，当特朗普政府执行"美国优先"的政策时，当英国公投决定退出欧盟时，欧盟与中国决定团结起来，

---

① 中国网：http：//news. china. com. cn/txt/2018 - 07/17/content_ 57548650. htm。

与逆全球化势头做斗争。

应该说，中国与欧盟的贸易是一种对双方都益处巨大的双向活动。随着中国对欧盟国家的投资上升，欧盟国家对华的出口也跟着增长。在那些接受中国直接投资最多的欧洲国家，特别是在接受中国制造业投资最多的国家，这种因果关系非常明显。这是因为，中国企业到欧洲投资，除了想进入欧洲市场外，一个重要原因是想利用当地的制造技术，提高自己的生产水平，或弥补自己的不足。它们往往会给欧洲原来的企业提供一个大得多的中国市场。然而，并不是所有的欧洲舆论都很清楚这一点。还有许多欧洲舆论对中国的投资满腹狐疑，担心中国人的投资只是为了攫取技术。因此，贸易往来虽然是一种对大家都有益的经济活动，但要保证这些商业活动顺利进行，还必须让我们的媒体和舆论都意识到这些共同的利益在哪儿，是怎样为双方的经济创造利润，为双方的社会扩大福祉的。

八　欧洲成为人民币国际化的重要支点

近年来，人民币国际化成为中国政府经济外交的重点。在中国政府的推动下，越来越多的国家开始尝试使用人民币，外国企业也开始尝试使用人民币结算它们的生意，既涉及投资，也涉及贸易。

如果要想知道中国政府是什么时候开始正式推动人民币国际化的，就必须从政府的表态上去找根源。2009 年 3 月，中国人民银行行长周小川发表了一篇题为《改革国际货币体系、创造超主权储备货币》的文章，被认为是中国政府首次正式表达对美元为主要国际储备货币的现行国际货币体系的不满。从这篇文章发表后不久，从 2009 年 4 月起，中国政府就开始推动跨境贸易人民币结算的试点工作。因此，周小川的文章也被认为是中国政府主动推进人民币国际化的号角。

从时间段上看，推动人民币国际化的问题一定与国际金融危机爆发之后发生的许多事情相关。其实，2008 年国际金融危机刚从美国爆发后，美国政府的救市行为马上引起了美元汇率的大幅下滑，在国际金融界混得非常老道的英国人就似乎嗅到了某种机会。英国政府的高级官员那一年密集访问中国，既有财政部副部长，也有外交部副部长等。他们除了拜会中国政府的高级官员外，还在中国约见了许多经济学家，提出的大部分问题都围绕着人民币的国际化。他们在试探中国学界和政府的态度：如果英国搞一个海外的人民币离岸市场，中国政府的态度会是怎样的？支持还是反对？

可见，在国际货币问题上，欧洲人还是比中国人更老道。最近一些年来，欧洲人对人民币国际化的态度是比较积极的，除了对分散资产风险的考虑外，他们不满意美元的霸权应该是重要原因。而且，近年来，美国人利用单边的金融制裁给许多国家都制造了大量麻烦。欧洲国家也受制于美元的支付系统，找到替代美元的支付系统符合欧洲国家的利益。

比如，2015 年奥巴马政府参与了伊朗核协议的谈判，最终达成了六方与伊朗的核协议。联合国安理会的 5 个常任理事国加德国这 6 国从 2006 年开始与伊朗谈判，要求伊朗减少核浓缩活动，把用于核浓缩的离心机从 1.9 万台减少到 6104 台，并不得开发浓度超过 5% 以上的核材料，以保证不用于军事用途。作为交换，长达 10 年的对伊朗制裁将被取消。若伊朗在未来 10 年内违反协议，联合国将重新恢复制裁。

然而，特朗普当选美国总统后，2017 年就要单边撤出伊朗核协议，并重新对伊朗实行经济、金融制裁，同时要制裁其他与伊朗进行交易的国家和企业。法国与德国一些企业在撤销制裁后，加大了在伊朗的投资，这时又不得不慑于美国的威力，撤出伊朗市场，损失严重。按理说，伊朗核协议是一个多边国际协议，如果美国认为伊朗违反了该协议，就必须拿到联合国去评判。如果美国能拿出证据说明伊朗违反了该协议，联合国就可以重新制裁伊朗，其他签约方也必须服从。倘若伊朗没有违反该协议，美国单方面撤出就意味着毁约，是美国应该被制裁而不是其他签约方。

因为美元还是当今世界最大的交易货币，而美元交易又很容易被美国中央银行美联储掌握，当美国政府单边制裁哪家企业时，就用它掌握的支付系统的交易数据来当证据。因此，当特朗普政府再次威胁制裁与伊朗做生意的企业时，法国与德国这两个欧洲大国就不干了。2018 年 8 月，法国财政部长勒梅尔访问德国，同德国外长马斯会谈后，双方决定创造一个全新的国际支付体系，从环球同业银行金融电讯协会（SWIFT）中独立出来，创建一套把美元排除在外的支付体系，并独立于美国。

其实，这远并不是欧洲人第一次努力摆脱美元的控制。第二次世界大战后，借助"马歇尔计划"，美元投资大举进军西欧市场，布雷顿森林体系更是让美元成为国际货币体系中唯一的霸权货币。然而，美国企业借助美元的力量占西欧经济便宜的事很快就被法国人发现了。法国总统戴高乐将军不止一次在国际场合指责美国滥用这个"过分的特权"，并让当时的财政部长吉斯卡尔－德斯坦去纽约美联储的纽约分行把法国的贸易盈余赚的美元换成黄金拉回法国。法国的行为很快引起其他西欧国家的效仿，美元出现了"挤兑"。尼克松当总统时，美元危机爆发，但美国利用自己的"美元特权"选择直接违约，让美元贬值，把债务负担转嫁给了有贸易盈余的西欧国家和日本，又让西欧国家吃尽了苦头。正是在这种背景下，法德挑头建立了欧洲货币体系，后来就变成了欧洲统一货币——欧元。

冷战结束以后，美国利用美元的霸权地位，滥用金融制裁的行为有所上升。2014 年，美国司法部认定法国巴黎巴银行（Banque Paris－Bas）在 2002 年至 2009 年期间协助伊朗、苏丹等国避开美国经济制裁，要罚该银行近 100 亿美元。对此，法国政府方面曾多次积极游说美方，要求美国方面减轻处罚力度。最终巴黎巴银行被迫交了 89.7 亿美元的罚款，相当于该银行两年的收益，是美国向银行机构开出的数额最大的一笔罚款。除缴纳罚金外，对巴黎银行的处罚还包括在未来几个月内不能进行美元交易。巴黎银行还需解雇 30 多名参与了同苏丹、古巴、伊朗等受美国制裁国家交易的经理和员工。

这事让当时的法国政府大为光火，法国总理瓦尔斯公开说，美国是逼着法国脱离美元。正是从当年开始，法国政府决定与中国的双边贸易只用欧元和人民币结算，不再使用美元。此后，德国也开始与中国只用人民币和欧元结算双边贸易。如今，欧元区国家陆续都采用了这种方法，大大减少了欧洲国家与中国贸易中使用美元的做法。这实际上为欧洲脱离美元打下了基础。

2018 年法德决定联手重建一套欧洲独立支付系统，是要避免让欧洲再度成为美国单方面对伊朗实施金融制裁的"牺牲品"。欧洲企业在伊朗有许多投资，欧洲与伊朗的生意不可能因为美国的决定而中断。然而，美元交易都要经过美联储的体系，美国通过 SWIFT 的体系也可以知道其他国家用欧元等货币与伊朗做的生意。因此，要绕过美国的报复就必须放弃美元，使用一个美国无法掌握的支付体系。

从法德牵头创建欧洲货币体系及欧元的历史来看，欧洲是具有这种能力的。而且，欧元是国际第二大储备货币，具备重大优势。一旦欧洲建成这种支付体系，对现有的国际货币体系及国际关系都会带来巨大影响。

首先，中国是欧盟最大的进口贸易伙伴，欧盟创建新的、独立支付体系离不开中国的支持，这给欧中合作提供了新机遇。

其次，欧盟中的法德等国一直想找机会中止对俄罗斯的经济制裁，但苦于欧盟中东欧及波罗的海国家的反对，又碍于没有独立的支付体系可以避开美国的监督与制裁。有了独立的支付体系，欧俄经贸关系或将会出现大的转机。

最后，伊朗等受到美国金融制裁的国家非常想扩大吸引投资，扩大与外界的经济往来，但却受制于美国控制的国际支付体系。有了独立的国际支付体系，更多受美国金融制裁的国家都会加入这个阵营。

因此，欧洲国家重建没有美元的国际支付体系，客观上对人民币的国际化是有利的。最近一些年来，欧洲国家竞相要建立人民币的离岸市场，其热情远在中国人的想象之外。

比如，英国伦敦、法国法兰克福、法国巴黎都建立了人民币离岸市场，而作为欧洲金融业的重镇卢森堡与瑞士当然也不甘落后，也成立了自己的人民币离岸市场。

卢森堡以其较为宽松的投资政策吸引了很多人民币货币储蓄与贸易。官方数据显示，截至 2013 年 12 月，卢森堡拥有欧洲最大的人民币现金池，其中包括 64 亿元人民币储蓄。这使卢森堡在人民币存贷款、债券和投资基金方面的存量均超过伦敦，自然也希望在人民币业务方面和伦敦一较高下，获得和伦敦同等待遇。

巴黎也有意发展人民币离岸市场。2014 年 3 月，习近平主席在访法期间，巴黎拿到了 800 亿元 RQFII 额度，值得注意的是，中法双方还同意继续就在巴黎建立人民币清算和结算安排进行讨论。

在欧洲争夺人民币离岸中心的诸多城市中，伦敦金融城最为突出。长期关注全球金融形势的市场人士认为，伦敦金融城以其领先于世界各大金融中心的国际化规模、成熟稳定的经济结构、活力充溢的金融环境，以及长期以来和中国经济的密切往来、对人民币事务的积极参与，在与法兰克福等其他欧洲城市的隔空交手中，更多几分胜算。

2012 年 4 月，伦敦金融城正式启动"推动伦敦为人民币西方业务中心计划"（以下简称"西方中心"计划），旨在将伦敦打造成离岸人民币市场的"西方中心"，扩大人民币在国际贸易与投资中的使用。

2011 年中国政府宣布，允许以人民币境外合格机构投资者（RQFII）的方式投资境内证券市场，支持香港发展成为离岸人民币业务中心。2012 年，为了进一步推动人民币国际化，中国人民银行决定开发独立的人民币跨境支付系统（CIPS）。同年，伦敦金融城也推出的"西方中心"计划，就是对中国政府这一系列人民币国际化政策的回应。在针对人民币作为全球贸易货币的前景进行一系列市场调查之后，伦敦方面确认中国政府将逐步放松对人民币的管制以及全球人民币离岸市场的增长趋势，肯定了"西方中心"计划的价值。

该计划启动以后，中英之间进行了多项金融业的建设性合作。2013 年 6 月，中英签署 2000 亿元人民币的双边本币互换协议；几个月后，英国财政大臣访华，又将该计划往前推进了两大步：中英两国同意允许上海与离岸地区直接进行人民币英镑贸易；同时伦敦获得 800 亿元 RQFII 试点额度。

法兰克福是欧洲最重要的金融中心之一，德国联邦银行和欧洲中央银行均设在法兰克福。早在 2012 年，法兰克福就与伦敦同期发布了相似的人民币离岸中心计划，随后又在与中国央行签署人民币清算合作协议上领先一步，成为伦敦最强劲的竞争对手。

法兰克福之所以有勇气与伦敦争夺欧洲最大的人民币离岸中心地位，不仅因为其作为欧洲央行的驻地代表了整个欧盟，更得益于德国与中国的双边贸易，以及两国愈益频繁的经济往来。德国与中国的贸易合作规模是其他欧洲国家无法相比的。连续多年，中德的贸易额超过中法、中英与中意贸易的总和，占中欧贸易总额近三分之一。德国是中国的全球第四大贸易合作伙伴（除中国香港、中国台湾地区以外），而因为人民币也是中德双边贸易的交易货币，所以法兰克福拥有的人民币存款超过了伦敦。

然而，英国人认为，法兰克福只是有望成为欧元区重要的人民币离岸交易中心之一。与作为全球金融中心的伦敦相比，不可同日而语。但是，英国公投已经决定脱离欧盟，伦敦还能保持它过去的辉煌吗？英国虽然不是欧元区成员，但伦敦却是最大的欧元金融市场。英国退出欧盟后，欧盟还会让它承担大部分欧元结算的业务吗？

英国的金融业人士还挺自信。他们认为，作为一个拥有悠久贸易历史的世界金融中心，伦敦金融城不比纽约的华尔街差。截至 2011 年 3 月，在英国设点的外国银行达到 251 家，数量居世界榜首，远远超过法兰克福的银行业国际化规模。伦敦目前占据了全球外汇交易 41% 的市场份额，就连欧元本身的主要交易也是在欧元区之外的伦敦完成的。

巴黎是欧洲最大的公司债市场，在公司债发行上占据 35% 的市场份额，高于英国（27%）和德国（10%），其存量市场份额更是高达 40%。欧洲首家跨国交易所、也是欧洲第一大证券交易所和世界第二大衍生品交易所的泛欧交易所（Euronext）的总部也在巴黎。因此，法国巴黎也不愿意在人民币离岸交易上袖手旁观。与欧洲其他人民币离岸市场相比，巴黎的人民币国际化交易主要侧重为贸易融资服务。2012 年，中法贸易中人民币结算的比例仅为 6.5%，而 2014 年，中法之间已有超过 20% 的商品和服务贸易用人民币结算了。①伦敦的人民币业务主要是为外汇交易服务，卢森堡致力于为全球人民币基金提供服务。巴黎的人民币存款达到 200 亿元，位居欧洲第二，其中很大一部分来自中国与非洲的交易。法兰西银行和巴黎的跨国大银行都在积极推动向欧洲和非洲的金融市场参与者提供人民币支付服务。

法国的人民币离岸市场还有两大特点。一是很热心发行人民币的企业债券，法资企业和银行在离岸人民币债券发行上在欧洲各国中是最为活跃的；二是法国与非洲国家有特殊的关系，成为非洲人民币离岸市场的重要枢纽。巴黎为非洲 14 个非洲法郎区国家提供规模巨大的金融服务，中非法郎区和西非法郎区都是与法郎（现在为欧元）挂钩的货币区，法国为这些国家的货币背书，同时控制着这些国家的外汇储备。中国的商业银行在中非法郎区或西非法郎的任何一个成员国内获得外汇从业资格，就可以为联盟的其他成员提供该项服务。中国企业可以利用巴黎的人民币离岸市场，在中非贸易之间增加人民币计价和结算的比重，并可以逐渐增加人民币直接投资的项目。

然而，作为全球外汇交易贸易中心，跨国银行业务与借款中心，以及私人银行与投资银行中心，伦敦金融城对人民币国际化的热情当然非常重要。伦敦的雄心就是要成为人民币的西方第一中心，无论是外汇交易、存款还是债券、贷款、点心债业务，要样样领先。目前，伦敦的人民币交易占了除中国内地和中国香港以外地区人民币交易的 62%，这些交易过去主要通过中国香港进行清算。英国政府已经与中国政府商谈，要让伦敦成为除中国内地和中国香港以外第一个可以用人民币直接在中国证券市场上投资的地方，以确保伦敦成为人民币第一大离岸市场。

无论如何，欧洲人对人民币的国际化如此热心，使众多的欧洲金融中心成为人民币国际化的一个重要支点。

---

① 肖立晟、李远芳：《巴黎人民币国际化业务现状与前景》，中国社会科学院世界经济政治研究所工作报告 2015 年。

第五章　中欧复杂的合作关系

用中国的外交术语来说，中国与欧盟的关系是全面战略伙伴关系，几乎把最高级的形容词都用上了。但在实际发展过程中，中欧关系却总还是有一些磕磕绊绊。

其实，中国对欧盟的政策仍在摸索当中，因为欧盟本身就是一个还在建设中的制度，是一个欧洲人都不太清楚未来会变成什么东西的尝试。在这种过程当中，中国因为自身对欧盟一体化的了解有限，也因为欧盟本身在一体化建设过程中也会受到这样或那样的境内、境外势力的影响，所以中欧关系的互动有时显得并不尽人意。当然，欧盟对华政策也是在变化当中的，也不是那么一成不变。我们也要注意到，近年来，随着中国实力的增长，中国可以在塑造更有利的中欧关系中起到更积极的作用。

我们要意识到，中国与欧洲国家有不同的文化背景，我们是在不同的历史条件下发展起来的，我们需要更多地互相理解，我们需要用一种战略眼光来看待当前及未来的中国与欧盟的关系。

一　欧盟为何没能解除对华武器禁运？

欧盟与中国虽然有着全面战略伙伴关系，但欧盟至今还维持着一项对中国不太公平的规定，那就是对华武器禁运。欧洲企业至今仍被禁止向中国出售武器及其相关的军民两用技术。

欧盟在 2003 年至 2005 年也曾努力想解除对华的武器禁运，然而在美国的干预及欧盟内部各种因素的干预下，这一努力最终付诸东流。总结欧盟对华武器解禁努力的这一过程，对我们理解中美欧互动的三角关系应该有一定的帮助。

我们谈论的欧盟对华的武器禁运虽然只是从 1989 年开始的，但实际上如果认真算起来，欧盟国家对华的武器禁运可以追溯到更远，可以追溯到冷战时期。那就是以美国为首的西方国家在美国驻法国大使馆建立的"巴黎统筹委员会"（巴统）。

1972 年美国总统尼克松访华后，美国放宽了对华出口控制政策，"巴统"也改变了中国的出口许可地位，西欧国家也随之跟进。从 1981 年起，美国和其他西方国家开始向中国出口较为先进的技术。20 世纪 80 年代中期后，中国开始与法国等欧盟国家建立起军售关系。

1989 年下半年，"巴统"决定取消本已放宽的对华出口控制，欧盟国家也随之对华实施军事制裁，实行武器禁售。但是，在"巴统"和欧盟决定对中国武器禁运的时候，正值国际格局发生激烈变化时期。随着冷战的结束、科技的发展和国际格局的演变，"巴统"以东西方划界进行出口控制的制度已不合时宜。为了自身的经济利益，西方国家开始不断突破"巴统"的禁运限制，作为冷战产物的"巴统"不得不调整其控制范围和禁运对象。1990 年，"巴统"的禁运项目由成立初期的 400 个减少到 120 个，1991 年中又减少三分之二，被禁运的国家也越来越少，1994 年 3 月，"巴统"宣布解散。

1989 年春夏之交，中国发生了政治风波。以美国为首的西方国家认为中国政府严重侵犯了中国公民的人权。以此为借口，当时的美国总统老布什于当年 6 月宣布"停止一切对华军品销售"；美国参议院还通过决议，要求盟国同美国一起对中国进行军事制裁。

禁运的内容主要包括两个方面：第一，禁止向中国出口武器装备。比如，美制 F—16 战斗机现在已装备到 20 多个国家，但不可卖给中国。第二，禁止向中国输出"可用于军事的技术",主要是卫星通信、导弹和核武器技术。这就是美国将武器与人权"结缘"的背景。

事情过去了近15年后,从2003年6月开始,欧盟成员国法国、德国、意大利和荷兰等先后发表声明,呼吁欧盟尽快解除对华武器禁运。2003年下半年,欧盟内部对华的态度很好,都认为前些年中欧关系发展顺利。因此,欧洲理事会决定讨论解除对华武器禁运的事宜。

当然,欧盟成员国的态度还有很大差别。法国与德国认为,武器禁运已经不合时宜,需要无条件取消。意大利虽然在理事会上也投票同意重审解禁问题,但却持一定的保留态度。瑞典外交莱拉·弗赖瓦尔兹大臣(Laila Freivalds)在投票后的声明更是模棱两可,她说:"大家达成了妥协,我们要重新审查这一案子,进行讨论,但在目前根本还无法判定是什么样的决定。"丹麦外交部大臣佩尔·斯蒂格·穆勒(Per Stig Moeller)说,1989年以来,有关武器禁运的规则改变了许多,因此需要重新审查对华武器禁运的事宜,但并未公开表示支持解除对华武器禁运。

法国外交部发言人拉德苏(Hervé Ladsous)表示,欧盟内没有任何成员国明显表示反对解除对华武器禁运,而且大家都认为,在欧盟为类似的目标制定的制裁目标中,中国肯定不在该名单上。

2003年,法国国防部部长米歇尔·阿利奥玛利(Michelle Alliot-Marie)访问北京时,首次宣布法国将请求欧盟考虑解除对华武器禁运的事宜。最初,她的说法并未被外界特别关注,有些报刊认为她只是为了得到更多的中国合同而做的某种姿态。随后,法国的军工界人士也开始试图加入游说解禁的大军。比如,欧洲军火集团EADS的首席执行官卡谬(Philippe Camus)就声明,欧盟的对华武器禁运是冷战的遗产,严重阻碍了法中在航天领域的合作。

瑞典外交大臣弗赖瓦尔兹(Laila Freiwalds)在瑞典议会作证时也说明,中国希望欧盟能够对中国做出某种友好姿态,取消武器禁运。她说,瑞典在取消对华武器禁运上持积极态度,但它认为目前欧盟成员国为此并未达成一致。因此这一问题应该得到欧盟的持续关心与讨论。在第六次欧中首脑会议上，双方都谈到这一问题，但在最后的官方文件结论中并未提及。

2003 年底，德国总理施罗德表示，在他去中国访问时，就可能取消欧盟对华武器禁运的决定。当然这一说法后来遭到了德国议会反对派的攻击。

在众多成员国的推动下，欧盟开始采取行动。2003 年 10 月，欧盟与中国签署《伽利略卫星导航合作协定》，迈出欧盟解除对华武器禁运的第一步。2004 年 1 月下旬，欧盟外长会议不顾美国反对，讨论了取消对华武器禁运问题。这是欧盟决定对华武器禁运后近 15 年来，欧盟首次重新审议对华军售禁令。

但美国政府立即对此发出了一连串强烈抗议。2004 年 1 月 28 日，美国国务院发言人鲍彻表示，美国不同意解除对华武器禁运，希望欧盟和美国继续维持对中国的这一军事制裁。另外，美国官员也向欧盟表示，欧盟转移军事科技给中国，会对美国国家安全构成威胁，"也会使台海军力失衡"。美国国务院另一发言人埃雷利也说，美国"根本没考虑"解除对中国的武器禁运。

然而，2004 年 3 月，法国《世界报》载文就欧盟取消对华武器禁运问题进行了评述。文章指出，尽管美国向欧盟施加压力，作为欧洲的领头羊，法国强烈呼吁取消对华武器禁运，改善东西方关系。

文章称，法国希望使中法关系"现代化"，美国却担心欧洲对华销售武器。中国希望欧洲解除武器禁运的束缚。法国这一欧洲的核心国家，正在逐步消除欧洲对华这一禁锢，这不仅具有军事意义，政治意义也很深远。如果欧洲取消对华武器禁运，不但意味着"冷战尾巴"的消除，更意味着欧洲愿意翻开对华友好关系的"新"篇章。

法国方面则对美国的脸色置之不理，并于近日向其欧洲伙伴国传发了一份题为《思考欧洲与中国的未来关系》的 4 页文件，强调应致力于"发展欧洲与中国的和谐关系"。文章称，中欧关系的发展是迅速的，也是不可绕过的。对此，巴黎方面曾生动强调，应实现中欧关系的"现代化"。巴黎在其《思考欧洲与中国的未来关系》中指出，应取消源于对华制裁和惩罚的逻辑，取而代之以真正的东西方"战略伙伴"关系。该文件同时强调了欧盟各国团结一致的重要性，呼吁各国要面对现实。

法国认为，中国已成为欧盟第三大贸易伙伴（仅 2002 年贸易额达到了 1150 亿美元），而欧盟的发展也对中国有所裨益；欧洲与中国的政治对话正逐步加强，尽管某些方面的分歧尚存。法国有消息称："问题并不在于禁运，而是在于欧洲在改善对华关系上能否团结一致。"

法国国防部专家指出，欧洲对华武器禁运仅限于杀伤性武器，但如果某国以交流技术的理由向中国出售武器，任何人都不应加以阻止，这也不单纯是获得商业利润的问题。

法国国防部还指出，1992—2001 年，法国对中国的武器出口额为 7000 万欧元，而向塞浦路斯和马来西亚的武器出口额分别达到了 3.37 亿欧元和 2 亿欧元。由此可见，法国在对华军售中并非像有的国家所说的只为牟取巨额"商业利润"。

文章说，在目前的欧洲，法国和德国支持取消对华武器禁运，而且丹麦和芬兰等国的立场也随之软化。但是，美国不愿看到其"潜在的战略对手"获得军事上的强大，这与法国将中国视为伙伴尤其是商业伙伴的态度大相径庭。①

但是，美国却对这种"团结"持反对态度，并对中国的人权问题多方指摘。美国有外交消息称，他们必须重视取消对华武器禁运后的影响，并考虑亚洲地区的"战略平衡"。

1989 政治风波，欧盟对中国实行了一系列的"制裁"，其中包括武器禁运。但到 20 世纪 90 年代初，随着中国的发展，大部分制裁先后被取消，但武器禁运却一直维持着。欧盟开始是因人权原因对中国实行武器禁运的，因此也就把解除武器禁运问题与中国的人权状况挂钩。从 1995 年起，中国同意与欧盟进行每年两次的人权问题对话。2004 年，中国修改了宪法，保护人权的条款被写进了宪法。应该说，中国政府在保护人权方面做出了巨大努力，取得了很大进步，而中国与欧盟之间又签署了合作伙伴协议，因此中国政府

---

① 中新网，2004 年 3 月 16 日。http：//news. sina. com. cn/o/2004 - 03 - 16/09302059815s. shtml。

认为欧盟再维持十多年前的、以人权为借口的决定是不合时宜的，甚至是带有歧视性的。

中国政府于 2003 年 10 月公布了对欧盟政策文件，积极促进中国与欧盟的全面合作。其中在谈到军事合作方面时，中国政府的文件指出，"欧盟应早日解除对华军售禁令，为拓宽中欧军工军技合作扫清障碍。"这似乎进一步表明了中国政府早日看到欧盟解除对华武器禁运的愿望。

在这种背景下，法德领导人提出的欧盟讨论解除对华武器禁运的建议立即得到了中国政府的积极响应。

2003 年以前，中国一直在做法国的工作，希望法国能在欧盟国家内带头解决对华武器的禁运问题。法国 1989 年是对华武器禁运的倡导者，按照中国人的传统看法，"解铃还须系铃人"，所以必须是法国出面倡导解除武器禁运才可能有效果。另外，当时的法国总统希拉克与中国国家主席江泽民的私人关系很好，希拉克对中国文化情有独钟，也是中国选择法国的重要原因。然而，从 2003 年起，中国开始做其他欧盟成员国的工作，全线出击，既瞄准重要的成员国，也瞄准欧盟机构。2003 年 12 月，当德国总理施罗德访华时，中国总理温家宝向他提出了促进欧盟解除对华武器禁运的要求。温家宝总理 2004 年 5 月在访问欧洲的德国、比利时、意大利、英国和爱尔兰时，向欧盟这些国家的领导人提出了类似的要求。欧盟机构的领导人也遇到了同样的情况。2003 年 10 月，在欧中首脑会议时，欧盟委员会主席普罗迪就遇到了中国领导人的游说。2004 年 3 月，中国副外长张业遂在访问布鲁塞尔时，与欧盟委员会外交委员彭定康、欧盟高级共同外交与安全政策代表索拉纳都谈到了促进欧盟对华武器解禁的问题。

然而，一些欧盟成员国的研究人员却认为，中方的行为不好理解，因为欧盟委员会不负责共同外交与安全政策，如果说它还有点影响力，那也是间接的。因为各成员国在安全与外交领域里都很希望保持自己的主权，中国希望通过影响欧盟委员会来解除对华武器禁运会产生适得其反的效果，会引起欧盟内部的压力与摩擦。欧洲的研究人员认为，有两种理由可以解释中国为何在促进对华武器解禁问题上去游说欧盟委员会，一是可能中国的老外交官还不太明白欧盟内部的运行机制，不太明白这些机构相互的职责；二是可能普罗迪掌权时的欧盟委员会在对外政策方面太积极了些，让人感到它权力挺大。

2004年，中国政府派了两名资深前大使作为中华人民共和国主席特使出访欧盟，分别去游说欧盟一些成员国解除对华武器禁运。他们是中国前驻德国大使梅兆荣和前驻法国大使吴建民。梅兆荣大使出访了德国、葡萄牙和北欧几国，吴建民大使出访了法国、西班牙、意大利等国。

在派特使出访欧盟的同时，中国政府的代表也在各种场合游说欧盟机构及成员国的代表。比如，在布鲁塞尔，中国代表团开始游说欧盟理事会，促进理事会把讨论对华武器禁运的事情列入议事日程。中国驻欧盟成员国的大使馆与驻在国的外交官讨论解禁问题，外交部与欧盟成员国驻华使馆的外交官讨论解禁，甚至在欧盟与东亚国家的对话期间，中国外交官也与欧盟的外交官谈论解禁问题。中国还针对欧盟成员国中一些没有表态的国家有针对性地做工作，比如当时的副总理黄菊专门访问了卢森堡和爱尔兰，因为这两国尚未公开表示是否支持中国的要求。

欧洲研究人员认为，中国对欧盟的政策就像一个试错过程，它先瞄准一个目标，比如在市场经济地位问题上它先瞄准欧盟委员会，在武器解禁问题上先瞄准法国，因为它认为这些目标在欧盟某项决策中起着关键作用。然后，在执行过程中，中国会不断调整它的目标，比如在促进武器解禁问题上，通过派特使到各成员国游说，以扩大影响。当然最后还是无果而终。

对派国家主席特使出访欧洲之事，中方与欧方的看法也有很大差异。中方认为，派国家主席特使是一件很重要的事，可以直接游说欧盟成员国的领导人。但欧洲人却认为没有那么重要，甚至认为派特使出访欧洲有些浪费时间。

从欧盟开始研究解除对华武器禁运时起，美国就认真地开始游说欧盟国家。2004年1月28日，美国国务院发言人鲍润石声称"美不同意解除对华武器禁运"，"希望欧盟和美国继续维持对中国的这一军事制裁"。2 月 11 日，美国国务卿鲍威尔又在众议院国际关系委员会举行的听证会上说，美国正积极游说欧洲有关国家，促使它们放弃解除对华武器禁运问题的努力。

2005 年 2—3 月，美国众议院通过一项决议，谴责欧盟为解除对华武器禁运而做的努力。参议院也为此专门组织了几次听证会。此后，美国国务卿赖斯、总统布什和副国务卿佐利克对欧洲进行了三次重要访问，公开对欧盟成员国表示美国反对欧盟解除对华武器禁运。美国的理由是，"解禁会给中国发出一个错误信号，中国的人权状况还不好，还在抵制民主改革；解禁会加快中国军队的现代化，对台湾及邻国造成威胁，可能会直接威胁到美国在亚洲的驻军；特别是中国的武器扩散方面的纪录不好，等等"。

美国为何要阻止欧盟解除对华武器禁运的努力呢？美国一些研究人员认为，主要是美国担心中国会挑战其全球霸权。

他们认为，与欧洲国家相比，美国在考虑是否取消对华武器禁运的问题时，更多的是从全球战略角度出发的。在当今世界，美国是唯一的超级大国。它的全球战略目标就是长久维持其全球老大的地位，防止世界上的任何一个国家或国家联盟挑战它的地位。关于这一点，布什政府 2002 年 9 月公布的《白宫国家安全战略报告》已经讲得很清楚。美国的一些战略家，包括一些目前正在美国政府任职的高级官员认为，中国的经济发展速度很快，如果再考虑到它的疆域、人口等因素，中国在不远的将来很可能成为一个挑战美国的全球性大国，美国必须提前预防。所以不应该解除对中国的武器禁运，目的是阻碍、延缓中国在军事上挑战美国的独霸地位。

与美国不同，欧洲主张解除对中国武器禁运，因为欧盟国家注重比较具体的现实问题，它们没有太多的"全球战略利益"。欧洲多数国家认为，中国经过 10 多年的努力，人权状况确实得到了改善，所以继续维持对中国制裁的理由已不复存在了。而且，中欧贸易发展迅速，有分析认为，欧盟在未来几年内将超过日本、美国，成为中国的第一大贸易伙伴。因此，解除禁运、扩大对华贸易，符合欧洲的利益。

美国的"全球战略"中还有台湾因素。鲍威尔2月11日在众议院作证时说，台湾3月20日要进行"大选"，在此时解除禁运"时机太敏感"，不利于台海局势的稳定。其实，鲍威尔只说出了美国的"表层忧虑"，从深层角度分析，布什政府内外的新保守派认为，一旦对华武器禁运被解除，中国获得世界尖端武器及技术的渠道将大大拓宽，台海两岸的军事平衡将被打破，这不符合美国的国家利益。

具有讽刺意味的是，解除对中国武器禁运实际上并不违背美国在全球军火出口上的立场。2006年，联合国大会通过的61/89号决议，开始起草"武器贸易条约"，准备出台具有约束力的国际协议，合法地限制向有恶劣的人权纪录的地区出口武器。联合国大会表决时，美国是唯一反对这项决议的国家。

因此，欧洲舆论嘲笑美国说，自2001年以来，美国已向反恐战争中的盟国提供了巨大的武器和经济援助，美国似乎根本不顾长期武器出口准则中所阐述的"武器出口管制法"，把一些国家从制裁的名单上取消，但当涉及中国时，美国便提出了它关注中国的人权纪录，并把此事与武器禁运联系起来。看来，美国没有一贯的武器出口管制立场。从"9·11"事件后，许多国家，包括尼泊尔、乌兹别克斯坦和也门都成为美国武器和军事援助的接收方，用美国记者的话来说，"然而他们恶劣的人权记录没有什么改变"。因此，美国在"9·11"事件后大量出口武器的立场，使美国在对华武器禁运的问题上并不占有道德高点。

但是，美国决定要打掉欧盟解除对华武器禁运的讨论时间表。2004年12月，欧盟首脑会议就对华军售解禁问题形成一个决议，要求欧盟轮值主席国卢森堡在2005年上半年的轮值期内完成关于对华军售解禁问题的准备工作，使欧盟领导人就此问题做出决定。这暗示欧盟可能2004年上半年解禁，解禁的决定可能于6月中旬的首脑会上做出。

欧盟首脑会议决议通过后的第一个工作日，英国《金融时报》就在头版刊登文章，引述美国政府官员的话反对解禁。此后，美国形形色色的官员、议员均以不同方式出来放话反对解禁，甚至以终止与一些欧盟成员国的军事合作相威胁。连美国总统布什和国务卿赖斯在各自的欧洲之行中也亲自游说欧盟不要解禁。日本也出来兴风作浪，多次表态反对解禁。台湾当局当然也不甘落后，甚至在《欧洲之声》（一份在欧盟总部很有影响力的周报）上做整版广告反对解禁。一直反对解禁的欧洲议会也再次通过没有法律约束力的决议，反对解禁。

这些解禁反对派提出的一个最冠冕堂皇的理由是解禁会破坏东亚地区所谓的"战略平衡"，甚至耸人听闻地说解禁会导致欧盟卖给中国的先进武器有一天会攻击美国。当然，他们还拉上人权问题为借口。

日本也参与了对欧盟的游说，阻止欧盟解除对华武器禁运。日本外相町村信孝于 2005 年会见欧盟共同外交政策的高级代表索拉纳时，一再重申解除禁令可能带来的地区安全失衡威胁。但是，日本从未引述任何关于人权状况的原因，日本提出的理由是解禁可能会破坏东亚地区的安全。日本认为，欧盟武器销售可能会提高中国海军的作战能力，这将对日本构成威胁，因为日本与中国在东海上有领土争端。此外，日本认为解禁会增强中国的军事实力，会刺激中国大陆以武力解决台湾问题。此外，日本还提出了另外两个理由，一是中国的武器出口管制松散，如中国获得了更多的欧洲先进武器，将会有一部分不知转到什么地方；二是欧盟如向中国出售武器，将会引起其他国家与欧盟的竞争，比如俄罗斯军火商，他们会向中国提供更先进的武器。

与此同时，日本政府决定在 2005 年 3 月 27 日法国总统希拉克访日举行两国高峰会谈时，由首相小泉纯一郎向他重申反对欧盟解除对中国的武器禁令。外相町村信孝和美国国务卿赖斯已于 3 月 19 日的东京会谈确认两国一致反对的立场。日本政府计划，如果欧盟强行解禁，将要求欧盟具体说明采取何种透明性的措施来确保对中国武器出口的管理问题。

其实，欧美日等一些政界、军界人士都知道，解禁只是一个政治姿态问题，根本不可能导致欧盟对华出口高端武器和敏感技术。欧盟首脑会议决议明确要求："任何有关决定都不应该导致欧盟成员国对华武器出口在数量上和质量上的增加和提高。"另外，欧盟修订后的《欧盟武器出口行为规范》非常严格，完全能代替军售禁令。一位不愿透露姓名的欧盟官员说，即使解禁后出现某种美国认为是敏感武器或技术的出口，美国也会想尽一切办法打掉，就像以色列曾经想对华军售的情况一样。

正因为如此，欧盟负责外交与安全事务的高级代表索拉纳曾派自己的助手率领一个代表团赴美做解释工作。欧盟也曾派了一个代表团赴日做解释。但是，美、日都没有软化其反对立场。美国在欧盟的铁哥儿们英国开始出来放风，对解禁时间表提出挑战，引发西方媒体新一轮的炒作，几乎没有一家西方媒体会认为 2005 年上半年解禁能成为现实。

在美国政府出面说服欧盟放弃讨论解除对华武器禁运的同时，美国的军工集团也出面动员说服它们的欧洲同僚，整个美国的游说工作是全方位的：既有政府层面的，也有议会层面的；既有商业公司层面的，也有非政府组织层面的（各种研讨会，说服欧洲研究界）。

美国在游说欧盟的同时，新闻界也开始炒作前些年美国逼迫以色列取消了一项对华军工技术出口项目的事情。2000 年左右，中国与以色列谈判，要从以色列进口空中预警飞机和雷达。美国知道后，对以色列采取了强烈措施，威胁要冻结向以色列输出高敏感装备，经过几年的谈判，最终美国于 2003 年逼迫以色列放弃了该合作计划。以色列为此给了中国一笔不小的违约补偿金。在欧盟要取消对华武器禁运的时候，舆论开始炒作当年以色列的事情，是不是有些"杀鸡给猴看"的意思呢？

的确，与欧洲军火公司有多项合作的美国洛克希德马丁公司发表书面声明，警告欧盟国家如果取消对华武器进运，将受到美国国会的制裁，许多美欧的军事合作项目必将受到影响。欧洲各国的防务装备中有许多是与美国合作的技术，如果美国中止这些计划，不仅将影响到欧洲国家当前的防务能力，还将严重影响未来欧洲开发新的军事技术的能力。

在美国、日本强大的压力下，欧盟开始分化。英国和瑞典首先表示应该推迟考虑解除对华武器禁运的决议。

据英国《金融时报》2005 年 4 月 22 日报道，英国正试图说服欧盟推迟解除对华武器禁运的计划。该报援引不愿透露姓名的外交官员的话说，伦敦正设法让其他欧盟国家政府支持欧盟延后（很可能延期至 2006 年）做出取消对华武器禁运的决定。瑞典也一直在游说其他欧盟国家推迟取消对华武器禁运。与此同时，比利时和意大利也倾向于推迟做出决定。法国是支持欧盟在 6 月以前做出决定的主要国家，但它也在考虑对一个折中的日期做出让步。

另一家英国报纸《泰晤士报》也报道说，由于无法缓和美国的反对意见，欧洲正在重新考虑解除对华武器禁运的计划。高级外交人士告诉该报记者说，一些欧盟成员国已经"胆怯了"，使欧盟极有可能最终放弃它有争议的计划。至少，这个决定可能会推迟。美国国会领导人扬言，如果解除对华武器禁运，美国将停止向欧洲盟友出售先进的军事技术。英国、荷兰、捷克、斯堪的纳维亚地区国家和卢森堡———欧盟轮值主席国———都在重新考虑这个问题。①

其实，法国与德国的领导人虽然表示积极推动欧盟解除对华武器禁运，但在实际操作中都不那么顺利。比如，德国总理施罗德虽然对解禁很积极，但因为德国是联合政府，外交部部长由执政联盟中的绿党菲舍尔担任，而绿党对解禁提议感到不安。很难想象绿党的外交部部长菲舍尔会很积极配合施罗德。法国总统希拉克虽然对解禁很积极，但法国外交部与国防部都担心，如果美国真的断绝与它们的军火研发项目的合作，它们的军火升级换代会受到很大影响。特别是，美国的军火商不断在巴黎游说，如果不解除对华武器禁运，美国会把许多武器生产的合同转到法国来，法国会因此受益匪浅。与此同时，中国的有些领导人一直强调，解除对华武器禁运是取消歧视的问题，是个全面战略伙伴的外交待遇问题，也就是说是一个象征性问题。他们并表示，即使取消了对华武器禁运，中国也不可能向欧盟购买大量军火。法国的军火商听到这里，便对解禁失去了兴趣，认为如果为解除对华武器禁运而失

---

① 新华网，2005 年 3 月 24 日新闻。http：//sars. china. com. cn/chinese/junshi/819769. htm。

去了美国这个大军火市场，那法国极可能"得不偿失"。美国的这些游说慢慢产生了影响，法国国防部的官员在欧盟层面上的游说也变得不那么积极了。希拉克本人虽然积极，但他在总统府只有一名外交政策顾问，无法督促着外交部和国防部积极推动部长理事会层面上的谈判。诸如解除对华武器禁运这样的重大外交政策决定，按照欧盟的决策机制，必须是外交部部长与国防部部长的理事会上达成细节上的一致，然后才能拿到国家领导人参加的欧洲理事会上去讨论。

2004 年欧盟准备出台一个对外国出售武器的"行为准则"，原则上讲是为了规范未来欧盟成员国的售武行为，但实际上也是为了向美国人表示，欧盟出口武器是有标准的，解除对华武器禁运并不会让中国占太大便宜，因为还有行为准则管着呢。甚至有些欧盟官员还向美国人表示，未来欧盟的武器出口管制会更严厉。欧盟想以此来打消美国人的顾虑，为解除对华武器禁运铺平道路。然而，欧盟各成员国国防部及外交部的官员在制定行为准则时，并不那么积极，欧盟的售武"行为准则"迟迟没能出台。欧洲理事会认真讨论解禁的事宜实际并未落实。

2005 年初，欧盟仍在讨论是否该解除对华武器禁运，到 2 月底，还有一个专业杂志撰文说，"欧盟可能在卢森堡担任主席国期间可能宣布部分解除禁运，因为接下来是英国担任主席国，而英国不愿意接这个烫手的山芋，不愿意在它当主席国时不得不解除对华武器禁运。"

就在这种背景下，中国人大 2005 年 3 月 14 日通过了"反分裂法"。这使欧盟中那些怀疑主义者声音大增，而主张解除禁运的人却哑然失声。怀疑主义声称，现在如果解禁就等于支持中国的官方立场，等于鼓励中国在台湾问题上采取强硬立场，甚至动用武力。在这一背景下，欧盟的官方表态虽然仍然是要积极讨论是否要解除对华武器禁运，但实际上欧盟内部的讨论已经中断。

紧接着，2005 年 4 月 13 日欧洲议会以 431 票对 85 票，31 票缺席通过了不对华解禁的决议。虽然这项决议不会对欧盟的最终决定产生直接影响，但巨大的票数差异反映了欧洲公众对于解禁的强烈反对。欧盟原定 2005 年 6 月讨论解除对华武器禁运的决定也变得不再那么肯定了。

2005 年欧盟没能决定对华武器解禁。虽然后来中国与欧盟在其他的官方文件中仍在说需要解除对华武器禁运，但双方似乎都已经没有了热情。中国官方仍在强调维持这一决定是欧盟对中国的"歧视"；而欧盟遇到什么问题时，也总喜欢拿这个来吊中国的"胃口"，但又明确向中国表示，别对这事寄予多大希望。2010 年年初，西班牙当欧盟轮值主席国时，西班牙总统又建议要重新审查对华武器禁运的问题，但经过了里斯本条约改革的欧盟名义上已经有了常设的"总统"和"外交部长"，武器解禁这种问题需要欧盟层面上有人愿意推动才行。但很遗憾的是，用欧洲人的话说，"西班牙总统的提议很快被欧盟的'外交部长'凯瑟琳·阿什顿藏到了桌布底下"。由于西班牙的建议没有取得任何实质性的进展，当然美国也就没有反应。

理论上讲，欧盟与中国的关系应该呈越来越重要之势，因为欧盟与中国都主张多极世界，都主张用国际法做准绳，通过谈判的办法来解决国际争端。但实际上，从欧盟讨论解除对华武器禁运，到最后这一努力失败为止，我们可以从这一过程中看出欧盟还远不是世界舞台上成熟的一极，欧盟在共同外交与安全政策上的努力只是一种表面现象，欧盟实际上还没有找到制定共同外交政策的途径，各成员国在保护自己外交方面主权的动力还很大。在可见的将来，欧盟也未必是能执行某种共同外交政策的统一体。因此，我们应该从这一方面来理解欧盟的一体化发展，在国际问题上更恰如其分地评价欧盟的作用，更好地理解欧盟在外交政策上的决策过程与机制，以免在未来产生误判。

从欧盟解除对华武器禁运未果的案例中，我们可以得出以下教训：

1. 按照欧洲研究人员的看法，中国在促进欧盟解禁问题上还不够老道，缺少在欧盟决策的关键时刻施加影响的能力。比如，中国对普罗迪当主席的欧盟委员会做了许多工作，希望欧委会在解禁问题上起更大的作用。但是，成员国与欧委会的矛盾一直很深，欧委会也一直希望能在外交政策上起更大的作用，但却触及了成员国的根本利益。普罗迪也许希望利用对华武器解禁一事来扩大欧委会的作用,在这一点上可能与中国的利益相吻合,因此引起了中方的积极反馈与配合。但却引发了一些成员国的反对,其实这些国家未必是对中国有更多的敌意,而是因为这些成员国不愿意看到欧委会扩大自己的外交权力。因为中国外交官对欧盟内部矛盾理解不够,才让中国的行动造成了一种"干涉别人内政"的印象,甚至会让人想到中国利用别人的内部矛盾从中渔利。这肯定既不符合中国的外交原则,也不是中国外交政策原来的意图,但客观上却给了别人一种解释中国外交政策的理由。[①]

2. 欧盟关键成员国的政府结构使外交决策平添了许多困难。欧洲国家的宪法规定与政坛结构不时会造成两个或几个政党联合执政的局面,而出现这种局面时,该国的外交政策效率往往要打很多折扣。欧洲研究人员认为,中国之所以没在2003年以来向法国提出要求,是因为之前的法国是联合政府:戴高乐派的总统希拉克与社会党的总理若斯潘联合执政,如果当时提出,可能会遇到软钉子,因为当时的总理若斯潘与外交部部长韦德里纳都曾对中国表示过不冷不热的态度。当2002年法国政府换届,希拉克仍然是总统,拉法兰出任总理,德韦尔潘出任外长,拉法兰虽然不是希拉克党中的人物,但他们都属于一个阵营,而且拉法兰与德维尔潘都对中国表示过友好。所以,中国才开始正式向法国提出建议,要求法国帮助推动在欧盟内解禁。但是,德国总理施罗德虽然积极配合法国总统希拉克在欧盟内推动解禁,但施罗德是联合政府,施罗德需要与绿党的外交部部长菲舍尔联手,才能共同推动德国在欧盟中的立场。然而,连德国的公共舆论都认为,菲舍尔在解除对华武器禁运问题上并不那么热心,屡屡提出需要把这一问题与中国的人权状况挂钩。德国联合政府的结构可能也使德国在促进解除对华武器禁运方面效率不那么高。

3. 美国对欧盟的影响很深,人脉关系很多,可以全方位对欧盟决策施加影响。欧盟决定讨论解除对华武器禁运后,美国动用了各种力量来游说欧盟

---

① Frank Gaenssmantel:"Chinese Diplomacy toward the EU: Grand Vision but Hard to Manage", in the Hague Journal of Diplomacy 5 (2010) 379 – 403.

的决策机构。从美国总统、国务卿、副国务卿等政府人物访欧开始，不断向欧盟成员国的领导人施加压力，促使他们改变看法。美国国会也对欧洲议会施加了压力，在各种交往中屡屡表示解禁会导致美欧之间的缝隙迅速拉大。美国的军工企业界也利用自己的人脉对欧盟成员国政府施加压力，胡萝卜加大棒，软硬兼施。美国还利用自己的联盟关系，怂恿日本、中国台湾的政界人士出面说服欧洲领导人。从美国发动广大攻势，"逼迫"欧盟放弃自己的"解禁"决定这一事例来看，欧盟的外交政策有两大特点：一是欧盟的外交决定在国际舞台上仍有很大的作用，有某种象征意义。因此，尽管新西兰等也属西方阵营的国家早就取消了对华武器禁运，却根本没能引起美国的重视。但欧盟要取消对华武器禁运，美国就很重视，甚至不惜动用自己的各种外交力量去促使欧盟按照美国的旨意行事。二是欧盟的外交政策有一定的稳定性，一旦它确定了某个方向的外交政策，就很难再改变。换句话说，促使欧盟积极地改变什么决定不易，但促使欧盟不采取决定却比较容易。

4. 尽管欧盟在建设统一外交与安全政策上下了许多功夫，但迄今为止欧盟没有建立有效的共同外交、安全机制，更无从谈起什么大的欧洲全球战略。中国与欧盟制定全面战略伙伴关系，这充其量只是一种理论上的愿望，没有全球战略的欧盟不可能从更大的视野上去理解对华关系，不可能以它的战略眼光去考虑对华关系。欧盟只有几个大国有一些政治雄心，有自己的外交战略打算，比如参加伊朗核谈判的英、法、德，只有这几个大国对包括朝鲜核问题在内的地区安全问题关心。但这几个大国又不能主宰欧盟的外交政策。2011 年，英国、法国伙同美国在联合国安理会上支持对利比亚实行"禁飞区"，随后又以此为由对利比亚政府的军队实施空中打击，帮助利比亚的反对派推翻了卡扎菲政权。这一切都没有利用欧盟的共同与外交政策，而是直接通过联合国安理会实现的。这一事件说明，欧盟大国根本没把共同外交与安全政策放在眼里，而且也知道该机制的决策过程太长、太复杂。它们在实现自己的外交政策时，宁可使用传统的国际关系框架，比如联合国、北约组织等。欧洲的一体化建设仍是个长期的过程，我们虽然支持它们的一体化努力，但也不会把它们可能实现的未来当作当前的现实。

二 中欧双方的期待落空成为中欧关系中的不和谐因素

中国与欧盟的外交关系经历过几次大的起伏。1975 年 5 月，中国与欧盟的前身欧共体建立外交关系，中欧关系由此开篇；1988 年中欧双方互派使团，标志着双方关系实现了进一步发展。但 1989 年中欧关系出现了波折，作为对中国 1989 年政治风波的反应，欧共体冻结了对华关系，还实行了包括武器禁运在内的一些制裁，使中欧关系受到严重损害。欧共体于 1990 年 10 月决定逐步重建双边关系，1992 年中欧关系基本恢复正常，同年中欧还开启了环境对话。1998 年，欧盟委员会发表了"与中国建立全面伙伴关系"文件，表示要把欧中双边政治关系提高到与欧美、欧日同等水平上，支持中国加入世界贸易组织。2003 年 10 月第六次中欧领导人会晤后，双方决定发展全面战略伙伴关系。

理论上，中欧双方都强调发展全面战略伙伴关系，双方应该意识到这种关系的重要性，中欧关系应该走上了一条稳定的发展道路。然而，最近几年中欧关系的走向却让人感到危机不断。中欧之间的贸易往来虽然很重要，但欧盟至今未承认中国的"市场经济"地位，而且欧盟经常用反倾销来限制中国企业对欧的出口。中欧之间虽然有全面战略伙伴关系，但至今欧盟仍维持着 1989 年后决定的对华武器出口禁运。2008 年，围绕着中国举办的奥运会，欧洲各国的不和谐音更加吵闹，奥运火炬接力时在伦敦与巴黎都遇到了支持"藏独"力量的阻挠，德国总理默克尔与法国总统萨科齐又分别会见达赖，引起了中国人民的强烈愤怒，温家宝总理还取消了原定在法国里昂举行的中欧首脑会议。为何中欧双方都声称很重视"全面战略伙伴关系"，而实际上的双边关系又充满了紧张呢？

欧美各国的学者对于中欧关系为何突然转变有许多解释，但认真分析起来都不尽如人意。澳大利亚迪肯大学的潘成新（音译）的一篇文章从欧盟对华政策的出发点落空来分析欧盟对华政策的转变，是有些新意的①。

欧盟对华政策的表达是"建设性接触"（Constructive Engagement），其中的含义是要通过不断的接触，给中国一些好处，最终"改变"中国现行的体制。欧盟自认是一种国际制度"标准"的制定者，通过制定"标准"来影响世界，具体相对中国来说，欧盟的"建设性接触"政策就是要"改变"中国，让中国按照欧盟——也就是国际标准来行事。然而，想利用"国际规则"来改造别人，这种政策的出发点本身就很难让人认同，特别是针对中国这样一个有着完全不同文化背景的大国，它因此而成为一种不可实现的任务。

欧盟想通过向中国"出口"它的标准：管理标准、技术标准、法治标准、人权标准、民主标准等来使中国更向欧盟的形象靠拢。许多欧洲人相信，"通过帮助中国，欧盟可以使中国从一个过渡的专制政权朝更民主、更繁荣、更加法治的方向发展。"欧盟委员会在2003年欧中关系的报告中公开声明，"欧盟有着重大的政治及经济利益，以支持中国顺利地转向一个稳定、繁荣、公开的国家，它将全面地接受民主、自由市场原则及法治。"②

可以理解，欧盟自认是一个"后现代"的社会，想在世界舞台上扮演一个未来规则制定者的角色，通过它的组织形式和处事方法影响世界，成为一个所谓制定标准的势力（Normative Power）。因此，从这一角度来处理对华关系，并使欧盟的对华政策达到目的，对于欧盟的自身也是非常重要的。然而，欧盟本身的"缺陷"又使这样一种打算不可能实现。

第一，欧盟本身制定的目标就没有实现，当然也就谈不上去影响其他国家了。

根据欧盟自己的定义，它之所以区别于其他政治实体，是因为它是通过一个制定标准及设计体制的框架内让各种不同国家都逐渐趋于一致，赋予这

---

① Pan Chengxin, Contructuting a Normative Self, Converting a Rising Other: Ploblematizing Constructive Engagement in EU China policy.

② Ibid. .

些成员国提高人权标准、加强它们处理不同差别的能力。然而，经过这些年的实践，其他国家看到的却是欧盟的国际身份很复杂。褒义地讲，人们会说欧盟的身份是多层面的，灵活的；贬义地讲，人们会说欧盟的身份是分裂的，甚至是混杂不清的。正因为欧盟本身就没有变成一个内部和谐的实体，欧盟希望按照自己的形象来"改造"中国的愿望当然就无法实现。

第二，通过某种政策把国际关系中的另一方按自己的形象来改造，这本身就是一个悖论。

欧盟认为中国是与自己不同的实体，而要改造中国本身就意味着欧盟感觉这种实体对自己是某种威胁，所以才需要改造它。在实际操作中，改造中国又成了欧盟内部运作的动力，为它可以团结欧盟成员，是它们凝聚力的缘由。如果欧盟的政策成功，按照欧盟的形象改造了中国，这一政策的基础将不复存在，而欧盟本身失去了目标也会四分五裂。因此，这项政策注定是要失败的。

第三，欧盟依靠其他的强制力来实现自己的安全，它改造别国的能力有限。

欧盟企图建立一种"依靠标准来治理的势力"，而且想要取消强制力（Power）。但正如一些美国学者指出的，欧盟的这种努力与其说是一种自愿，不如说是一种被迫，因为欧盟的军事力量太弱，没有办法靠强制力来实现自己的利益。但是，欧盟也要保护自己的安全，在这方面欧盟完全依仗美国，依仗美国领导的北约组织。因此，没有强制力的政治实体若想改造另一个政治实体，它的能力是值得怀疑的。

第四，欧盟对外政策声音不一致，缺乏连贯性。

欧盟对外政策主要靠软力量，靠表率作用，而且欧盟经常用自己发展的历史来证明，对某个成员国有好处的事情最后总是对欧盟总体也有好处。话虽这么说，但实施起来却很困难。欧盟习惯用自己的市场换取它想要的政治条件。你要想进我市场吗？那就得在人权方面做出一定的让步。在欧盟对华的贸易历史上，也不乏欧盟利用各种配额来向中国要求某些政治条件的例子。

其实，国际贸易是一种双向的游戏，欧盟从对华贸易中也获得了巨大的经济利益。因此，即使在国际贸易这个欧盟内部非常一体化的领域里，各成员国的利益不同，有时立场也不同。这就使欧盟利用贸易这个诱饵来实现它的政治目标的使命很难完成。欧盟在利用贸易影响中国政策方面就往往有搬起石头砸了自己脚的嫌疑。当法德领导人接见达赖，声称是想促进达赖与中国谈判时，遇到的是中国民众一片抵制之声，是中国政府的严正抗议。欧盟的另外一些成员国则想利用这个机会，从对华贸易中得到更多的好处与利益。

第五，欧盟对外政策中的双重标准又使欧盟想把自己塑造成标准制定者的努力大打折扣。

欧盟一方面自认是个"后现代"的实体，以柔克刚，不以强制力来迫使别人服从它的意志；但另一方面，欧盟相对大多数"现代"国家来说又不得不采用相同的办法。英国人库珀就曾主张，在一个丛林原则占主导的世界里，欧盟也必须用丛林法则来对付其他国家。这就为欧盟的双重标准找到了一个理由。但是，双重标准是很难让欧盟的伙伴接受的，中国就对欧盟的许多决定非常不满。以市场经济地位为例，欧盟给了俄罗斯市场经济地位，而俄罗斯围绕进入世界贸易组织的谈判却迟迟没有进展。也就是说，俄罗斯不准备做什么让步。说俄罗斯的经济是市场经济而中国不是，认真点的欧洲人也认为说不过去。只是因为欧盟认为俄罗斯主要对欧洲出口能源，承认俄的市场经济地位不会威胁欧洲的制造业；而中国有巨大的制造业力量，欧盟担心承认中国市场经济地位会让欧洲的制造业失去市场。以这种典型的双重标准对付中国，能让中国人信服欧盟是公正的标准制定者吗？能够"引诱"中国按照欧盟的形象去改造自己吗？

正是欧盟本身有各种"缺陷"，使欧盟通过"建设性接触"政策来改造中国的努力注定不可能成功。但是，由于欧盟的这些希望落空，欧盟舆论与领导人对中国的态度才会出现那么大的转变。欧盟的一些研究人员非但不去检讨欧盟对华政策中的失误之处，反而把怨气撒到了中国头上。福克斯与戈德芒合写的报告《欧盟与中国关系的评估》(A Power Audit of EU‐China Relations）正是这种怨气的反映。

欧盟的一体化迟迟没有进展，使中国很难找到一个合适的战略伙伴。中国从与欧共体建交以来，一直支持欧洲的一体化建设，因为中国把它当作一种战略选择。冷战时期，支持欧共体似乎是中国抗衡美苏两霸的自然选择。冷战之后，欧盟仍是中国在国际舞台上借重的一股不可轻视的力量，因为欧盟的领导人主张多元文化，主张多极世界，与中国的观点有许多相近之处。

然而，从欧盟东扩以来，欧洲一体化建设的步伐放慢，欧盟内部的决策越来越困难。从美国布什政府发动伊拉克战争以来，欧盟内部的分裂尤其突出，美国也充分利用了欧盟内部不同成员的不同战略利益来维持它在欧洲的主导地位。在这种背景下，中国虽有与欧盟加强战略合作的意愿，但却少有欧盟的配合。中欧的全面战略伙伴关系似乎只是口头上的一种说法，并没有多少具体的实践。

欧盟还有一些研究人员认为，在一些重大的国际问题上，中国并不像战略伙伴那样与欧盟配合以解决问题。比如，他们认为伊朗的核问题是欧盟的核心利益，但中国在解决伊核问题上反对使用制裁，这说明中国并不认真考虑欧盟的战略利益。其实，中国有许多利益，在伊朗也有中国的利益。况且，中国政府认为，解决国际冲突主要应依赖外交谈判，制裁不是好办法，往往会起适得其反的作用。中国与欧盟虽是战略伙伴，在伊朗核问题上也应该互相协调立场，但这并不说明中国就一定要完全按欧盟的意志行事。如同当年在攻打伊拉克的问题上，美国与欧盟还是盟友关系，但欧盟的主要成员国法德却站出来反对美国的决定。正因为中国在伊朗有自己的利益，作为战略伙伴，欧盟才应该与中国展开讨论，欧盟要考虑中国在伊朗的利益，中国也要考虑欧盟对伊朗发展核武器的担心。反之，一味要求中国考虑欧盟的担心，而不考虑中国在伊朗的利益，那也称不上是一种平等的战略伙伴关系。

欧盟还抱怨中国只重视中美关系，大量储备美元资产，特别是美国国库券，对欧元就不如对美元那么情有独钟。其实，作为战略伙伴，中国的确希望能多储备一些欧元，但欧元区本身的缺陷使中欧之间本应该大力发展的货币、金融合作无法进行。国家的外汇储备不是一堆现金，而是流动性较强的一些债券，它才能起到保值、增值的作用。欧元区虽然有统一的货币，但没有统一的债券，各成员国的债券利息不一，风险不一，流动性也不太好，因此欧元债券仍无法代替美国国库券，特别是短期国库券。另外，欧元区有马斯特里赫特条约的约束，有稳定与增长公约的约束，各成员国发的政府债券规模有限，中国政府想多买可能都买不到。如果欧元区朝着更加一体化的方向发展，如果欧元区能发行统一的债券，外来投资者就会更放心，中国政府肯定也会购买更多的欧元储备，中欧之间的战略伙伴关系就会有更加坚实的内涵。

近年来，中欧关系表面不错，但实质性的发展却不尽人意，这里面的深层原因是双方的期待与现实之间有很大的差异。但是，中欧关系仍然是全球最重要的关系之一，而且中国仍会把欧盟当作一个务实的对话伙伴，在各种国际谈判与交流中会继续寻找与欧盟协调立场，争取达成一定的详解与妥协。

欧盟与中国在全球问题上仍有一系列的共同利益。比如，中欧之间的贸易与经济合作仍是非常重要的问题。欧盟为中国最大的贸易伙伴，中国为欧盟第二大贸易伙伴。中欧之间应继续保持各方面对话，以求务实地找到解决双方贸易不平衡的更佳途径。中欧都认为现行的国际经济、货币体系有问题，需要改革，双方应该加强在全球治理问题上的交流和合作。中欧双方都认为人类活动造成的二氧化碳排放对全球气候变化起了重要作用，需要加强技术、资金等方面的合作，共同减少排放，缓解全球气候回暖。双方都认为，能源与粮食安全是各国都面临的挑战，需要中欧加强磋商与合作，找到保障能源与粮食安全的国际机制。双方都认为国际恐怖主义是经济、社会发展的大敌，需要联手防范恐怖主义的蔓延，等等。

尽管中欧之间存在许多合作的契合点，中国也有意愿与欧盟展开更多的合作，但未来的中欧关系还会充满变数，这是因为形势的变化造成的。关键是我们在看待中欧关系时不能再局限于过去的眼光，不能抱着不切实际的期待。

欧盟必须认识到，中国是一支正在崛起的力量，中欧之间的实力对比在发生变化。这一基本事实改变了中欧关系中双方的地位，欧盟无法再继续像"教育小学生"那样要求中国，无法继续按照自己的形象去"改造"中国。

　　毋庸置疑，中国还需要学习各国的先进经验，而且中国政府不断重申要坚持改革开放，也说明中国将继续改革自己体制中不合理的因素，借鉴外国更加合理的经验。但与过去不同的是，中国的自信心在增强，中国在努力从自己的文化传统中寻找解决问题的答案，并要把自己优秀的传统与经验也融入世界主体文化当中去。在世界各国大办"孔子学院"就是这种努力的体现。但这种努力也会遇到一些障碍，特别会遇到来自欧盟国家的阻力。

　　近200年来，欧洲主导了世界经济与文化的发展：启蒙运动、工业革命……甚至美国革命、独立战争以及后来美国的发展也被认为是欧洲文明的延伸。于是，欧洲人的价值观成为"普世"的价值观。欧洲人先是通过殖民化来扩张他们的势力与影响，同时传播他们的价值观与管理模式。当第二次世界大战结束后，亚非拉等广大发展中国家兴起的非殖民化运动中断了欧洲模式的扩张。苏联解体后，美国自认为赢得了冷战的胜利，在世界各地掀起了一场"民主革命"的高潮，到处推行美国式民主。欧盟国家虽与美国有许多分歧，但在促进民主方面却与美国有许多共同之处。大概差别在于美国用的是大棒加胡萝卜，而欧盟用的是胡萝卜加大棒。美国更强调推行自由选举，而欧盟更强调按照它们的模式管理。

　　在这种历史背景下，中国的崛起及中国文化影响力的扩大都会引起欧洲人的警觉。欧洲一些舆论已经在惊呼，中国模式未来可能成为与西方模式相竞争的模式，对发展中国家有很大的吸引力。中国在非洲及拉丁美洲的投资与开发与被认为对欧洲及美国的利益构成了威胁，特别是非洲被欧盟国家看成是自己的后院，中国在非洲的投资屡屡成为欧洲舆论攻击的对象。

　　随着全球经济危机的发展，欧盟与中国的摩擦会逐渐加强。这是因为，欧美各国的贸易保护主义悄然崛起，欧美还指望利用剩下不多的时间来继续攻击中国的"非市场经济"地位，借此限制中国的出口；欧盟还会像美国一样继续抱怨中国人民币的汇率偏低，要求人民币继续升值，等等。其实，欧盟这样做是得不偿失的，因为在各种压力下，中国企业不得不改变结构，提高产品档次，提高产品中的技术含量，这无疑要去欧盟的优势产业中分一杯羹。过去，中国与欧盟的经济有很大互补性，中国在产业链的下游，欧盟在产业链的上游。但随着中国企业逐渐转向产业链的中游和上游，中国企业与欧盟企业的竞争会更加激烈，欧盟与中国的贸易摩擦会更加频繁。

另外，欧盟一体化的停滞不前使它未来在世界舞台上很难有所作为，很难能够发出独立的声音。在军事上，欧盟要依靠北约，实际上就是依靠美国。在能源安全上，欧盟将继续与俄罗斯周旋，因为欧盟对俄能源供给的依赖性很大，但各成员国对俄的立场又不一致，欧盟未来在能源安全问题上内部少不了争论。在世界其他地方的地区安全问题上，欧盟虽然关心，但却不能以欧盟的身份干预，还是英法德等欧盟大国在代表欧盟。在世界舞台上最能感到欧盟存在的就属贸易领域，欧盟在全球自由贸易谈判中可能还是一极。在保护环境和防止气候变化问题上，欧盟原来有点想引领世界潮流，但从奥巴马政府上台后，美国一改消极对待的态度，要夺回在气候变化问题上的发言权的态势显而易见。其他问题上，中国无法指望欧盟在世界舞台上扮演重要的角色。

当我们看清了欧盟发展趋势中的决定因素后，就可以预测未来中欧关系的走向。当我们能实事求是地看待欧盟的发展趋势时，就不会对中欧关系中出现变数感到吃惊。当我们能坦然面对欧盟对华提出的各种要求时，中欧关系的发展就可能会逐渐走向"正常化"。

三　欧中关系面临的不确定性来自何方？

自 2008 年国际金融危机爆发后，中国领导人不断向欧盟领导人表示，中国愿意与欧盟联手促进世界经济的回升，也愿意伸手拉欧盟一把，帮助欧盟渡过难关。当 2009 年国际金融危机影响最为深重时，中国政府总理温家宝决定访问欧洲，并出席当年的世界经济论坛年会。中国政府当年还派出大型采购团，去一些欧洲国家采购商品，促进欧洲对华出口。当欧洲一些国家2010年出现"主权债务危机"时，中国政府重申不会减持欧元债券，而且将继续认购新发行的欧元债券，以维护欧元区债务稳定，提振市场信心。

然而，欧洲舆论对中国的示好却不那么感激。根据美国的一家重要国际关系智库——马歇尔基金2010年所做的一项跨大西洋的民意调查，欧美民意对中国的看法差异越来越大：有超过一半的美国公众（53%）认为，中美之间存在足够的共同价值观因而可以在国际上合作；但是却有近三分之二（63%）的欧洲公众认为，中欧之间存在巨大的价值观差异，因而不可能进行国际合作。①同样，挪威议会决定把2010年的诺贝尔和平奖发给被中国司法制度判了刑、正在服刑的刘晓波，这显然是向中国政府挑衅。

为何中欧之间对相互关系看法出现了这么大偏离的倾向呢？前些年，中欧之间确定了相互之间的全面战略伙伴关系。在金融危机的冲击下，这些战略伙伴关系本应该发挥重要的意义，但为何中欧之间迟迟达不成重大合作的协议呢？比如，中国很在意欧盟仍然维持的对中国的两项"歧视"规定，一是不给中国"市场经济待遇"，二是维持着20多年前决定的对华武器禁运。中欧之间早在2005年就已经建立了全面战略伙伴关系。但中国方面觉得战略伙伴之间仍存在着某种"歧视性"规定的障碍，似乎与我们之间的关系不符。于是，中方多次提出过建议，希望欧盟解除这两项已经不合时宜的决定，以便让双方的关系真正进入战略伙伴的合作时代。然而，欧盟却屡屡以决策机制中的困难为由，拒绝了中方的要求。

对华武器禁运是1989年政治风波后欧盟做出的决定。时间过去了许久，迫于美国的压力和内部的分歧，欧盟至今仍维持着这一禁运。更有甚者，欧盟在武器解禁问题上还搬出了"台湾问题"来说事，说解禁可能会引起台湾海峡两岸军事力量的失衡，会引起海峡两岸的军备竞赛。欧盟与中国建立外交关系多年，不可能不知道台湾问题是中国的根本利益问题，而且欧盟还多

---

① 于时语：《欧洲"欢乐聚会"的终结与中欧关系》，新加坡《联合早报》2010年10月6日。

次重申它的一个中国政策不变。但欧盟现在把武器解禁问题与台湾问题挂起钩来，这能让中国人觉得欧盟是在尊重它的战略伙伴的根本利益吗？

无论如何，当中国在采购欧盟国家的高技术产品时，往往会遇到对华武器禁运（高技术产品出口限制）这一壁垒。因此，中国很希望欧盟取消这一决定，甚至为了平衡中欧之间的贸易，也应该取消这一决定。但在最近一次中欧高层对话后，欧盟贸易专员卡洛·德古赫特（Karel de Gucht）表示，取消武器禁运需欧盟所有成员国全票通过，这是极不可能实现的目标。这不禁使中国人怀疑，欧盟保持对中国的武器禁运是否另有打算？起码这种态度让中国人怀疑，欧盟的决策机制太松散，效率太低，是一个很难信任的"战略伙伴"。

中国人喜欢说中国的历史悠久，因此中国人看问题有长远观点。而欧洲人往往利用这一点，在市场经济地位与武器解禁问题上，讽刺说中国应该发挥历史悠久、看问题长远的耐心，再给欧洲一点儿时间解决内部的棘手问题。然而，中国还能有那么大耐心吗？

其实，欧洲人在考验的似乎不仅仅是中国人的耐心，还有中国人对欧盟的信心。在危机当中，欧洲的舆论不仅没夸赞中国愿意帮助欧洲国家走出危机的意愿，反而怀疑中国的企图。比如，希腊在爆发主权债务初期曾主动和中国接触，希望中国为其国债融资提供帮助。此事经欧洲媒体报道后，立刻在欧盟引起了非理性的不安情绪和强烈质疑。一些欧盟政要和媒体指责中国要将希腊变成自己在欧盟内的特洛伊木马，向中国请求融资帮助在欧洲好像成了一种"政治不正确"的选择。为了平息这种不安情绪，希腊被迫只能公开否认曾向中国寻求合作的行动，在相当长一段时间内不能再公开与中国就融资问题进行协商。直到希腊危机愈演愈烈，并且一度引发了国际社会对欧元的信任危机，欧盟的态度才逐渐改变。2010 年 7 月欧盟委员会贸易委员卡洛·德古赫特（Karel de Gucht）公开表示，中国购买了约 4.2 亿欧元希腊和西班牙发行的债券，并认为这是一个明智的投资选择。但在欧盟内部，担心中国通过大规模持有其成员国债券而增强对欧盟影响力的忧虑仍然普遍存在。

其实，欧盟国家及欧盟国家的舆论对中国表现出来的三心二意与中国与欧盟双方在经济全球化进程中的力量对比变化直接有关。

欧盟不仅是世界最大的经济体，其成员德、法、意、英曾是世界排名仅次于美、日的世界前几名，但最近几年陆续被中国超越过去，心里不平衡感陡然增加许多。

欧洲的舆论认为，中国是全球化最大的受益者，正在夺走欧洲人的很多饭碗。同时，一些欧洲人不愿意反思自己落后的原因，反而把责任都推到中国头上。他们认为，中国经济之所以能获得那么大成就，主要是因为中国违背世贸规则、侵犯知识产权、降低劳工标准等。同时，尽管中国对欧洲的贸易顺差大部分都来自外国在华投资的企业，但欧洲舆论却把这种"顺差"也看成中国不搞公平贸易的表现，反过来就加大对中国企业出口的"倾销"诉讼。

过去，欧洲一直是对中国出口技术产品最大的地区。欧洲人对向中国出口技术、转让技术不太担心，总以为中国在技术上落后欧洲 10 年，中国还需要很长时间来追赶。但是，最近几年，中国经济的发展让欧洲人刮目相看。欧盟委员会委托欧洲研究所做的研究表明，欧洲人认为，10 年之内，中国将会在技术上超过欧洲。①因此，在中欧的对话中，有关知识产权的话题就多了起来。

欧盟是世界上最大的经济贸易体，欧洲国家、特别是德国一直是机器出口的大国。但最近几年，中国的机器出口也迅速增长，有超过德国的趋势。虽然中国仍然是欧洲国家机器出口的重要市场，英国舆论还认为，2010 年德国出口超常增长，主要是因为中国市场吸收了大量的德国机器出口。然而，在向世界其他地区出口方面，中国已经迎头赶上。比如，2010 年，中国对巴西的机器出口就超过了德国，成为仅次于美国的巴西第二大机器出口国。这一切使欧洲、特别是德国的舆论对中国的发展特别警觉、甚至反感，它们在提到中国发展时，总要提出人权、民主等问题，似乎忘记了中国的经济发展

---

① 德国之声报道，转引自：http://news.qq.com/a/20100323/002645.htm。

首先是使中国人民受了益,是让中国居民的利益提高了。

从 2007 年以来,欧盟国家在对华关系中不断玩弄"人权"与"友好"的牌,不禁让人怀疑欧盟国家是否在对华关系中像中国京剧一样在轮换着唱"红脸""白脸"。比如,2007 年中国超越了德国成世界第三大经济体,同年德国总理默克尔提出要坚持价值观外交,人权和价值观成为对华政策的前提。同年,默克尔会见了达赖,中德关系紧张。就在 2007 年,法国总统萨科齐访问中国,在清华大学的演讲中,他对同学们说,他赞赏中国的发展,赞赏中国取得的成就。他的中国之行取得了 200 多亿欧元的订单,满载而回。然而,2008 年他也在国外见了达赖,并表示要抵制北京奥运会,致使中法关系陷入低谷。德国 2008 年又开始改善与中国的关系,2009 年之春,中国的采购团奔赴欧洲,在德国、英国签下 130 亿欧元的订单,却绕过了法国。仔细分析近年来欧洲对华政策的变化,可以看出,欧洲国家对华政策总有两面性:一方面,他们离不开中国这个巨大的市场,特别在金融危机背景下,欧洲国家深陷债务泥潭,需要与中国合作;另一方面,它们总喜欢拿它们的价值观来"教训"中国,以保持自己的骄傲。于是,就出现了欧洲国家轮流接受中国的订单,轮流受益,然后再轮番批判中国的人权状况。

中欧关系这些年还受到来自其他地方的困扰,特别是中国援助及开发非洲的战略受到了欧洲国家的掣肘。

欧洲的大国在非洲都搞过殖民化。今天的现代非洲流行讲英语、法语,教育基本是以英法语为主,欧洲的文化也得以在非洲传播,这些都是欧洲殖民化的结果。第二次世界大战结束后,非洲国家掀起独立运动高潮,纷纷宣布独立。但在很长时间里,非洲国家与欧洲前宗主国间的联系仍然非常密切,欧洲企业事实上控制着非洲的经济命脉。非洲的矿产、能源资源基本上掌握在欧洲大公司手中。在非洲各国政权更迭中,都能看到欧洲国家政治影响的影子。某种程度上看,欧洲一直把非洲看作自己的后院,是欧洲国家预留的发展空间。

然而,最近几年,中国在非洲的投资与援助引起了欧洲人的不安。

随着中国经济的快速发展，中国在能源和原材料上的需求也迅速扩大。如何保障这些物资的供应，特别是保障这些供应的价格稳定，成为中国经济发展的重要依赖。因此，最近一些年来，中国加强了对非洲、拉丁美洲等国家的资源开发。而最近一些年来，一些发展中国家的经济发展迅猛，又与中国对这些国家的投资密切相关。

其实，中华人民共和国与非洲国家的良好关系可以追溯到很久以前。20世纪50年代后期到60年代，中国积极支持非洲国家争取独立的民族解放运动。反过来，70年代初，非洲国家在新中国重返联合国中起到了关键性的作用。冷战时期，在"三个世界的理论"指导下，中国的外交政策一直很重视加强与第三世界的联系，因此中国在非洲的影响力不断扩大。进入21世纪以来，中国与非洲的合作越来越多地扩展到经济与贸易领域，一方面加强对非洲的投资与贸易，另一方面帮助非洲国家大大加强基础设施建设。今天，在非洲各国到处可见中国援建的工地，到处可见标志性的中国建筑，中国的廉价商品大大改善了非洲人的日常生活……就是在这种背景下，欧洲人对中国开发非洲突然产生了某种畏惧或抵触。

在中国的帮助下，苏丹是近些年来非洲发展最快的国家。而且，大多数非洲资源型国家在把自己的资源供给欧洲国家时，都没有自己的冶炼能力，只能出口原材料。中国在开发苏丹石油资源的同时，还帮助苏丹形成了自己独立的炼油体系。但与此同时，苏丹南部达尔富尔问题就成为美国及欧洲舆论指责中国非洲政策的典型。

苏丹的达尔富尔问题只是中欧在非洲的冲突的一个缩影，美国及欧洲国家还会利用它们在非洲的影响力，继续在非洲制造中非关系的不确定性因素。这不仅是因为中国在开发非洲的同时，让非洲国家的经济迅速发展；更因为非洲的发展证实了"中国模式"的有效性，从反面证实了欧洲在非洲近一个世纪的殖民化政策及后续的开发政策都不成功。因此，中国在非洲的成功就被欧洲人抬高到了意识形态及发展模式之争，他们绝不可能就此善罢甘休。

中欧关系难以有巨大突破的另一个重要原因来自欧盟独特的决策机制。

尽管欧盟在改革中不断想改变欧盟决策过程中一票否决制的做法，但迄今为止它仍然是欧盟决策中最经常的办法，而这种必须征得全体成员国同意的做法使中欧关系之间的几个障碍无法得到清除。而且，随着金融危机的深化，如果欧盟成员国之间找不到一个克服这种冗长且无效的决策方式，欧元区的未来就会受到威胁，欧盟的走向也会变得更加扑朔迷离。

2008年的全球金融危机是从美国房地产泡沫破灭开始的，欧洲只是间接受害。但随着危机的演变，欧元区内债务危机频频爆发，欧洲债务危机似乎变得比美国还要严重。为什么事情变成这样呢？客观来看，欧洲的总体债务水平要低于日本和美国，因为当年建立欧洲经济与货币联盟的马斯赫特条约规定了成员国的预算赤字不应超过GDP的3%，公债不应超过GDP的60%。虽然在危机中，这些标准被成员国先后突破，但因为过去有这些红线限制，欧元区国家的债务过去总额增长得并不快。

欧洲债务危机之所以挥之不去，是因为在欧元区的设计中本来就有缺陷。成员国只统一了货币政策，而没有建立统一的财政安排，因此当危机袭来时，单个成员国缺乏欧元区层面上的统一的支持，无法继续借新债还旧债，就陷入了困境。

危机前，一些所谓欧元区的外围国家，即经济不那么强劲的国家借助欧元的力量，可以在市场上以较低的利息借到钱。它们的国债利息水平与德、法等欧元区核心国债务利息的水平几乎可以忽略不计。但危机爆发后，欧元区外围国的财政状况迅速恶化，它们的主权债务相对德国同期国债的利息迅速拉大。以希腊为例，危机时，希腊国债与德国国债的利息差拉大到274个基点。

危机爆发，欧元区外围国就面临着一种结构性的衰退。它们若不大量削减财政赤字，市场就不信它们未来能按时还债，因此债务利息会变得越来越高。如果它们采取紧缩的财政政策，它们已经衰退的经济因为没有公共开支的刺激，只会更加恶化。

由于欧元区核心国在全球极具竞争力，欧元区又有坚实的对外头寸和稳健的货币，所以欧元本身在不断升值。欧元区外围成员国因此落入了一个陷阱：它们无法利用货币贬值快速形成对外盈余，无法轻易重启私营部门的借贷，也无法轻松维持当前的财政赤字。它们的债务状况也会恶化，因为随着名义价格和工资不断降低，以欧元计价的实际债务负担将会加重。这可能会导致新一轮私营部门（甚至是公共部门）的违约潮。

与此同时，欧元区内的核心国家德国也对欧元区的发展不满。德国舆论认为，德国为了保持欧元的坚持，已经"勒紧裤腰带"过了十年：工资的增长受限，政府服务在削减。当希腊与爱尔兰的债务危机爆发后，德国的选民感到愤慨，因为他们得知，他们节衣缩食上交的税收可能被用于资助希腊人的提前退休，或爱尔兰的超低企业税了。

随着金融危机的演化，欧元区及欧盟国家领导人出现了更多的民族主义倾向。以德国总理默克尔为例，当希腊及爱尔兰的债务危机爆发时，默克尔居然与德国媒体一起对受害国指责，甚至表示如果危机不断，欧元区应该一分为二，有问题的国家成为单独的欧元区，而德国和没有问题的国家成立另一个欧元区。这种态度与当年德国总理科尔的努力形成了鲜明对照。当年，为了推行欧元，让德国人放弃已经成为德国人骄傲象征的马克，科尔屡次到德国议会去作证，不断说服德国其他政治家，说明欧元对于欧洲一体化与德国的未来至关重要。可以说，科尔抓住了历史契机，"统一"了德国，他的声望如日中天，而为了统一欧洲货币，他把个人的政治声誉都押了上去，才说服了德国民众接受欧元。相对比较，如今欧洲的领导人既没有他那种奋斗精神，也没有欧洲老一代领导人那种建设欧洲一体化的襟怀，所以危机当头，就互相指责，不想办法去寻找推动一体化，从而走出危机的道路。

其实，当年《马斯特里赫特条约》的设计者不是没有考虑到欧元区内部结构性的弱点。法国前总统密特朗的经济顾问雅克·阿塔利参与了马斯特里赫特条约制定的全过程，许多标准的起草都出自他手。他在接受笔者的一次采访时就坦率地表示，只有统一货币政策而没有统一财政政策的制度设计肯定会导致危机，但这正是《马斯特里赫特条约》设计的妙处。欧洲的一体化建设始终是由经济一体化带动的，目的是要达成政治一体化，实际上目标瞄着是一种联邦制度。这是一种史无前例的尝试。如果出现危机，欧洲领导人必须找到一条出路，倒退是没有前途的，只能前进，必须进一步统一财政政策，也就是必须形成一种"经济政府"的安排。如果欧洲的欧洲政府能成功，那么下一步再推政治政府阻力就会少一些。①然而，尽管制度设计者的思路很缜密，他们可能还是没有料到，后来的欧洲领导人们会那样没有魄力，那样去迎合民族主义情绪不断上升的民意，以致使欧洲的一体化面临巨大的威胁。

实际上，因为目前欧盟领导人没有当年那种奋斗的愿意，欧盟结构性的弱点与矛盾未来会不断发展，甚至危及欧盟自身的存在。这也意味着，未来一段时间里，债务危机也许会卷土重来，再次影响欧洲经济的发展。相对而言，欧洲人对中国发展的忌妒感会不断上升。考虑到欧盟领导人的现状，再考虑到欧洲国家舆论对中国不太友好的现状，未来中国很可能成为欧洲国家攻击的靶子，因为欧盟的领导人没有引导民众的能力，也没有说服民众的意志，却会迎合民意，以民意为幌子为自己辩护，因此很可能拿中国当替罪羊。

展望未来，中欧关系虽然难有突破性进展，但成员国对中国的需求却在增加。因此当 2010 年中国领导人访问法国、德国、葡萄牙时受到热烈欢迎，签署了各种合作协议。从这一角度来看，欧盟对中国的双重态度会继续下去。

我们看待中欧关系，应该避免陷入某种"镜像"（Mirror Imaging）效应的陷阱，也就是说，我们要实事求是地，客观地去看待欧洲发生的事情，要了解欧洲人决定对华政策的逻辑，不能按照自己的逻辑和思想方法去想象别人。中国人认为，中欧之间没有根本的利害冲突，没有地缘政治矛盾，却有一些可能的共同利益和共同关切的问题，所以中欧之间理应走到一起，携手对付一些全球性的挑战。然而，如果欧洲人想的不是这些，如果他们的决策过程是以其他因素为主导，而不是理性地思考合作导致更大的利益，那么我们想改善中欧关系的良好愿望会不会是一厢情愿呢？

---

① 丁一凡：《欧元时代》，中国经济出版社 1999 年版，第 134—139 页。

四 欧盟与中国的关系能否"与时俱进"?

最近几年，欧盟与中国的关系变得有些复杂。一方面，中国与欧盟都承认对方是自己在国际事务上的重要伙伴；而另一方面，欧盟对中国的许多诉求却虚与委蛇，口头上承认中国方案的重要性，事实上却经常让中国企业吃闭门羹。这是怎么回事呢？

比如，2016年年底，中国加入世贸组织的15年过渡期已到，但欧盟与美国仍不公开承认中国的市场经济地位。欧盟是中国的全面战略伙伴，欧盟的态度让中国民众觉得它不够仗义。不仅如此，欧盟还对中国的投资提出了疑问，质疑中国在欧洲投资增长的动机。这些事情是因为中国发展太快，引起了欧盟的担心呢？还是欧盟不能与时俱进，无视中国的变化呢？

欧盟不承认中国市场经济地位背后的盘算。欧盟委员会在中国市场经济地位问题上似乎有"出尔反尔"的嫌疑，因为它给中国公众的印象是，到2016年年底，中国加入世界贸易组织15周年之际，欧盟会自动给予中国"市场经济"地位。过去，当欧盟在与中国出口企业发生贸易纠纷时，可以用"反倾销"的名义，随意拉一个第三国的相同产品价格与中国出口价格相比。若中国价格低于相同的第三国的价格，中国出口商品就会被判"倾销"。中国公众认为，这种"受屈辱"的日子终于要结束了。但是，2016年过后，欧盟仍然拒绝承认中国的"市场经济"地位。这到底是怎么回事呢？

其实，欧盟在给予中国"市场经济"地位上的态度确实有一个变化过程。欧盟与中国在中国是否是"市场经济"问题上的争执来源于中国加入世贸组织时那个条约中的一个条款。根据那个条款，欧盟在对待中国产品是否有"倾销"嫌疑时，可以用两种办法来裁决。之所以出现这种安排，是因为当时欧盟认为中国还不符合市场经济的条件，所以想出来一种过渡办法，过渡期15年。在这期间，中国要求欧盟承认中国的市场经济地位。欧洲委员会的前贸易委员也曾表示过，欧盟到时可以给予中国市场经济地位。

为什么欧盟当时的表态如此"慷慨"呢？那是因为，欧盟曾经有过一个"小算盘"。欧盟给予了俄罗斯市场经济地位，但是，欧盟与俄签的协议中，也有一个特殊条款。这一条款规定，当欧盟发现在俄向欧出口的产品中，如果存在两种价格（即一种对外价格，另一种对内价格）的现象时，欧盟则可以引用第三国价格来衡量。如果俄的价格高于第三国价格，欧盟仍可以对俄的出口产品施加"反倾销"税。因此，欧盟认为，即使给予了中国市场经济地位，如果欧盟发现中国的产品有两种价格问题，欧盟仍有引用第三国价格来衡量中国产品是否属于倾销的可能。

然而，后来事情发生了变化。欧盟与印度尼西亚及委内瑞拉的自贸协定里也有相似的条款。而且，当双方发生贸易摩擦时，欧盟企图使用第三方价格来衡量时，印尼和委内瑞拉把官司打到了世界贸易组织。世贸组织裁决欧盟败诉。欧盟这下子才慌了神。欧盟意识到，如果给予中国市场经济地位，将来也会面临着与印尼和委内瑞拉相似的问题，那么欧盟对于中国的出口就会完全失控。随着欧洲委员会的换届，新的贸易委员便不再重复，到年底是否会自动给予中国市场经济地位的问题。

此时，又爆发了欧盟一些国家的钢铁工人的抗议示威，怪罪中国向欧盟倾销钢铁。欧洲议会的一些议员们便发起了反对给予中国"市场经济"地位的运动，他们动员了大量议员，最终在议会通过了一项决议。考虑到欧洲议会在欧盟决策中的作用日益扩大，欧洲议会虽说不是这一问题的最后决定机构，但它的意见也很重要。欧洲委员会大概不能完全不顾欧洲议会的决议，只能采取一些折中方案。

中国强调，欧盟应该给予中国"市场经济"地位，因为用第三国价格来衡量中国产品的出口，实在是不公平，根本不承认中国在控制生产成本方面的竞争优势。中国出口欧洲的许多企业深受其害，被不公平地加以更高的"反倾销税"。其实，"反倾销"涉及的案件只占中欧贸易中的一小部分，大概占双边贸易的3%—4%，算不了什么。但是，被反倾销的中国企业感觉十分不公道了，因为它们对欧的出口可能占企业经营很大的比重。一旦被欧盟认定"倾销"，加上了"反倾销税"，它们对欧出口可能就判了"死刑"。中国政府更是觉得，用"非市场经济"的名义对付中国企业出口，这简直就像是一种"政治歧视"。中国政府一直在坚持"社会主义市场经济"，一直重视与欧盟的关系，并把它定义为最重要的"全面战略伙伴关系"。如果中国的战略伙伴根本不承认中国政府在推行市场经济方面的努力，甚至把中国"打入另类"，中国还有必要这么重视这个战略伙伴吗？

当然，中国人做事非常讲究实际主义。中国也注意到了欧盟各种机构在给予中国市场经济地位问题上的意见分歧，虽然对欧盟的态度不满，但也开始采取实际主义措施来防止事情失控。我们知道，欧洲议会做了决定也收不回去。中国人讲究面子，其实欧洲人也讲究面子，他们做出的决定肯定撤不回去了。但是，问题的实质是中国加入世界贸易组织时签的协议中的那条规定。只要这条规定到年底作废，欧盟不再拿第三国价格衡量中国出口欧洲商品，中国也就没有必要一直坚持让欧盟承认中国的市场经济地位。中国领导人在与欧盟国家领导人会见时，对这个问题的说法已经起了变化，只要求欧盟履行承诺，终止协议中第 15 条规定的做法；不再强求欧盟承认中国的"市场经济"地位了。

中国加入世界贸易组织的协议中第 15 条写得很清楚，欧盟裁决中国对欧盟出口的产品是否属于倾销，有两种计算方法。一种要调查中国产品生产链的过程，使用受调查产业的中国价格或成本；另一种可以不使用中国产业的价格或成本，而用第三国的相同产品价格作参照。该规定在 15 年后终止。

根据这条规定，欧盟在 15 年之中可以用第二种方法衡量中国对欧出口的产品是否属于倾销。但 15 年后，这个条款就终止了。任何诚实的人看到这个条款如此清楚的说明，都不会有歧义。换句话说，从 2016 年年底起，这一条规定就作废了，欧盟不能再以第二种方法来衡量中国对欧出口的产品是否属于倾销了。只能以第一种方法来衡量。

但是，在欧盟内，的确有一些人还想在这个条款上做文章。他们说，如果中国不能算市场经济，是否还可以想办法引证第三国的价格来衡量中国对欧出口产品的价格。这也就是欧盟内有些声音不断反对欧盟给予中国"市场经济"地位的原因。

然而，这些理由是站不住脚的。如果以后欧盟有人再参照第三国价格来对中国产品"反倾销"，中国出口商尽可以到世界贸易组织去起诉，而且一定能胜诉。

但是，如果欧盟不能再随意起诉中国企业"倾销"了，中欧之间的贸易关系未来也不一定会一帆风顺。

这是因为，欧盟还是担心中国产品对欧出口的竞争力太强，而且担心中国政府对企业出口有补贴，因此未来欧盟与中国的贸易摩擦有可能发生在"反补贴"领域。

中国加入世贸的协议书里有两种"防范机制"，反补贴与反倾销。15年过渡期满后，反倾销措施就失灵了，但反补贴的措施是没有时限的。因此，如果欧盟企业认为中国的出口产品有政府补贴的嫌疑，它们还会要求欧盟进入反补贴的调查。如果属实，欧盟会对该类产品征"反补贴税"。

反补贴领域会是未来欧盟强调的国际贸易体系中的重要环节。欧盟前些年提出了"竞争中立"的概念，其核心就是反补贴。竞争中立强调市场内完全自由，任何政府的补贴都会破坏竞争中立原则，经过裁决后，都将受到惩罚。竞争中立涉及税收中立、债务中立、规则中立等。也就是说，倘若政府以任何形式（如税收优惠、债务利息补贴、政策优先等）给予国有企业特殊待遇，这些国有企业的出口产品都会遭到调查，遭到反补贴税的惩罚。

但是，欧洲国家一般大大低估了中国企业竞争性的来源，低估了中国企业的创新能力，还把中国企业的竞争力归因于中国政府的某种扶助。其实，从改革开放以来，中国经济的快速发展虽然与政府官员的努力及各级地方政府之间的相互竞争有关，但更主要的是中国出现了一批敢于创新，愿意创新的企业家。华为、海尔这些外国人耳熟能详的中国品牌都是因为这些企业在技术上能不断创新，而不是因为这些企业享受了政府大量的补贴。

中国正在进行新一轮的改革中国在几个沿海城市率先建立了一些"自贸区"，进行金融、贸易等领域的改革。如果这些改革取得成功，必将会在全国得到普及，使中国经济再上一个台阶。

　　从金融危机以来，中国对外投资激增，对欧美的投资尤甚。但从2015年来，中国对欧的投资呈爆发趋势，远远超过欧盟国家对华投资，引起了欧盟国家舆论的各种评论及某些欧洲政治家的担心。

　　据国际研究机构统计，2016年中国企业对欧并购投资相当于欧对华并购投资的4倍，这使欧洲舆论担心是由于中国市场对欧洲企业开放不够造成的，因此欧盟商会等机构便抱怨，欧洲与中国之间开放不对等问题凸显。荣鼎集团（Rhodium Group）、柏林"墨卡托中国研究中心（Mercator Institute for China Studies MERICS）"联合报告指出，2016年，中国对德并购投资从上年的12亿欧元猛增至110亿欧元；同期德对华并购投资为35亿欧元。2016年中国对欧直接投资增长76%、达351亿欧元；同期欧对华并购投资连续第二年下滑，仅77亿欧元。该报告估算，2016年中国对外直接投资总额超过2000亿美元，相当于2015年的两倍。

　　随着中国资本大举进军欧洲，欧盟国家以国家安全的名义企图干预市场的问题也开始浮现。比如，当福建宏芯基金企图收购德国爱思强时，美国就以国家安全名义向德国施压，最终让福建宏芯退出了并购计划。法国总统马克龙在欧盟首脑会议上提出，仿效美国成立泛欧外资审查委员会。显然，这一提议是以中国大量并购欧洲企业为背景的。然而，因为南欧许多国家急需中国投资，而中东欧国家也急需中国资金，北欧国家出于投资自由的原则也不赞成欧盟设立如此的机制，马克龙的提议才未被欧盟委员会接受。

　　中国的经济发展到了一定阶段，中国企业的财政能力使它们愿意到海外投资并承受投资的风险。这种现象代表着普遍的发展趋势，过去欧洲企业、美国企业也都是这样跑到中国来投资的。

　　在法、德、意等国的压力下，欧洲委员会正在考虑要出台严格审查外国对欧投资并购高技术企业的制度，而且许多媒体都直言不讳地表示，这些考虑实际都是针对中国企业近些年来对欧投资猛增、特别是用企业并购的方法涉足高新技术企业的做法。甚至有媒体透露了未来欧盟要重点审查的投资领域，包括能源、电信等基础设施，以及人工智能、机器人技术、半导体及网络安全等关键领域。

其实，欧盟对中国投资欧洲的担忧与一个西方国家很长时间来一直在做的事情一脉相承，那就是管制对华技术出口。

美国的麦肯锡咨询公司曾做过一项研究，研究西方国家限制对华技术产品出口对中国技术进步的影响。它的结论是，微乎其微，甚至有相反的作用，因为它促进了中国自主研发的动力。

最近一些年来，中国在高科技领域，特别是人工智能、机器人、半导体技术领域的投资增长迅速，取得了令人瞩目的成绩。无论在专利申请数量，还是在技术使用方面，中国企业与美国企业在世界上都难分伯仲。欧洲企业其实被甩在了后面。担心中国企业投资欧洲会"偷"了欧洲的技术，使欧洲丧失技术优势，那是一种"冷战"时期的零和博弈的心态。如果换一种心态来看这种趋势，就会发现，中国企业投资欧洲，会带来一种双赢效应，会让双方企业达到优势互补，产生更大的效益，既对中国有利，更对欧洲有利。无论是吉利兼并瑞典的沃尔沃，还是三一重工兼并德国的普茨麦斯特，效果都奇好。中国企业不仅"拯救"了欧洲企业，创造了新的就业机会，还让它们走向了更大的国际市场。

欧洲政坛上近些年来沉渣泛起，民粹主义思潮汹涌。某些欧洲国家的政治家们担当不够，只想迎合这些无济于事的政治潮流，贸易保守主义大有卷土重来之势。管制中国对欧洲技术企业投资也许只是这些表现中的一种。其实，无论用什么手段，想阻止中国技术进步的努力注定会是竹篮打水一场空。如果西方企业不与中国合作，而想通过限制技术出口来推迟中国的技术进步，那就势必逼着中国加强研发某些技术。而等到中国的技术研发成功，凭借价格优势，中国产品势必横扫国际市场，把那些原来在国际市场上称王称霸的西方企业赶下神坛。最近十多年来，这种事情发生的并不少，原来许多人们耳熟能详的品牌，现在不是已经完全消失了吗？这些事情背后的逻辑，值得呼唤加强审查中国对欧洲技术企业投资的人好好想一想。

然而，中国对欧投资出现爆发性的增长，也值得中国政府注意。除了中国企业有通过向欧洲投资、兼并企业并获取先进技术的需求外，有没有其他的目的呢？有没有人以企业对外投资的名义，把各种非法所得的收入转移到国外去的可能呢？换句话说，有没有人借对外投资的名义"洗钱"呢？有没有人想把资金转移到国外去，搞汇率及利率差的"套利交易"呢？有没有人把国内的房地产等资产在高位出手，再以对外投资的名义把资金转移出去，去国外炒房地产呢？

欧盟企图对中国的投资加强审查，或以市场开放不对等的名义要求中国政府更加开放市场，这些可能都不是"对症下药"的做法，也有可能引起中国舆论的强烈反弹。中国舆论会攻击欧盟的"小肚鸡肠"，会呼吁中国政府更加严厉惩罚欧盟的行为。然而，互相抱怨肯定于事无补。相反，中国与欧盟应该加强合作，探明中国企业对欧洲市场的投资呈爆炸式增长背后的动因。倘若中国企业增加对欧洲的投资是为了扩大市场，增加技术成分，那对欧洲未必是坏事。正如同吉利并购沃尔沃给它带来了新生一样，中国企业通过并购欧洲企业，可能会使欧洲经济获得更大的市场，获得更多的生产能力与动力。欧盟国家也应该欢迎更多的中国企业去投资。倘若中国对欧投资爆炸式增长的背后有资本外逃的嫌疑，那中国应该与欧盟合作，加强对中国资本外流的审查与监督。

总之，中国与欧盟是全面战略伙伴，双方应该加强合作。在一个经济全球化的时代，我们遇到问题应该协商解决，而不是互相推诿，把责任都推到对方头上。

五　欧盟为何是中国的重要伙伴

经过 40 多年的磨合，中国与欧盟之间已经建立起了各种渠道的对话、磋商与合作机制。

粗算一下，中欧双方已建立起 60 多个磋商与对话机制，涵盖政治、经贸、人文、科技、能源、环境等各领域。中欧领导人年度会晤机制是双方最高级别的政治对话机制，建立于 1998 年。2018 年 7 月 16 日，国务院总理李克强在北京同欧洲理事会主席图斯克和欧盟委员会主席容克共同主持了第二十次中国欧盟领导人会晤。中欧经贸高层对话是经贸领域最高级别的对话机制，2008 年正式启动，由中国负责经贸的副总理与欧盟委员会负责经贸的委员会牵头，每年举办一次，轮流在中国与欧洲举行，2018 年也举行了第十次会晤。此外，中欧还建有中欧高级别战略对话机制，2010 年开始启动，由中国负责外交的国务委员会与欧盟委员会负责外交事务的副主席牵头，每年举办一次。

　　中国与欧盟关系中的重头戏，那还是经贸关系。自 2004 年以来，欧盟一直是中国的第一大贸易伙伴，而中国是欧盟第二大合作伙伴。贸易一直是双边关系的基石，中国与欧盟国家的双边投资不断增长，商品、资本的交流基本顺畅。中国与欧盟许多国家之间都有频繁的文化交流，各种文化节和文化展览丰富了中国与欧盟国家之间的思想和文化交流。

　　与此同时，贸易是中欧关系中矛盾的主要根源。中国与欧盟之间巨大的贸易失衡一直引起欧洲国家舆论的恐惧，欧洲制造商越来越对来自中国的竞争感到担心。此外，欧洲企业加大了对各国政府的游说，要求欧盟出面和中国谈判市场准入的互惠关系。反过来，中国的企业和政府都对欧盟拒绝承认中国市场经济地位感到失望。而且，许多企业不得不与欧盟机构周旋，以摆脱它们拿第三方国家的价格来评判中国企业对欧洲的出口是否属于"倾销"的不公正待遇。

　　除了双边贸易，中欧伙伴关系对维护多边贸易秩序至关重要。中国的快速发展与开放的国际贸易环境分不开。但最近一些年来，这个多边贸易秩序充满了不确定性。中国经济正在从高速发展阶段向高质量、也就是增长速度放缓的阶段过渡；许多欧盟国家正在努力从近年来的金融和债务危机中恢复。在这种关键时刻，美国总统特朗普决定退出过去的自由贸易协定谈判，取消了跨太平洋伙伴关系（TPP），中止了跨大西洋贸易和投资伙伴关系（TTIP）的谈判。特朗普政府还威胁，如果美国的要求得不到满足，美国会退出世界贸易组织。

在这种背景下，中国与欧盟的合作尤为重要。中国很希望与欧盟国家共同提出改革现有国际贸易的多边体制的建议，保持多边裁决机制，希望通过国际合作，努力避免让世界转向贸易保护主义。中国也希望欧盟能对中国提出的"一带一路"倡议更积极一些，通过增加对新兴发展中国家基础设施的投资，找到中国与欧盟国家在第三方的合作。欧盟迄今为止，还是支持经济全球化的重要力量。中国希望，当美国越来越回归孤立主义，越来越救助贸易保护主义时，中国能与欧盟找到共同推动全球化和世界经济合作的机会。

除了战略合作外，中国与欧盟也是重要的技术合作伙伴。中国与欧盟有许多技术合作的领域，未来可以加强合作的一个领域是可持续发展。中国政府把解决环境问题当作发展中的重中之重，而许多欧盟国家掌握着环境保护与环境治理的相关技术，有着丰富的经验并掌握着环保和许多标准。中国认为，与欧盟在可持续发展问题上合作，可以给欧盟企业提供更大的市场，而中国也可以找到重要的合作伙伴，加快中国在绿色产业方面的发展。2012 年，中国与欧盟签署了城市化的合作伙伴关系，目的就在于促进城市发展问题上的交流。

在国际舞台上，由于特朗普政府宣布要退出 2016 年的"巴黎协议"，中国与欧盟之间就气候变化问题进行合作更为重要。中国和欧盟分别是世界第一大和第三大碳排放经济体。在国际谈判中，中国代表发展中国家，而欧盟代表发达国家。如果中国与欧盟能在应对气候变化上达成妥协，能够形成相互合作的伙伴关系，中国与欧盟就可以成为全球减排行动的领路人，能为全球各国树立榜样。

过去，欧洲国家一直是中国最大的先进技术来源地。欧洲企业对华投资的特点是，它们主要寻求在中国本土市场上打开市场，要利用本土市场加强它们的发展基础。在这种背景下，欧洲国家经常不惜把最新的产品和最新的技术拿到中国市场上来开发。汽车产业就是很好的例子。最开始时，法国标致公司把一些过时的车型拿到中国来生产，因为标致公司认为这些不太时髦的车型可以更"皮实"，更能针对中国当时的路况。然而，其他国家的汽车公司都把更时髦的车型推向中国，在中国消费者中获得了比标致公司更多的青睐。雪铁龙公司就吸取了教训，在武汉生产的"富康"车型就是他们在法国同步推出的最新车型，所以一下子就风靡了中国。后来，雪铁龙与标致合并，每每都把最新的车型推向中国市场，在中国市场上的份额也逐渐巩固了下来。

当中国的外汇储备变成全球最多时，中国也开始考虑如何更好地利用这些资源。在鼓励中国企业"走出去"的政策刺激下，许多中国企业开始加大了对外投资的力度，而欧洲则成为中国企业青睐的市场。中国企业对欧洲投资与改革开放后欧洲企业对华投资不同，不是那种"绿地投资"，也就是说，不是投资再盖一个工厂，增加生产能力。当今的欧洲与当年的中国完全不同，大部分西欧国家是早已实现了工业化的地区，在那些地区很难再找到"绿地投资"的机会。相反，这些市场上企业交易很频繁，中国企业就利用兼并这一机制，通过购买全部股权、多数股权或部分股权的方法，进入欧洲市场。购买了欧洲企业后，一方面中国企业可以获得该企业的现有技术，另一方面可以通过该企业的销售网络进入欧洲和其他发达国家市场。

在中国企业投资欧洲方面，我们可以举出许多成功的案例，如吉利公司兼并沃尔沃一案，使一个濒临破产的欧洲高档品牌汽车公司重新焕发了青春。而兼并了沃尔沃后，我们可以观察到，吉利汽车的技术与外观都上了一个大台阶，这肯定是因为沃尔沃的生产工艺及技术对吉利的生产工艺及技术产生了正面的外溢效应。另外一个著名的案例就是三一重工兼并德国公司普茨迈斯特（Putzmeister）案。当普茨迈斯特初被三一重工兼并时，该公司的员工都担心会丢掉饭碗，中国企业会把德国技术拿走而一走了之。然而，成为中国企业后，三一重工为普茨迈斯特公司提供了更大的中国市场。几年下来，它的营业额增加了近三分之一，而它也不得不扩大生产，招收更多的人员。正是中国与欧洲企业投资的这种双向交流，使双方的技术水平不断提升，利润逐步扩大，就业也水涨船高。

然而，随着中国企业对欧洲的投资越来越多，欧洲一些国家却对中国投资的后果产生了新的担心。他们担心，中国企业通过兼并会获得更多的技术，会变得更加强大，使未来欧洲国家的发展失去后劲。因此，不时有欧洲国家想学美国的样子，也建议欧盟创建某种外来投资审查制度，可以以国家安全的名义审查并阻止外国通过兼并手段购买欧洲的企业。明眼人看得出，这种建议就是针对中国对欧洲投资来的。当然，因为欧盟中许多国家都需要中国的投资，它们反对建立这种制度，所以这些建议一直没能变成现实。但是，我们需要与欧洲的舆论与各成员国政府加强沟通，以生动的例子说明，中欧的交叉投资与技术交流是一种双赢的游戏，会给我们双方都带来更大的利益，而不是相反。

未来的中欧关系可以在四个方面发力。2014年3月，习近平主席在访问布鲁塞尔时，明确提出了打造中欧"四大伙伴关系"，建议双方从战略角度看待中欧关系，为中欧合作注入新动力。2018年7月，当欧洲理事会主席图斯克和欧盟委员会主席容克在北京参加第二十次中欧领导人会晤时，习近平主席再度与他们见面，并重申四大伙伴关系的重要性。中欧四大伙伴关系指中国与欧盟在和平、增长、改革、文明方面应该建设伙伴关系。①

首先，中国和欧盟要做和平伙伴，带头走和平发展道路。中欧对构建多极世界格局具有重要战略共识。双方都愿意尊重彼此自主选择的社会制度，照顾彼此核心利益，支持彼此走和平发展道路。双方愿意加强在国际和地区事务中的沟通与协调，共同推动政治解决地区热点问题，共同参与有关国际规制建设，特别是维护和支持联合国的地位和作用。

习近平在会见图斯克与容克时说，中国和欧盟都属于世界最大经济体、贸易体之一，也都是多边贸易体制受益者、维护者。双方应当顺应世界多极化、经济全球化的时代潮流，加强战略沟通和协作，携手维护多边主义、基

---

① 《习近平会见欧洲议会议长舒尔茨》，新华网，http：//www.xinhuanet.com//world/2014-03/31/c_1110032456.htm。

于规则的自由贸易体系，共同维护开放型世界经济，促进贸易和投资自由化便利化，完善全球治理，推进人类和平与发展事业。

鉴于恐怖主义是对整个国际社会的共同威胁，欧盟也是中国的安全防卫合作伙伴。除了通过多边平台的现有合作，还有双边合作举措，例如中欧 2020 年合作战略议程。值得注意的是，安全和防务政策定期进行对话，有助于建立信任，这对北京和布鲁塞尔成为安全方面的合作伙伴至关重要。中国呼吁欧盟在确定恐怖主义集团方面避免双重标准，防止民粹主义进一步上升。

其次，中国和欧盟可以作增长伙伴，相互提供发展机遇。中国与欧盟可以加快谈判双边投资协定，启动自由贸易协定可行性研究，共同提高中欧贸易质量和水平。中国希望欧盟各国能扩大对华的高技术出口。要把中欧合作和丝绸之路经济带等重大洲际合作倡议结合起来，以构建亚欧大市场为目标，加强基础设施互联互通。要坚持市场开放，携手维护多边贸易体制，共同致力于发展开放型世界经济。

习近平在会见图斯克时说，要挖掘中欧经贸合作潜力，促进双向投资，加强创新领域合作，丰富"一带一路"框架下合作，包括探索行之有效的三方合作。

再次，中国和欧盟可以做改革的伙伴，相互借鉴、相互支持。中国和欧盟的改革都进入深水区。双方可以在宏观经济、社会治理、公共政策、农业农村、就业民生、环境保护等重要领域改革加强交流、分享经验、深化合作。尽管改革充满了挑战和痛苦，但中国做了进一步改革的承诺。同时，欧盟也需要改革，也需要进行结构性调整。否则，欧盟如果不能通过改革提高自己的能力，去面对各种挑战，欧盟面临的民粹主义的威胁和联盟解体的威胁就会上升。

从英国退出欧盟后，欧盟其他国家也面临着民粹主义崛起的威胁，欧洲一体化面临着停顿、甚至解体的威胁。然而，中国始终支持欧盟，始终把欧盟当作重要的合作伙伴，始终认为欧洲是多极世界中的重要一极。尤其是，随着美国回归孤立主义的倾向越来越明显，中国需要与欧盟加强合作，为全球提供更多的公共产品，促进全球治理的改善。中国还希望能引领下一轮更加公平、更加合理的经济全球化，在这方面中国也需要与欧盟合作，更好地管理这一进程。近些年来，中国已经开始与欧盟及其成员国就中欧在非洲和拉丁美洲第三国的合作进行磋商。

最后，中国和欧盟要做文明伙伴，为彼此进步提供更多营养。中欧关系具有文明属性和历史纵深。双方要通过平等对话交流，增进相互了解，加强文化、媒体、旅游等领域交流合作，扩大互派留学生规模，共同支持中欧关系研究工作。

习近平在会见图斯克与容克时说，中欧关系已经发展成为相互依存度很高的复合型关系。中欧关系不仅事关中国和欧盟各自发展，还对世界政治经济格局发展产生重大影响。中方从战略高度看待和重视欧盟，坚定支持欧洲一体化建设，愿同欧盟不断扩大和深化全面战略伙伴关系。①

总而言之，中国与欧盟在当今的世界舞台上有许多共同利益，也有一定的共同语言，可以通过协商，找到更多合作的途径，共同促进一种共同参与、互助共赢的世界发展势态。中国与欧洲可以建立起一种更为建设性的文明对话，为人类历史的进步做出更大的贡献。

---

① 《打造中欧和平增长改革文明四大伙伴关系》，中国网，http：//www. china. com. cn/news/world/2014－04/01/content_ 31965875. htm。